西南政法大学刑法学术文库

DUPIN FANZUI XINGFA SHIYONG YANJIU

毒品犯罪刑罚适用研究

伍 晋／著

中国检察出版社

图书在版编目（CIP）数据

毒品犯罪刑罚适用研究 / 伍晋著 . -- 北京：中国检察出版社，2023.6
ISBN 978-7-5102-2838-4

Ⅰ.①毒… Ⅱ.①伍… Ⅲ.①毒品—刑事犯罪—刑罚—研究—中国 Ⅳ.① D924.364

中国国家版本馆 CIP 数据核字（2023）第 025746 号

毒品犯罪刑罚适用研究
伍　晋　著

责任编辑：	芦世玲
技术编辑：	王英英
美术编辑：	徐嘉武

出版发行	中国检察出版社
社　　址	北京市石景山区香山南路 109 号（100144）
网　　址	中国检察出版社（www.zgjccbs.com）
编辑电话	（010）86423790
发行电话	（010）86423726　86423727　86423728
	（010）86423730　86423732
经　　销	新华书店
印　　刷	北京联兴盛业印刷股份有限公司
开　　本	710 mm × 960 mm　16 开
印　　张	17.25
字　　数	283 千字
版　　次	2023 年 6 月第一版　2023 年 6 月第一次印刷
书　　号	ISBN 978-7-5102-2838-4
定　　价	98.00 元

检察版图书，版权所有，侵权必究
如遇图书印装质量问题本社负责调换

《西南政法大学刑法学术文库》
编辑委员会

主　任　梅传强　石经海
委　员　李永升　朱建华　王利荣
　　　　袁　林　高维俭　陈　伟
　　　　姜　敏　卢有学

总 序

　　七十载辉煌征程，七十载峥嵘岁月。当时光的脚步踏入2019年，我们迎来了新中国成立七十周年的历史性时刻。在这个洋溢着喜庆的美好日子里，全新打造的《西南政法大学刑法学术文库》（以下简称《西政刑法文库》）由中国检察出版社隆重推出，这既是庆贺新中国七十华诞和致敬新中国光辉成就的献礼，更是西南政法大学刑法学科再出发的前进号角，我们将伴随着新中国永不停息的发展脚步，迈入新征程，迎接新挑战，实现新跨越。

　　西南政法大学刑法学科是全国最早获得硕士学位授权的刑法学科之一，是我国西部地区第一个刑法专业博士学位授权点，早在1995年就被确定为省部级重点学科。在近七十年的发展历程中，西政刑法学人辛勤耕耘、默默奉献，以赵念非教授、伍柳村教授、黄观效教授、邓又天教授、董鑫教授、高绍先教授、赵长青教授、陈忠林教授、李培泽教授、朱启昌教授、邱兴隆教授、张绍彦教授、梅传强教授等为代表的一大批知名学者为刑法学科的建设和发展做出了重要贡献。改革开放以来，邓又天教授、赵长青教授、陈忠林教授、梅传强教授和石经海教授先后担任学科带头人（负责人）。时至今日，刑法学科的专任教师已达38人，形成了具有良好学历、职称、年龄和学缘结构的教学科研团队；拥有重庆市首批人文社科重点研究基地"毒品犯罪与对策研究中心"，与最高人民法院、国家禁毒办合作共建了"国家毒品问题治理研究中心"，此外还有"有组织犯罪研究中心""量刑研究中心""特殊群体权利保护与犯罪预防研究中心""少年法学研究中心""金融刑法研究中心""外国与比较刑法研究中心"等研究基地。经过几代人的薪火相传和不懈努力，西南政法大学刑法学科已经成为具有雄厚学科基础和优良学术传统、在全国发挥重要影响并且具有一定国际知名度的省部级重点学科。

科学研究与人才培养是学科建设的两翼。西南政法大学刑法学科具有数量规模庞大、年龄结构合理、学历水平优化、学缘结构合理的学科团队，他们积极投身于教学科研第一线，近年来在科研项目立项、学术论文发表、科研成果获奖等方面成绩斐然，在科学研究方面取得了优异的成绩。此外，在大力加强科学研究的同时，西南政法大学刑法学科也着力于人才培养。自2001年获得博士学位授权点以来，本学科已培养了近百名博士，他们活跃在法学理论和司法实务的各个领域，他们所取得的成绩在一定意义上也是本学科所取得的成绩。为此，《西政刑法文库》将立足本学科，主要出版本学科教学科研人员的优秀著作；同时，也将选择本学科培养且已经毕业的部分博士的学位论文或其他优秀学术著作出版。为了发挥《西政刑法文库》的学术价值和社会效应，体现学术丛书的性质，将采取不定期常年出版的形式，对于拟出版的著作由编辑委员会审定同意后出版，每本著作连续编号，力争将其打造成为规模较大、质量上乘、影响广泛的学术精品。《西政刑法文库》将秉承思想交流与学术创新的基本宗旨，着力打造学术精品，展示西南政法大学刑法学人形象，献力中国刑法学术发展。

学术的生命在于争鸣，思想的火花源于碰撞。《西政刑法文库》的出版将呈现每一个作者对当下中国刑法理论与实践问题的关注和思考，为学术交流搭建一个有益的平台，用文字和思考为中国法治发展贡献自己的绵薄之力。我们期待《西政刑法文库》的出版发行能够为国内外同行了解和认识本学科提供一个窗口，也期待国内外同行能够以此为平台加强与本学科的沟通交流，国内外同行和广大读者的真知灼见将是我们进一步加强学科建设的重要力量。

　　将西南政法大学刑法学科发展好、建设好，是全体西政刑法学人的使命和追求。处在新时代的激流之中，在"双一流"建设的大背景下，本学科的发展也面临着诸多新的挑战，加强学科建设刻不容缓。值此《西南政法大学刑法学术文库》出版之际，诚挚欢迎学界同仁以及各界朋友一如既往地关心和支持西南政法大学刑法学科的发展建设，共同促进我国法治事业的健步前行。

《西南政法大学刑法学术文库》编辑委员会
2019 年 10 月

序

伍晋的博士论文《毒品犯罪刑罚适用研究》即将由中国检察出版社出版，作为他的导师，我为之感到高兴并表示祝贺。他在司法实务部门工作多年，积累了较为丰富的司法实践经验，攻读法学博士学位期间，潜心向学、虚心求教、用心钻研，其刻苦学习的精神值得肯定，在刑法学专业上的进步也是明显的，奠定了较好的刑法学理论基础。我见证了本书从孕育到产出的全过程，在准备、选题、撰写、修改、定稿等各个阶段，作者不断探索和思考，学术能力和学术水平也渐进提升，我深感欣慰，而今邀我为之作序，我欣然应允，十分乐意向读者介绍并推荐。

伍晋的博士学位论文题目是"毒品犯罪刑罚适用研究"，很明显，这是针对当下毒品犯罪刑罚适用现状而开展的学术研究。这一主题同时具备理论价值与实践意义，也是一个既"老"又"新"的题目。从刑法理论看，毒品犯罪是刑法学研究的"富矿"，比如，如何认识毒品犯罪的法益，对相关刑法条文应当作何教义学解释等，都是需要进一步研究的问题。从司法实务看，毒品犯罪是我国刑事犯罪的常见类型，走私、贩卖、运输、制造毒品罪的案件数量更是常年位居全部刑事罪名的最前列，刑罚适用既关系到对毒品犯罪分子的合理惩处，也关涉到对毒品犯罪问题的有效治理，譬如，如何贯彻从严治毒刑事政策、怎么把握报应与预防等，随着毒品犯罪态势的不断变化，都应当及时作出学术回应。

同时，选择毒品犯罪刑罚适用作为博士学位论文的难度也是客观存在的，因为理论界关于毒品犯罪刑罚适用问题的著述应接不暇，实务界关于具体问题的探讨不胜枚举，要在"旧瓶"中装"新酒"自然难度不小。伍晋抱着极大的学术热情，系统梳理已有的学术成果，充分运用法教义学研究法、法经济学研究法、大数据分析法等研究方法，在实证分析的基础上，通过全面深入地思考形成个人学术观点，顺利完成博士学位论文并通过答辩，论文先后获评西南政法大学优秀博士论文、重庆市优秀博士论文。

伍晋博士从毒品犯罪刑罚适用现状入手，从刑事政策、司法适用、刑罚功效三个方面比较全面地揭示了目前刑罚适用的总体情况。特别是运用大数据分析法，对7万余份走私、贩卖、运输、制造毒品罪一审刑事判决书及1.5万余件罚金刑执行案件进行分项解析和统计归纳，得出"刑罚启动相对泛化、刑罚裁量整体趋重、缓刑适用过度从紧、罚金执行逐渐改善、保安处分基本虚置"五项基本判断，为后续的研究提供了坚实的实践支撑。这一研究进路紧扣司法实践、问题意识突出，充分发扬了理论联系实际的马克思主义学风，以现代前沿的研究方法提升了本文的理论价值与实践意义。

在实证分析的基础上，本书对毒品犯罪刑罚适用效能落差的成因进行了学术分析，重构了毒品犯罪法益论，提出了以国民人身健康法益和社会管理秩序法益为内容的"二元法益论"，为评价涉毒不法行为的社会危害性提供了有益的理论参考。同时，将法经济学原理运用于毒品犯罪问题研究，对走私、贩卖、运输、制造毒品四种不法行为的市场"贡献"作用进行了深刻阐释，这种研究视角有利于推动刑罚适用更加契合市场规律，进而产生更好的治理效能。

对于备受理论和实务关注的从严治毒刑事政策，作者站在支持者的角度对如何理解与贯彻进行了深入思考，态度鲜明地提出了"首先强调刑罚严密性，其次保留刑罚严厉性"的学术主张，这一观点既符合我国从严治毒的司法导向，也契合重点强调刑罚严密性的刑法潮流，在从严惩处的司法背景下，有助于调适更为注重刑罚严厉性的司法惯性。

在司法制度方面，作者针对现阶段存在的毒品分级尚未完善、纯度鉴定范围较窄、诱惑侦查使用频繁等问题，敏锐地探究其背后的制度机制原因，稳慎提出了"三层级分类"、逐步扩大纯度鉴定范围、严格限制诱惑侦查等建议，并详细阐明了毒品司法分级的依据、扩大纯度鉴定的步骤、限制诱惑侦查的标准。在毒品犯罪问题治理的维度，这些讨论对于促进国家治理能力和治理体系现代化具有一定的参考价值。

针对前面揭示的问题及成因，作者提出了司法匡正的具体路径，主要体现在合理限制刑罚适用的范围与强度、重点提高刑罚适用的治理功效、加强刑罚与非刑罚处罚措施的结合等方面，这些观点以推动刑罚适用更加严密化、谦抑化和优效化为目标，是对提升当前毒品犯罪刑事治理效能的有益探讨。

全书逻辑清晰、结构合理、文笔流畅，从刑罚适用现状展开，深刻剖析效能落差的具体成因，通过理论修正、政策归正与制度规正，以较为准确的实践分析和较为深刻的理论探讨为基础，层层推进至司法匡正，最终提出自己的观点主张，为司法实践和刑法理论提供了具有一定启发意义的学术养分，虽然说难称完美，但也是近年来西南政法大学刑法学博士论文中一篇较为成功之作。

在之前的求学生涯中，伍晋博士展现出勤奋好学、认真踏实的品质，也表现出对刑法学研究的热情与执着，这必将成为他今后学习、思考、写作的良好基础。毒品问题治理是一项任重道远的系统性工程，希望伍晋把毒品问题刑事治理研究坚持下去，在兼顾好工作与生活的同时，更大程度地超越自我，努力取得更高水平的学术成果。

是为序。

梅传强

2023 年 4 月 16 日于重庆

目 录
CONTENTS

绪 论 ·· 001
 一、研究目的 ··· 001
 二、研究综述 ··· 009
 三、研究方法 ··· 014
 四、研究创新 ··· 016

第一章 毒品犯罪刑罚适用的现状考察 ························ 019
 第一节 从严治毒的政策导向 ································· 019
  一、从严治毒的历史源起 ································· 020
  二、从严治毒的基本形成 ································· 021
  三、从严治毒的正式确立 ································· 022
 第二节 从严惩处的司法现状 ································· 025
  一、刑罚启动相对泛化 ···································· 026
  二、刑罚裁量整体趋重 ···································· 030
  三、缓刑适用过度从紧 ···································· 045
  四、罚金执行逐渐改善 ···································· 048
  五、保安处分基本虚置 ···································· 050

第三节　尚须提升的刑罚功效 …………………………… 051
　一、犯罪态势严峻复杂 …………………………………… 052
　二、毒品需求持续旺盛 …………………………………… 055
　三、特殊预防效果欠佳 …………………………………… 056

第二章　毒品犯罪刑罚适用的落差归因 ……………………… 057
　第一节　立法规范的解释偏差 …………………………… 058
　　一、文义解释僵硬化 …………………………………… 058
　　二、体系解释淡薄化 …………………………………… 059
　　三、目的解释一元化 …………………………………… 061
　第二节　刑法功能的认知误差 …………………………… 062
　　一、犯罪规律的理解错位 ……………………………… 062
　　二、刑罚机能的期待越位 ……………………………… 064
　　三、综治措施的运行缺位 ……………………………… 065
　第三节　刑事政策的运作反差 …………………………… 066
　　一、政策功能定位错乱 ………………………………… 067
　　二、政策内部关系紊乱 ………………………………… 068
　　三、政策目标设定焦乱 ………………………………… 069

第三章　毒品犯罪刑罚适用的理论修正 ……………………… 071
　第一节　二元法益论之提出 ……………………………… 071
　　一、抽象的秩序法益 …………………………………… 072
　　二、具象的个人法益 …………………………………… 072
　　三、真象的二元法益 …………………………………… 073
　第二节　立体解释论之提倡 ……………………………… 074
　　一、立体解释的文义要素 ……………………………… 075
　　二、立体解释的体系要求 ……………………………… 077
　　三、立体解释的目的要旨 ……………………………… 087

第三节　刑罚市场论之提议 ············· 088
一、市场规律的理性揭示 ············· 088
二、犯罪行为的市场评价 ············· 090
三、刑罚适用的市场考量 ············· 091

第四章　毒品犯罪刑罚适用的政策归正 ············· 094
第一节　从严厉回归严密 ············· 094
一、淡化刑罚的严厉性 ············· 095
二、强化刑罚的严密性 ············· 097
三、优化政策的二元性 ············· 098

第二节　从压制回归共治 ············· 100
一、压制的片面性 ············· 101
二、治理的根本性 ············· 102
三、共治的必要性 ············· 103

第三节　从感性回归理性 ············· 105
一、政策目标：由禁绝到控制 ············· 105
二、阶段展开：由从严到从平 ············· 107
三、观念转变：由仇恨到接纳 ············· 110

第五章　毒品犯罪刑罚适用的制度规正 ············· 113
第一节　建立毒品分级制度 ············· 113
一、毒品分级的现实需要 ············· 114
二、毒品分级的世界潮流 ············· 115
三、毒品分级的对策建议 ············· 117

第二节　健全纯度鉴定制度 ············· 120
一、纯度鉴定的规范导览 ············· 121
二、纯度鉴定的扩大必要 ············· 122
三、纯度鉴定的普及进路 ············· 125

第三节 完善诱惑侦查制度 ………………………………… 126
一、诱惑侦查的启动限制 ……………………………… 127
二、诱惑侦查的对象克制 ……………………………… 131
三、诱惑侦查的刑罚节制 ……………………………… 134

第六章 毒品犯罪刑罚适用的司法匡正 ………………………… 138
第一节 刑罚启动合理化 …………………………………… 138
一、社会危害性的实质判断 …………………………… 139
二、人身危险性的区别对待 …………………………… 150
三、二元法益论的双重检视 …………………………… 156
第二节 刑罚裁量合理化 …………………………………… 159
一、科学设定量刑起点 ………………………………… 160
二、区别处罚四类行为 ………………………………… 164
三、理性运用量刑因素 ………………………………… 167
四、扩大适用非监禁刑 ………………………………… 188
五、合理分隔有期徒刑 ………………………………… 193
六、从严控制死刑适用 ………………………………… 199
第三节 缓刑适用合理化 …………………………………… 213
一、缓刑适用的政策把握 ……………………………… 213
二、缓刑适用的现实需求 ……………………………… 214
三、缓刑适用的实践展开 ……………………………… 215
第四节 罚金适用合理化 …………………………………… 218
一、罚金判罚适当化 …………………………………… 219
二、罚金调整科学化 …………………………………… 221
三、罚金执行严格化 …………………………………… 222
第五节 保安处分合理化 …………………………………… 224
一、强化禁止性处分措施 ……………………………… 225

二、优化矫治性处分措施 …………………………………… 226
　　三、深化财产性处分措施 …………………………………… 227

结　语 …………………………………………………………… 229

参考文献 ………………………………………………………… 232

绪 论

在与犯罪作斗争中，刑罚既非唯一的，也非最安全的措施。[①]

——［德］冯·李斯特

一、研究目的

据国家禁毒委员会、最高人民法院等单位公布的官方数据，近年来因实施毒品犯罪而被追究刑事责任的犯罪人年均在十万人左右，其中涉嫌走私、贩卖、运输、制造毒品罪的犯罪人约占总人数的三分之二，[②]该罪名是毒品犯罪的基础性、主体性罪名，其刑罚适用情况在很大程度上决定了毒品犯罪刑罚适用的整体功效。为便于表述，本书所称的"毒品犯罪刑罚适用"，特指走私、贩卖、运输、制造毒品罪的刑罚适用。

（一）选题背景

"毒品问题是威胁个人健康、家庭幸福、国家安全、地区稳定和世界和平的重大问题"，[③]毒品犯罪既是毒品问题的重要表现形式，也是刑事犯罪的重要

---

① ［德］冯·李斯特：《德国刑法教科书》，徐久生译，法律出版社2006年版，第22页。
② 2018年6月26日，最高人民法院发布《司法大数据专题分析之毒品犯罪》，该报告显示，2017年全国毒品犯罪案件中涉嫌走私、贩卖、运输、制造毒品罪的人数占比为64.78%。罗书臻、孙航：《最高人民法院发布毒品犯罪司法大数据》，载《人民法院报》2018年6月26日。
③ 张勇安：《全球毒情的新趋向与毒品治理的新转向》，载张勇安主编：《国际禁毒研究报告（2019）》，社会科学文献出版社2019年版，第1页。

组成部分，是世界各国共同面对的世纪难题。当前，毒品犯罪案件数约占我国全部刑事犯罪案件数的 10.4%，[①] 走私、贩卖、运输、制造毒品罪与盗窃罪、危险驾驶罪并称为案件数量最多的三大罪名，成为影响我国经济发展、社会稳定、人民安康的重要因素。一段时期以来，我国逐渐形成了从严治毒刑事政策，刑法成为治理毒品犯罪的首要方法、主要手段，刑事司法体现出"运动式"执法和从严惩处两大特征，但是并没有取得预想中的治理效果。近 40 年来，毒品犯罪刑事治理一度陷入"电动冲击钻"式的纵深循环，在"毒情严峻→加大力度→越治越重→再次加力→越发严重"的反复循环中，每次加力后留下的是更深的钻孔，毒品犯罪态势依旧严峻。禁绝毒品的宏伟目标、严惩犯罪的社会呼声、复杂多变的治安环境、严峻复杂的毒情态势等因素让刑事司法逐渐失去耐心，对走私、贩卖、运输、制造毒品实行"零容忍"，大量采用诱惑侦查手段、生硬适用无论数量多少、机械坚持不以纯度折算，刑罚严厉化趋势十分明显。面对从严治毒、以刑抗毒的渐显疲态，我们有必要对一段时期以来的毒品犯罪刑罚适用模式进行系统性反思，在保护社会与保障人权的二元平衡中，塑造符合犯罪生成规律、契合刑法发展潮流、融合各类处罚措施的刑罚适用合理化体系，逐步实现控制毒品犯罪的近期目标，并为"禁绝毒品"的长远目标积累有利因素。现阶段，刑罚适用效能不高已是不争的事实，理论界关于毒品犯罪刑事治理的著述虽然不少，但是都未能解决毒品犯罪刑罚适用的必要性、适当性和有效性等问题，尤其缺乏立足于司法大数据的实证研究，"在毒品犯罪中该如何适用刑罚"这一基本问题仍有很大的研究空间。如何推动毒品犯罪刑罚适用走向合理化，如何在毒品犯罪治理体系中积极发挥刑罚的必要作用、有限功用，是当前刑法理论必须妥善解决的重要问题。

（二）选题目的

1. 塑造现代的刑罚理念

源于沉痛的历史记忆、基于长远的民族未来、鉴于严峻的毒情态势，"新中国成立初期，就确立了严惩毒品犯罪的基本刑事政策"，[②] 自 20 世纪 80 年代以来，我国对毒品犯罪一直采取严惩重罚的治理策略，在刑事政策、刑事立

[①] 据《2018 年最高人民法院工作报告》显示，2012—2017 年我国全部刑事犯罪案件数为 548.9 万件，其中毒品犯罪案件数为 57.1 万件，占比 10.4%。

[②] 张洪成：《毒品犯罪刑事政策之反思与修正》，中国政法大学出版社 2017 年版，第 76 页。

法、刑事司法上体现出"从严治毒、厉行禁毒、以刑抗毒、重刑祛毒"的坚定态度，刑事处罚范围不断扩张、刑事处罚强度不断升级、刑事处罚措施不断丰富，刑罚成为治理毒品犯罪的主要甚至首要手段，形成了"严"字当头、"厉"字当前的刑事司法理念。在严厉化的刑事司法理念影响下，"自1982年对毒品犯罪引入死刑以来，毒品犯罪便被视为刑法中最严重的罪行之一"，[①] 刑事司法从毒品犯罪的个案裁判走入毒品问题的宏大治理，出现了相当程度的运作偏差，社会资源被过度投入于刑罚，综合治理措施未能有效展开。

"毒品违法犯罪是一个全球性的社会问题，世界上不同国家、地区、民族和社会群体都深受其害"，[②] 其产生与演化有特定的客观规律，经济利益驱动、市场链条运作、强制挟持消费、暗黑隐蔽交易、黄赌暴恐交织等是其主要特征，绝非片面的从严惩处就能简单根治。毒品犯罪之所以顽疾难除，最根本的原因在于存在一个稳定且不断扩大的毒品需求市场，吸毒者受到毒品"生理+心理"的双重控制，后期对毒品的需求是一种非自愿的持久性消费，除非经过专业的戒断康复，否则毒品需求会长期持续。我国刑法并不惩治毒品施用者，在广阔的市场需求、稳定的高额利润面前，暴利会驱使毒品犯罪行为人铤而走险、前仆后继，毒品供应不会因禁毒执法而停止。同时，作为供应者的毒品犯罪行为人具有很强的"可替代性"，刑罚将其送入高墙甚至于肉体消灭后，留下的市场空缺会被后来者迅速填补，毒品交易损失的仅仅是被一同查获的涉案毒品，毒品犯罪行为将继续循环往复。

治理毒品问题，需要从减少供应、减低需求、减轻伤害三个方面同时展开，而刑罚仅能对减少供应起到有限的作用，对于减低市场需求、减轻毒品伤害是无能为力的。将从严治毒刑事政策片面理解为对毒品犯罪行为人从严惩处，是违背毒品犯罪基本运行规律的做法，难以对毒品市场产生实质性影响，遑论控制、减少毒品犯罪。当前，我国毒品犯罪刑罚适用出现较为明显的效能落差，过高的期望、过分的介入、过厉的量刑已导致刑罚适用在一定程度偏离了合理性、背离了规律性、违反了比例性，功效却远不及预期，现行司法运作模式亟待匡正。塑造现代刑事司法理念是匡正司法偏差的前提，如果缺乏深层次的理念重塑，合理化的毒品犯罪刑罚适用体系终究难以形成，

[①] 何荣功：《"毒品犯罪"不应属于刑法中最严重的罪行》，载《辽宁大学学报（哲学社会科学版）》2014年第1期。

[②] 梅传强：《回顾与展望：我国禁毒立法之评析》，载《西南民族大学学报（人文社科版）》2008年第1期。

毒品犯罪的预防、控制也难以实现，因此，毒品犯罪刑事司法理念的现代转型就成为理论上亟待解决的重要问题。

2. 构建合理的适用体系

解决毒品犯罪问题，一方面要依托经济社会的全面发展，以"做大蛋糕"的方式增加社会资源，确保刑罚能够在合理、必需的范围内充分投入；另一方面要科学规划社会资源的分配，以"分好蛋糕"的方式增加综合治理的资源投入，发挥综合措施在毒品犯罪问题治理体系中的根本性作用。基于社会资源的有限性、社会发展的渐进性，刑罚的过度投入必然会带来社会资源分配的顾此失彼，其他综合治理措施也会因资源投入不足而效果欠佳。目前，毒品犯罪刑罚适用体系不合理，主要体现为刑罚过度投入，一是适用范围较宽，刑罚的外部关系失调，刑法的强势介入影响了行政法与其他综合治理措施的作用发挥；二是适用强度较严，刑罚的内部关系失衡，拘役、有期徒刑、无期徒刑适用比例较高，分配给刑罚的社会资源被主要投入于从严惩处，非监禁刑、附加刑与非刑罚处罚措施被相对忽视，综合治理演变为刑法治理，刑法治理嬗变为重刑治理，刑罚适用陷入"投入产出比"不高的窘境。如何优化刑罚适用体系，理顺刑罚的内外部关系，让有限的刑罚资源发挥最佳的治理功效，是当前理论界必须予以高度关注的重要命题。以下几个问题需要妥善回答。第一，在刑罚内部，主刑与附加刑如何分别适用、聚萃合力，整合出最好的处罚效果？第二，在主刑内部，不同刑种之间的关系如何调和？死刑与生刑、徒刑与拘役、拘役与管制的适用标准如何区分？第三，在死刑、有期徒刑、拘役当中，刑罚的执行方式如何确定？立即执行与缓期执行如何界分？第四，在刑法内部，刑法第347条第1款"无论数量多少"、第357条第2款"不以纯度折算"与第13条但书"犯罪情节显著轻微"是何种关系？怎样实现法条之间的融洽？刑法在什么情况下介入毒品犯罪？刑罚与非刑罚处罚措施[①]如何协调适用？第五，在刑法外部，刑罚措施、非刑罚处罚措施如何与社会综合治理措施有效衔接、形成配合？怎样实现殊途同归、相向而行？

3. 实现有效的犯罪控制

刑罚的功能在于报应与预防，对于非暴力性的毒品犯罪而言，由于毒品的严重危害性、毒瘾的长期顽固性，刑罚应当更加关注犯罪预防，渐次实现

[①] 我国刑法规定的非刑罚处罚措施，主要包括专门矫治教育、强制医疗、禁止令、职业禁止、社区矫正、强制劳动、驱逐出境等。

三个目标：遏制毒品犯罪的严峻态势、实现毒品犯罪的基本控制、推动毒品犯罪的逐渐消减。我国毒品犯罪刑事治理的现状，一方面是从严治毒的政策导向、保留重刑的刑罚配置、从严惩处的司法运作，另一方面是毒品犯罪久治不绝、沉疴难除、严峻复杂的社会现实，二者之间形成了鲜明反差。实践证明，从严惩处的司法运作并未取得理想的效果，短期性的"运动式"执法更难以实现毒品犯罪的长效治理，"期待通过一两次的运动就从根本上消灭毒品是不现实的"。① 当前，毒品犯罪刑罚适用出现了对立法规范的解释偏差、刑罚功能的认识误差、刑事政策的运作反差，刑罚被赋予了难以承受的千钧重担，承载了禁绝毒品的过高希望，刑事治理效果差强人意，刑罚适用面临着来自于必要性、相当性和有效性的质疑与拷问。

以 1982 年 3 月全国人大常委会颁布《关于严惩严重破坏经济的罪犯的决定》，② 将贩卖毒品罪的刑罚配置上升至死刑为标志，从严治毒、以刑抗毒的刑罚理念已延续了 40 余年，刑罚适用常年保持在高位运行，入罪从严、量刑从重、行刑从紧是其主要特征，走私、贩卖、运输、制造毒品罪也随之成为触发死刑的重要罪名之一。当前，刑法以"零容忍"的态度积极参与禁绝毒品的宏大工程，刑罚以"禁种、禁制、禁贩、禁吸"为目标，全方位、全流程地介入毒品问题治理的各个环节。然而，与从严治毒、以刑抗毒的刑罚运作相对应，我国毒品问题依旧严峻复杂，刑罚未能有效控制毒品犯罪，同时由于受到从严治毒刑事政策的客观影响，其自身运作也出现了一定的偏差。现阶段，在毒品犯罪刑事治理中，人权保障与社会保护的平衡仍需强化，从严治毒、以刑抗毒的刑事治理模式在某种程度上弱化了人权保障，却没有取得理想的社会保护效果，高达 21.93% 的重刑率③——同期全部刑事案件重刑率为 14.04%——力有余而功不足，刑罚适用的运作偏差亟待匡正。④

---

① 王利荣、揭萍：《对"运动式"治理毒品的反思——由 N 市"百城禁毒会战"的开展切入》，载《山东警察学院学报》2016 年第 1 期。

② 1982 年 3 月 8 日，第五届全国人民代表大会常务委员会第二十二次会议通过《关于严惩严重破坏经济的罪犯的决定》，第 1 条第 1 项规定："对刑法第一百一十八条走私、套汇、投机倒把牟取暴利罪，第一百五十二条盗窃罪，第一百七十一条贩毒罪，第一百七十三条盗运珍贵文物出口罪，其处刑分别补充或者修改为：情节特别严重，处十年以上有期徒刑、无期徒刑或者死刑，可以并处没收财产。"

③ 在全国法院系统的统计口径中，一般将五年以上有期徒刑、无期徒刑、死刑统称为重刑。

④ 罗书臻、孙航：《最高人民法院发布毒品犯罪司法大数据》，载《人民法院报》2018 年 6 月 26 日。

刑法是社会的最后一道防线，也是毒品问题治理体系的最后手段，还是惩治毒品犯罪的最严厉措施，刑罚适用的合理化程度直接关系到宏观层面的毒品问题治理成效。面对国民的殷切希望，面对毒情的不断演变，片面强调严厉性的刑罚适用模式已渐显疲态，我们有必要对一段时期以来从严治毒、以刑抗毒的刑罚理念进行系统反思，进一步将刑罚筑于人权保障的基石之上，将刑罚融入社会综治的体系之中，将刑罚置于毒品市场的规律之下，在报应与预防、社会保护与人权保障的整体平衡中，推动刑罚适用迈向合理化，有度、有序、有效地发挥刑罚在治理毒品犯罪中的有限作用，重塑刑罚的重要作用，避免刑罚的无限、无序、无效投入，逐步实现对毒品犯罪的有效控制。如何提升毒品犯罪刑罚适用的有效性，就成为当下理论界必须面对的现实问题。

4. 强化公民的权利保障

"在刑法中，法治国家的形式保障得到最强有力的规定，因为个人的自由不会受到比国家借助于刑罚权对个人自由的限制更为严厉的限制"，[①]刑罚是非战争状态下国家所能采取的最严厉惩罚措施，行之过严、用之过厉会不可避免地侵犯公民的基本人权。"一般认为刑法具有人权保障机能和社会保护机能，人权保障机能主要是保护犯罪嫌疑人、被告人和犯罪人的合法权益，而社会保护机能则是主要强调保护被害人和社会一般公众的合法权益"，[②]"在惩罚犯罪与保障人权的关系上，过去的观念是前者重于后者"，[③]加之在历史伤痛、毒情态势、国家安全、民族兴衰的综合作用下，严惩毒品犯罪成为我国社会的主流共识。在严惩毒品犯罪的民意洪流中，如何坚持刑法的人权保障机能，如何处理社会保护与人权保障的二元关系，二者之间是位阶关系、前后关系还是并列关系等，都是刑法理论必须面对的现实问题。人权保障是刑法现代化的核心标志，"在法治社会中应当把刑法的保障人权功能放在第一位"，[④]在适用刑罚抗制毒品犯罪的过程中，如何契合轻缓化、非监禁化的刑罚潮流，如何维护人权保障的优先地位，并在充分保障人权的基础上有效保护社会，避免双输、超越单赢、实现双赢，是值得深入研究的问题。

---

① ［德］汉斯·海因里希·耶塞克、托马斯·魏根特：《德国刑法教科书》，徐久生译，中国法制出版社2017年版，第174页。
② 陈兴良：《当代中国的刑法理念》，载《国家检察官学院学报》2008年第3期。
③ 马克昌：《刑法的机能新论》，载《人民检察》2009年第8期。
④ 陈兴良：《当代中国刑法应当具有的三个理念》，载《检察日报》2008年3月17日。

综上，在毒品问题严峻复杂、刑罚投入持续高位、以刑抗毒渐显疲态、权利保障仍需加强的背景下，我们有必要思考：目前毒品犯罪刑事治理效果欠佳的原因是什么？刑罚适用存在的主要问题是什么？刑罚适用效能落差的主要原因是什么？刑罚适用效能落差导致的副作用、负效应是什么？刑罚适用应当树立何种司法理念？刑罚适用的主要目标是什么？刑罚处罚应当控制在什么范围内？刑罚强度应当保持在何种限度内？刑罚适用的主要目标是什么，报应还是预防、一般预防还是特殊预防？刑罚适用应当如何实现社会保护与人权保障的平衡？刑罚适用应当如何实现短期目标与长期目标的融合？刑罚处罚与非刑罚处罚措施如何实现互补互促？刑罚在毒品犯罪治理体系中应当扮演什么样的角色？……这些问题，都值得理论界深入研究。

"研究的目的在于寻求什么人的处境得到改善，而不在于什么是正面利益"，[1]本文研究的目的在于完善对毒品犯罪被告人的处遇措施，充分发挥刑罚有限的积极作用，在社会保护与人权保障的天平中进一步强化人权保障，以"刑期无刑""法出于仁"的态度消减毒品犯罪、消融群体对抗、消弭社会裂痕，在适度惩罚的同时强化犯罪预防，进一步提高刑罚适用的整体效能。

（三）选题意义

1. 理论意义

第一，重构毒品犯罪法益理论。犯罪的本质是对法益的侵害，不法行为的社会危害性是刑罚适用的前提和基础，对社会危害性程度的科学判断是刑罚适用的核心问题。传统观点将毒品犯罪的保护法益理解为单一的社会管理秩序，忽视了不法行为对国民生命健康权益的侵害，由于社会管理秩序自身的抽象性，法益理论既不能说明毒品犯罪的处罚范围，又难以界定各种具体毒品犯罪行为在违法程度上的差异，还引发既遂认定过于提前，[2]其理论缺陷已十分明显。本书将重构毒品犯罪法益理论，全面评价毒品犯罪的社会危害性，建立科学合理的社会危害性衡量标准，推动刑罚适用理论体系走向现代化。第二，阐明从严治毒刑事政策的本质内涵。传统理论将从严治毒刑事政策片面理解为提倡从严惩处毒品犯罪分子，忽视了刑罚必定性（严密性）在刑事治理中的根本作用，关于刑罚适用的讨论更多集中于对从严惩处的具体

---

[1] [美]道格拉斯·G.贝尔德：《法经济学的展望与未来》，吴晓露译，载《经济社会体制比较》2003年第4期。

[2] 张明楷：《代购毒品行为的刑法学分析》，载《华东政法大学学报》2020年第1期。

把握，导致刑罚适用研究长期停留在量刑层面，没有解决刑罚适用必要性、正当性的重大问题。本书将站在毒品犯罪综合治理的维度，深入分析从严治毒刑事政策形成的背景、目的和意义，阐明从严治毒刑事政策的完整内涵，廓清当前学术界对政策宗旨的误解，在准确把握从严治毒刑事政策的基础上，展开刑罚适用问题研究。第三，塑造科学合理的毒品犯罪刑罚适用理论体系。以刑法教义学为基础，强化对相关总则、分则条文的具体研究，树立解释学在刑罚适用研究中的主体地位，通过体系解释、目的解释等方法化解刑法条文之间的"冲突"，在理论上构建妥当、自洽的刑罚适用标准。充分运用法经济学研究方法，深入剖析毒品犯罪背后的经济根源、市场规律，进一步揭示刑事治理功能的局限性，探寻刑罚适用的最佳模态，在遵循毒品犯罪自身规律的前提下展开学术讨论，提升理论研究的科学性、全面性，提高研究结论的合理性、实用性。

2. 实践价值

其一，揭示刑罚适用的准确现状。已有学术成果对刑罚适用现状的分析存在缺陷，要么局限于实证样本不足，抑或困囿于统计项目缺乏针对性，对现状的判断缺乏大数据支撑，提出的对策、建议或多或少偏离了实际问题的主要方面，甚至存在自说自话的情况，实践指导价值相对有限。"厉而不严"是目前刑法学界对毒品犯罪刑罚适用情况的总体判断，强化经济处罚是当前刑法学者在刑罚适用上的共识，但是"厉而不严"的具体程度如何，罚金刑的实际执行情况如何，这些深层次问题都还需要系统化的大数据分析，方能做出准确、可靠的判断。本书将充分运用大数据分析法，以近十万份实证样本为研究对象，科学设定统计项目、精细分析各项指标，力争准确揭示目前刑罚适用的总体状况，确保理论研究的实践价值，发现真问题、研究真问题、解决真问题，得出具有可操作性的研究结论，为司法实践提供有针对性的理论指导。其二，匡正"厉而不严"的刑罚适用模态。历史已经反复证明，从重从严的刑罚模式对毒品犯罪的遏制、预防效果远低于人们的预期，在疏漏的刑事法网中从严惩处已被抓获的被告人，即便是死刑也难以遏阻潜在犯罪人的侥幸心理，正如有学者指出："在毒品犯罪中死刑的威慑效果没有获得确证，因为毒品犯罪的获利非常大，因而值得一赌，特别是对穷人。"我们必须理性地认识到，只要在客观上存在禁毒执法的缺口，就一定会有人铤而走险。本书将推动刑事司法从严厉性向必定性（严密性）转型，将提高刑罚必定性作为刑事治理的主要着力点，逐步匡正从严治毒的着力方向。其三，强化罪刑均衡原则对刑罚适用的制约作用。当前，从严治毒刑事政策在很大程度上影响了刑罚适用，从严惩处成为司法常态，毒品犯罪被告人为一般预防目的付出了"额外"的代价，罪刑均衡原则受到了一定程度的冲击。本书将以行为的社会危害性、行为人的人身危险性为依据，理性分析报应、预防的最低需要，提出毒品犯罪刑罚适用的具体司法标准，防止一般预防目的对刑罚处罚的不当升级，维护毒品犯罪被告人的合法权利，契合刑罚轻缓化、非监禁化的世界潮流，在司法实践中实现更高水平的罪责刑相适应。其四，提高刑罚适用的实际功效。一段时期以来，刑罚适用陷入投入与产出不成正比的司法怪圈，对毒品犯罪分子的整体性从严处罚消耗了大量的司法资源，甚至影响到综合治理的系统展开，但是并没有从根本上扭转毒品犯罪的严峻态势，刑罚适用效果有待提升已是无法否认的客观事实。本书将聚焦于提升刑罚适用的实际效果，对刑罚适用进行合理化改造，首先理顺主刑、附加刑、缓刑与保安处分的关系，发挥出各类处罚措施的最佳功效；然后进行功能上的整合，实现从"物理叠加"到"化学融合"的升级；最终形成符合规律、罪刑相适、宽严相济、报应适度、预防有效、保障人权的刑罚适用模态，逐步改变刑罚适用"投入产出比不高"的司法窘境，推动毒品犯罪刑罚适用从传统走向现代、从有效走向优效。

二、研究综述

毒品与艾滋病、恐怖主义并称世界三大公害，由于各国的历史传统、社会观念、刑事立法、司法理念不同，毒品犯罪既是一个世界性问题，又是一个中国化问题，解决中国问题需要立足中国实际、运用中国方法、秉持中国范式。近年来，我国学者围绕毒品犯罪的刑罚适用形成了较为丰硕的研究成果。

（一）刑罚理念的研究现状

刑罚理念在刑罚适用中发挥着目的性和导向性的重要作用，并在某种程度上决定了刑罚适用的广度（介入范围）与强度（刑罚轻重），涉及罪与非罪、罪重罪轻等重大问题。"绝少有犯罪和毒品犯罪一样被提升到关乎国家命运的高度，"[1]如何克制住"惩罚的冲动"是刑罚适用必须直面的重要问题。刑

---

① 莫洪宪、薛文超：《"厉行禁毒"刑事政策下运输毒品罪的死刑废止》，载《广西大学学报（哲学社会科学版）》2016年第2期。

罚理念现代化是刑罚适用合理化的前提，毒品犯罪不是刑事犯罪的特例，更非最严重的刑事犯罪，只是诸多犯罪类型中的一种，社会保护、人权保障的二元平衡不容打破，毒品犯罪的基本规律必须得到尊重。胡云腾教授认为，刑罚是遏制毒品犯罪的重要手段，但不能减少毒品需求，应该遵循毒品犯罪的基本规律，理性看待刑罚的有限作用。[1]曾粤兴教授认为，以"杀鸡儆猴"的方式严惩毒品犯罪行为人，并不能有效预防毒品犯罪，反而会人为抬高毒品价格。[2]高巍教授指出，严刑重罚并不能解决毒品犯罪生成的社会原因，重刑化常常被证明是无效的。[3]陈伟教授提出，应当树立刑罚理性主义的观念，抑制重刑的泛化，在毒品犯罪案件的定罪量刑中贯彻宽严相济的刑事政策。[4]齐文远教授认为，在毒品犯罪中大面积地适用重刑是非理性的表征，会导致报应过量、资源浪费，违背罪责刑相适应原则造成误伤，刑罚成为过分的"恶"。[5]袁林教授认为，从严治毒的刑事政策过于迷信刑罚的效果，手段单一、缺乏包容，容易演变为不负责任的报复性打击，反而增添社会矛盾。[6]莫洪宪教授指出，"当前刑事司法的任务主要在于，将刑法适用的重点从刑罚的严厉性转向执法的严格性，将刑法的导向从形式上的公正转向在犯罪预防方面的有效性。"[7]罗钢副教授提出，敌人刑法观不应是毒品犯罪治理的第一选择，而是一柄只能提供"有缺陷的安定"的"双刃剑"，毒品犯罪治理应当重返市民刑法的轨道。[8]

当前，学术界对从严治毒、以刑抗毒的刑罚理念进行了深入研究，深刻剖析了毒品犯罪的复杂性与刑罚功能的有限性，对刑罚尤其是重刑的副作用、负效应引起了高度警惕，对毒品犯罪被告人的定义从"敌人"回归到市民，并提出了符合毒品市场规律的刑罚适用理念。与此同时，现有理论研究还需

---

[1] 胡云腾、方文军：《论毒品犯罪的惩治对策与措施》，载《中国青年社会科学》2018年第5期。

[2] 曾粤兴、孙本雄：《当代中国毒品犯罪刑事政策的检讨与修正》，载《法治研究》2019年第2期。

[3] 高巍：《禁毒政策的西方经验与中国实践》，载《思想战线》2007年第4期。

[4] 陈伟：《对我国毒品犯罪刑罚适用问题的反思》，载《理论探索》2017年第2期。

[5] 齐文远、魏汉涛：《毒品犯罪治理的困境与出路》，载《河南大学学报（社会科学版）》2018年第1期。

[6] 袁林：《我国未成年人毒品犯罪从严刑事政策的检验和修正——以某省法院系统近十年的判决为研究样本》，载《法学》2015年第6期。

[7] 莫洪宪：《毒品犯罪的挑战与刑法的回应》，载《政治与法律》2012年第10期。

[8] 罗钢：《毒品犯罪刑事治理去敌人刑法化》，载《政法论丛》2018年第1期。

继续深入。第一，毒品犯罪刑罚适用仍未形成成熟、完善的理论体系，刑罚适用"向何处去"这一重大问题尚未得到科学回答；第二，对毒品犯罪被告人的人权保障依然重视不足，"从严治毒"与"宽严相济"之间的紧张关系并未得到妥当处理；第三，刑罚适用与毒品市场规律二者之间的关系尚未厘清，刑罚适用是否应当"市场化"、如何"市场化"、在何种程度上"市场化"，这些事关刑罚适用最终成效的重要问题还需进一步研究。

（二）刑罚适用的研究现状

科学合理、有效有度地适用刑罚，是运用刑法手段抗制毒品犯罪的关键，学者们从犯罪特征、刑罚种类、刑罚强度、刑罚目的、保安处分和社会复归等维度进行了深入研究，在批判"重刑治毒"观念的同时，立足毒品犯罪的本质特征，结合刑罚轻缓化、非监禁化的世界潮流，提出了刑罚适用合理化的改造路径。在刑罚种类问题上，梅传强教授认为，"毒品犯罪的唯一目的就是为了谋求暴利，如果加重财产刑的处罚、让犯罪分子无利可图，更能达到惩罚犯罪，预防犯罪之目的。"① 在罪刑均衡问题上，高艳东教授认为司法实务以数量论替代质量论的做法，会导致罪刑失衡、量刑不公，并诱发司法机关在数量诱惑案件中的投机行为；② 薛剑祥法官认为如果对数量相同、纯度不同的毒品犯罪科以相同刑罚，容易导致量刑失调，有违罪责刑相适应基本原则。③ 在未成年人毒品犯罪刑罚适用问题上，袁林教授认为未成年人毒品犯罪不属于必须适用监禁刑的严重暴力犯罪，应最大限度地适用免予刑事处罚和管制、缓刑等非监禁刑。④ 在自由刑适用的问题上，日本井田良教授认为，"从事药物不法交易的人，其目的在于获得财产利益，所以即使对其科处长期自由刑，只要有相应的收益归属自己或其所属组织，那么抑制其犯罪动机就是很困难的。仅对个别行为人处以自由刑为主的处罚，是难以取得一般预防与特殊预防的效果的。"⑤ 在具体的刑罚裁量问题上，莫洪宪教授指出毒品犯罪个

---

① 梅传强、徐艳：《毒品犯罪的刑罚适用问题思考——兼论毒品犯罪限制适用死刑》，载《甘肃政法学院学报》2006 年第 3 期。

② 高艳东：《规范学视野中毒品刑法泛犯罪化与重刑化的反思》，载《云南警官学院学报》2007 年第 3 期。

③ 薛剑祥：《毒品犯罪法律适用若干问题探讨》，载《法律适用》2004 年第 2 期。

④ 袁林：《我国未成年人毒品犯罪从严刑事政策的检验和修正——以某省法院系统近十年的判决为研究样本》，载《法学》2015 年第 6 期。

⑤ ［日］井田良：《毒品犯罪的对策》，金光旭等译，载［日］西原春夫主编：《日本刑事法的重要问题》，法律出版社 2000 年版，第 139 页。

案的刑罚裁量，应当以行为对毒品市场的"贡献率"为判断标准，在市场框架下适用刑罚。①在法定量刑情节问题上，张洪成副教授认为毒品再犯是毒品累犯的上位概念，未成年人不构成累犯不能推导出不构成再犯的结论，对其可以适用毒品再犯情节；②朱建华教授认为累犯、毒品再犯分属于刑法总则和刑法分则，司法中不宜同时适用，应当维护刑法总则的优先地位，在累犯不能成立时方能考虑毒品再犯的适用。③

概言之，针对毒品犯罪的刑罚适用问题，学者们从犯罪的贪利性与非暴力性出发，提出了强化罚金刑的主张，以期最大限度地剥夺毒品犯罪被告人牟取的不法利益，并限制其再犯能力。同时，学界立足于罪责刑相适应基本原则，以社会危害性大小为依据，对毒品的数量、纯度与量刑的关系进行了深入思考，反对唯数量论成为共识。有学者在未成年人毒品犯罪的视域内，提出了以免予刑事处罚、管制、缓刑等方式，尽可能避免监禁刑的主张。还有学者在刑法总、分则关系的框架下，探讨累犯与毒品再犯的具体适用，提出了累犯优先、毒品再犯置后的司法认定标准，避免刑罚强度的双重从重。

在形成卓有成效的研究结论的同时，目前理论研究还存在以下缺陷。其一，对刑罚适用现状的实证分析不足，关于严厉化趋势的判断缺乏翔实的数据支撑，严厉化程度的研究还停留于概念层面，大数据分析法没有被充分运用；其二，关于罚金刑的研究，更多集中于刑罚裁量阶段，而对于行刑阶段罚金刑的实际执行情况少有人关注，缺乏执行的刑罚裁量是无用的，甚至是对量刑阶段司法资源的浪费，罚金刑执行情况如何、如何强化罚金刑实际效果是目前研究的薄弱环节；其三，对毒品犯罪刑罚适用轻缓化、非监禁化的研究存在不足，针对入罪适度化、量刑合理化、行刑社会化的研究未能深入，尤其是关于毒品犯罪案件犯罪情节显著轻微、免予刑事处罚以及适用管制、拘役、缓刑等的专门性研究成果仍然不多；其四，现有研究关注报应有余，而关注预防不足，刑罚适用研究大多从惩处角度展开，缺乏预防角度的深入研究；其五，对刑法中非刑罚处罚措施的研究尤为不足，缺乏对刑罚与非刑罚处罚措施的一体化讨论，关于二者功能"物理叠加"的研究尚显不足，遑论对"化学融合"的进一步探讨，专门矫治教育、强制医疗、禁止令、职业禁止等非刑罚处罚措施的特殊功效相对被忽视，既未受到理论研究的足够重

---

① 莫洪宪：《毒品犯罪的挑战与刑法的回应》，载《政治与法律》2012年第10期。
② 张洪成：《毒品犯罪刑事政策之反思与修正》，中国政法大学出版社2017年版，第220页。
③ 朱建华：《毒品犯罪再犯与累犯竞合时的法律适用》，载《人民检察》2006年第17期。

视,也未在司法实践中得到充分发挥。

(三)死刑控制的研究现状

死刑涉及被告人最基本的个人权利,与文化传统、社会观念、刑罚文明、人权保障和社会保护等重大问题息息相关,一直是毒品犯罪中最敏感、最具争议的问题,学术界为此展开了持久而深入的讨论。李邦友教授提出,在刑事立法废除死刑以前,刑事司法应大幅限制死刑的适用,为立法废除死刑创造条件,不应将毒品数量作为死刑适用的唯一标准,对特情引诱案件一律不再判处死刑,[1]从司法论、解释论的角度提出了控制毒品犯罪死刑的方法。陈兴良教授认为,受雇为他人运输毒品的被告人,其主观恶性明显小于为贩卖牟利而运输毒品的毒犯,一般不应处死刑立即执行,[2]根据运输目的将运输毒品罪分为两类,严格控制对受雇型运输毒品罪的死刑适用。莫洪宪教授指出,死刑限制的关键在于确立合理的社会危害性判断标准,改变过于形式化的评价方法,限缩死刑的适用对象,[3]主张对毒品犯罪案件的社会危害性进行实质性判断,合理限制死刑的适用。赵秉志教授提出,应当在司法实践中针对死刑构建统一的毒品数量标准,审慎对待毒品再犯、累犯等消极情节,积极发挥立功在死刑适用中的限制性作用。[4]梅传强教授认为,"从预防犯罪和国际刑罚的发展趋势看,应当通过扩大财产刑和自由刑等措施限制适用死刑",[5]他从刑罚轻缓化的国际潮流出发,提出限制毒品犯罪死刑适用的具体路径。袁林教授认为,在毒品犯罪中以自由刑、财产刑替代死刑,同样能够实现报应与预防,不存在刑罚威慑力减弱的问题。[6]

目前,在毒品犯罪案件中严格控制死刑是刑法学界的基本共识,主流观点已不再将毒品犯罪视为最严重的罪行,学者们对死刑的相当性、有效性提出了质疑,并主张把废除毒品犯罪死刑配置作为立法修正的远期目标。现阶段,刑法学界讨论的重点已由是否限制死刑转向如何限制死刑,学者们从刑

---

[1] 李邦友:《惩处毒品犯罪的"宽"与"严"》,载《华东科技大学学报(社会科学版)》2006年第6期。

[2] 陈兴良:《受雇佣为他人运输毒品犯罪的死刑裁量研究——死囚来信引发的思考》,载《北大法律评论》2005年第2辑。

[3] 莫洪宪、陈金林:《论毒品犯罪死刑限制适用》,载《法学杂志》2010年第1期。

[4] 赵秉志、阴建峰:《论中国毒品犯罪死刑的逐步废止》,载《法学杂志》2013年第5期。

[5] 梅传强、徐艳:《毒品犯罪的刑罚适用问题思考——兼论毒品犯罪限制适用死刑》,载《甘肃政法学院学报》2006年第3期。

[6] 袁林、王力理:《毒品犯罪死刑配置的理性思考》,载《东岳论丛》2010年第2期。

事政策、刑罚潮流、法益侵害等维度提出多种主张，以期能够从司法上最大限度地限制死刑，将这种不可逆转的刑罚措施控制在最小范围。但是，纵观现有理论成果，刑法学界在关于毒品犯罪死刑控制的具体研究中，更多停留于宏观的刑事政策、着墨于抽象的刑罚潮流，立足于刑法规范的解释学研究尤显不足，作为现代刑法学重要标志的教义学方法并未得到充分运用，死刑控制理论有待进一步明确化、制度化与统一化。

三、研究方法

研究方法在一定程度上决定了研究的意义、研究的价值，研究方法的创新是研究创新的重要方面。本书以习近平法治思想为根本指引，贯彻总体国家安全观，在研究中"不忘本来、吸收外来、面向未来"，牢牢立足法治背景、深刻剖析现实场景、准确展望禁毒前景、理性提出未来愿景，以实际问题为导向、以解决问题为方向，与时偕行地综合运用大数据分析法、法教义学研究法、比较研究法、法经济学分析法等方法，从实证法学的准度、比较法学的宽度、法教义学的维度、法经济学的角度，展开毒品犯罪刑罚适用问题的深入研究。

（一）大数据分析法

"互联网+"时代，海量数据的收集、分析与研判不再受到技术能力的制约，大数据分析法已经成为法学研究的重要方法，甚至是不可或缺的必要方法。毒品犯罪刑罚适用问题是一个理论与实践高度结合的论题，必须要以海量的实证数据作为研究基础、结论支撑，如果缺乏对司法大数据的系统分析，理论研究就容易落入自说自话的窠臼，难以发现真问题，遑论解决真问题，最终导致研究过程脱离客观实际、研究结论缺乏实践价值。总览现有研究成果，要么忽视大数据分析法，要么检索分析的数据样本规模有限，研究结论的可靠性、实用性存在疑问。本书将充分运用大数据分析法，准确揭示目前毒品犯罪刑罚适用总体状况，并以发现真问题为导向，剖析形成问题的深层次原因，提出解决问题的可行性路径。

（二）法教义学研究法

法教义学研究法又称为法解释学研究法。"法学之所以称为科学，不仅在于其特有的法学思维模式,还在于其特有的方法。这就是法解释学方法。"①从政策论、立法论转向解释论、司法论,是刑法学从传统走向现代的重要表征,也是刑法学迈向科学化的重要标志。目前,我国刑法学界对毒品犯罪刑罚问题的研究,较多集中于刑事政策与刑事立法层面,还缺乏针对刑法规范的专门性教义学研究。本书将充分运用法教义学中文义解释、体系解释、目的解释等方法,对《刑法》第347条第1款"无论数量多少"、第347条第4款"情节严重"、第357条第2款"不以纯度折算"以及《刑法》第13条但书"犯罪情节显著轻微"、第48条第1款"罪行极其严重"等条文展开研究,在刑法规范层面讨论毒品犯罪刑罚适用问题。

(三)比较研究法

毒品问题是一个世界性的重大问题,全球学者在各自国家的立法体例内就如何适用刑罚展开了广泛而深入的讨论,正如德国学者罗克辛指出:"在全球化的今天,已经没有完全的国内法的学者。所有的学者都应该是一个世界性的学者,参与到刑法的研究中去,共同讨论刑法解决问题的各种方案"②,法治模式不能照搬,但法治理念、法治方法可以相互交流、互相借鉴。本书将对域外以及我国香港、澳门、台湾地区的毒品犯罪刑罚适用情况进行梳理分析,坚持走中国特色社会主义法治道路,扎根中国文化、立足中国国情,推动建构更加合理、更加有效的毒品犯罪刑罚适用体系。

(四)法经济学分析法

法经济学是法学和经济学交叉、融合后产生的新兴边缘学科,其要旨就是将经济学的理论与方法引入法律问题研究,③法经济学分析法已成为当代法学研究的重要方法之一,尤其被运用于与市场规律、商品经济紧密联系的特定犯罪。从经济学的角度而言,毒品也是一种商品,毒品犯罪被告人是市场中的生产者、运输者、销售者,毒品使用人员是市场中的消费者,在完整的毒品违法犯罪链条中,毒品要依次经历"生产—运输—销售—消费"等环节。毒品犯罪在本质上是一种非法的社会经济活动,其根本目的在于最大化地牟取不法利益,市场"这只无形的手"对毒品经济中的"资源配置""生产规模""流通速度"和"价格浮动"等起着决定性作用,毒品犯罪的产生、兴

---

① 梁慧星:《法学学位论文写作方法》,法律出版社2006年版,第77页。
② 梁根林主编:《犯罪论体系》,北京大学出版社2007年版,第419页。
③ 魏建:《理性选择理论与法经济学的发展》,载《中国社会科学》2002年第1期。

起、流变与衰亡莫不与之相关。本书将积极运用法经济学研究方法，从法经济学的角度检视与反思当前毒品犯罪刑罚适用的现状，进一步推动刑罚适用与市场规律形成契合，提出刑罚适用合理化的具体建议，避免刑罚适用与市场规律之间出现二律背反，以期激发出刑罚在抗制毒品犯罪中的最佳作用。

四、研究创新

毒品犯罪刑罚适用是一个传统论题，选择这样一个"老题"作为研究方向，其根本原因在于持续多年的从严惩处并未取得预期的治理效果，毒品犯罪在刑事高压之下依旧高发多发，现有的研究成果对司法实践的指导价值仍显不足，在理论上存在进一步研究的较大空间。刑法学界有必要对毒品犯罪刑罚适用体系进行反思与重构，推动刑罚适用走向合理化，实现对毒品犯罪的有效控制。本书的创新点，主要表现在研究方法、理论建构与学术观点三个方面。

（一）研究方法的创新

1. 充分运用大数据分析法，准确掌握毒品犯罪刑罚适用的整体现状。（1）在中国裁判文书网上，检索2017—2018年7万余份走私、贩卖、运输、制造毒品罪一审刑事判决书，运用大数据系统对刑种、刑期、缓刑、附加刑、禁止令、职业禁止等宏观数据进行分析；（2）从上述7万余份判决书中，在各省级法院系统随机抽取100余份，合计3293份判决书，进行二次数据统计，对毒品种类、数量、纯度、累犯、毒品再犯等微观数据进行分析；（3）在中国裁判文书网上，随机检索2016—2018年走私、贩卖、运输、制造毒品罪的122份死刑二审判决书，对毒品种类、数量、纯度、前科情况、犯罪类型等要素进行分析；（4）从某人民法院，收集该法院系统2016—2018年走私、贩卖、运输、制造毒品罪罚金刑执行案件1.5万余件，其中2016年4500余件、2017年6400余件、2018年4500余件，分析罚金刑的实际执行情况。

2. 引入经济分析法，在法经济学的视域下研究毒品犯罪的刑罚适用问题。现有理论成果大多集中于刑事政策、刑法教义学、犯罪学和社会学等方面，较少将毒品犯罪放入市场经济环境中去研究，缺乏对毒品市场客观规律的深入讨论，忽视了毒品犯罪生成的市场根源，未能解决毒品犯罪刑罚适用效果欠佳的问题。通过法经济学的研究方法，可以促进刑罚适用与市场规律之间的契合，进一步提升刑罚适用的实际效果。

（二）理论建构的创新

1. 对从严治毒刑事政策的内涵进行创新性重构。从严治毒刑事政策主要强调刑罚必定性，并在必要的最小范围内保留刑罚严厉性，严密刑事法网才是政策的根本目的，并非提倡"重刑治毒"。毒品犯罪治理应当从压制转向共治，逐渐淡化刑罚的压制作用，重点强化综合措施的治理作用，把控制毒品犯罪作为现实的政策目标。从严治毒刑事政策的核心任务是推动刑罚适用从严厉性向必定性转型，并在宽严相济基本刑事政策的整体框架下，理性展开对刑事司法的调控。

2. 创新性提出毒品犯罪二元法益论。毒品犯罪侵犯的是二元法益，其社会危害性首先在于直接侵害吸食者的生命健康权益，并主要通过吸食者吸毒后的违法犯罪行为实现对社会管理秩序的间接侵害。以二元法益论为基础，把对国民生命健康法益的侵害程度作为刑罚适用的主要依据，充分考虑罪量因素，强化人权保障，实现刑罚适用合理化。

3. 创造性提出毒品犯罪刑罚适用阶段论。"'刑罚世轻世重'，刑罚的轻重应当因时而宜、因地而宜、因罪而宜，这是符合司法规律的用刑之道。"[①] 本书根据毒品问题的治理规律、毒品犯罪的历史态势、刑罚轻缓化的国际潮流、人权保障的必然要求，提出了毒品犯罪刑罚适用阶段论，分阶段以适度从严（实景）、理性从平（前景）、逐渐从宽（远景）作为刑罚适用总基调的演进路径，现阶段由从严向从平转化，特别防止刑罚过于严厉，并随着社会情势的发展逐步实现从宽。

（三）学术观点的创新

1. 运用体系解释方法，以"犯罪情节显著轻微"来制约"无论数量多少"与"不以纯度折算"，避免刑罚适用范围的极致化，将毒品数量极少、纯度极低等社会危害性极小的案件交由行政法处理，形成刑事处罚与行政处罚的合理衔接，解决刑罚适用较多、较滥、较宽的问题。

2. 对"罪行极其严重"进行严格解释，从社会危害性、人身危险性两个维度减少死刑适用，实现死刑控制的教义学化。提出仅对涉及海洛因、甲基苯丙胺的毒品犯罪适用死刑，涉及其他硬性毒品的犯罪最高判处无期徒刑，涉及软性毒品的犯罪以有期徒刑最大值为刑罚上限。死刑主要针对走私（输

---

① 陈兴良：《"刑罚世轻世重"是符合司法规律的用刑之道》，载《检察日报》2008年5月15日。

入型）、制造毒品罪，对贩卖毒品罪以不适用死刑为一般，只对发生在制毒者与贩毒者、贩毒者与贩毒者之间的贩卖行为适用死刑，对运输毒品罪不再适用死刑。对采用诱惑侦查手段、未进行毒品纯度鉴定的案件不再适用死刑，仅对毒品共同犯罪中的首要分子、主犯以及毒品个人犯罪中的部分累犯、毒品再犯适用死刑。

3. 各地法院在量刑指导性文件中，不再一般性地排除管制刑的适用可能性，将刑种选择权完全交给法官。在轻微毒品犯罪案件中，适度提高管制、缓刑等非监禁刑的适用率，尽量避免短期自由刑的固有弊端，同时注重与非刑罚处罚措施、社会综合治理措施的配合，最大化地促进被告人的社会复归。

4. 近年来毒品犯罪案件数量的连续下降，与罚金刑实际执行率大幅提高具有重要关联。现阶段，在继续强化罚金判罚的同时，更应当注重长期保持较高的实际执行率，确保罚金刑作用的持久体现。法官在决定罚金数额时，应遵守刑法谦抑性原则，将罚金数额控制在足以剥夺违法所得、限制再犯能力的最低限度，为被告人的社会复归保留必要的物质条件。

5. 引入"市场贡献率"概念，在经济学视角下比较四种行为类型的社会危害性，提出从严处罚走私、制造行为，从平处罚贩卖行为，从宽处罚运输行为，实现法条内部的处罚差异化。在刑罚适用中充分考虑行为对毒品市场的"贡献"作用，对"贡献率"进行实质判断，跳出形式判断的窠臼，并将"贡献率"作为刑罚适用的重要依据，以此提高刑罚处罚对毒品市场的治理效果，避免陷入"痼疾难除"与"久治不愈"的司法泥潭。

第一章
毒品犯罪刑罚适用的现状考察

毒品犯罪刑罚适用研究，必然建立在刑罚适用存在不合理现象的前提下，否则，研究将脱离实践、自说自话。因此，有必要对我国毒品犯罪刑罚适用的现状进行全面解析，在准确把握司法现状的基础上展开学术研究，发现真问题、研究真问题、解决真问题，实现"回馈实践"这一学术研究的最终目的。

第一节　从严治毒的政策导向

"从严治毒"刑事政策对毒品犯罪刑罚适用产生了全面而深刻的影响，刑罚适用不合理很大程度上源自对刑事政策的误读与曲解。德国学者冯·李斯特是刑事政策学研究的重要学者，主张刑事政策是刑法科学的一个独立分支，提出了著名的"李斯特鸿沟"，并将刑事政策表述为："国家借助于刑罚以及与之相关的机构（教育和校正机构、劳动教养所以及类似机构），同犯罪作斗争的基本原则的整体（总称）。"①刑事政策具有抽象性、整体性、理念性，刑罚具有具象性、个别性、实践性，刑事政策与刑罚密切关联、相互作用，刑事政策是刑罚的价值导向，刑罚是刑事政策的实际贯彻，对刑罚适用现状的考察必然包括对刑事政策的检视，刑事政策的调整也必然引起刑罚适用的变化。

一、从严治毒的历史源起

鸦片自唐代由阿拉伯商人传入中国，在此后的历朝历代一直限于药用与观赏，并未成为严重的社会问题，直至明末天启年间（1621—1627年），民间始出现鸦片滥用。在清代前期，鸦片具有一定程度的合法性，国家采用经济手段，通过征税的方式控制烟毒，以刑事手段为重要特征的"从严治毒"政策并未出现。

清康熙末年，鸦片贩运加剧、罂粟种植扩大、烟毒逐渐泛滥，对国民生命健康和国家税收征缴造成严重危害，单纯的经济手段已难以应对逐渐失控的鸦片问题。雍正皇帝即位后，清政府对待鸦片问题的态度出现根本性转向，将烟毒泛滥视为威胁统治权的重大问题，总体上秉持从严控制的基本态度，并将刑事手段引入毒品控制。1729年（雍正七年），清政府颁布《惩办兴贩鸦片烟及开设烟馆条例》，"在世界上首次提出毒品犯罪的概念，并将贩卖鸦片、私设鸦片烟馆、包庇鸦片走私等行为纳入刑法规制的范畴"，②规定了生命刑、身体刑、流刑和监禁刑等刑罚，在世界上开创了以刑治毒的先河，也成为我国以刑治毒的历史源头。1840年，英国发动第一次鸦片战争，中国的大门被西方用枪炮打开，清政府被迫同意鸦片合法输入中国，并于1859年（咸丰九年）颁布《洋药经售条例》，规定以往的各类禁烟条例一律作废，至此，过往百余年间的从严控毒政策顷刻间戛然而止。

20世纪初，在民族觉醒、维系统治、国际支持等综合因素作用下，清政府重拾废弛已久的禁毒政策，对内在中央及地方设立各类禁烟管理机构，并于1906年（光绪三十二年）正式宣布禁烟，设定了"著定限十年以内，将洋土药之害一律革除净尽"的禁烟目标；对外与鸦片问题的始作俑者英国在1908年达成"中英禁烟协议"，"约定逐年递减英印鸦片的进口，从1908年

---

① ［德］冯·李斯特：《论犯罪、刑罚与刑事政策》，徐久生译，北京大学出版社2016年版，第212页。
② 张洪成：《毒品犯罪刑事政策之反思与修正》，中国政法大学出版社2017年版，第36页。

开始10年减尽"，①1911年与英国签订《中英禁毒条件》，约定至1917年底英国停止对中国的鸦片输入，禁烟运动取得显著成效。清政府在命悬一线之际重启禁毒政策，暂时缓解了政权危机，并于1909年颁行《禁烟惩戒条例》，分设了制造鸦片烟、贩卖鸦片烟等罪名，以刑治毒的禁毒政策重现华夏大地。

民国时期，北洋政府、南京国民政府在政策层面就禁毒问题作出了相应的努力，北洋政府于1912年发布《通告禁止鸦片文》，南京国民政府于1934年提出"两年禁烟，六年禁毒"的口号，中央政府至少在形式上维持了坚定的反毒立场，继续将刑罚手段作为禁毒的重要措施。但是，由于腐败的政治环境、分治的地方权力、羸弱的国家实力、猖獗的毒品输入、落后的国民教育等原因，"民国时期的毒品问题成为不可控制的社会问题，显然在当时的历史条件下禁绝毒品是不可能的"，②这一时期的严控烟毒政策更多停留于形式层面，律令、口号更多体现出宣示意义。

二、从严治毒的基本形成

中国共产党从诞生之初就十分重视鸦片烟毒问题，坚决主张禁绝祸国殃民的烟毒，③在土地革命时期、抗日战争时期、解放战争时期坚持不懈地推动禁毒斗争，在统辖区域颁布了大量禁毒法令，铲除罂粟、禁吸禁售、查禁烟馆、没收烟具，基本根治了烟毒泛滥的问题。赣东北特区苏维埃政府于1931年颁布《赣东北特区苏维埃暂行刑律》，在第九章专门设置了鸦片烟罪，④规定了11种毒品犯罪，并在6个罪名中配置死刑，⑤这是中国共产党首次将涉毒行为纳入刑法规制，从此，刑罚成为人民政权治理毒品问题的重要手段，从严治毒的刑罚策略雏形初现。1935年，"中央红军抵达陕北后，陕甘宁边区对于

---

① 胡金野、齐磊:《中国禁毒史》，上海社会科学院出版社2017年版，第152页。
② 赵翠生:《清末和民国时期禁毒政策考略》，载《北京理工大学学报（社会科学版）》2002年第2期。
③ 齐霖:《中国共产党禁毒史》，上海社会科学院出版社2017年版，第3页。
④ 韩延龙、常兆儒:《中国新民主主义革命时期根据地法制文献选编（第三卷）》，中国社会科学出版社1981年版，第42-43页。
⑤ 《赣东北特区苏维埃暂行刑律》规定的11个毒品犯罪为：制造鸦片烟罪、贩卖鸦片烟罪、私藏鸦片烟罪、贩运鸦片烟罪、制造吸食鸦片烟器具罪、贩卖吸食鸦片烟器具罪、收藏吸食鸦片烟器具罪、贩运吸食鸦片烟器具罪、开设吸食鸦片烟馆舍罪、栽种罂粟罪、吸食鸦片烟罪。其中制造鸦片烟罪、贩卖鸦片烟罪、私藏鸦片烟罪、贩运鸦片烟罪、开设吸食鸦片烟馆舍罪、栽种罂粟罪均配置有死刑。齐霖:《中国共产党禁毒史》，上海社会科学院出版社2017年版，第22页。

鸦片和毒品一贯悬为厉禁,并采取坚决措施,基本上根绝了烟毒",[1]这是从严治毒刑事政策开始形成的重要历史标志。

抗日战争时期,各根据地延续从严治毒的刑罚策略,出台多部专门的禁毒法令,[2]依情势配置死刑严惩毒品犯罪,有效遏制了各类涉毒犯罪活动,有力抗击了日军卑劣的毒化政策。1941年,陕甘宁边区政府制定了《陕甘宁边区禁烟禁毒条例(草案)》,24个条文覆盖禁毒工作的各个方面,规定了7种毒品犯罪,并配置了死刑、罚金、没收家产,[3]该条例是新中国成立以前颁行的第一部较为完备的禁毒法令,刑罚措施较以往更加丰富、更为科学,在监禁刑、死刑之外设置了财产刑,从严治毒刑事政策进一步形成。

解放战争期间,中国共产党继续采取强力禁毒措施,把禁毒作为革命斗争的重要组成部分,在解放区广泛发动群众、全面清缴毒品、深入推行戒烟、严惩毒品犯罪,肃清了日本帝国主义毒化政策的流毒,扭转了原国统区烟毒泛滥的混乱局面,为新中国成立初期彻底整治毒品问题奠定了良好的基础。在刑法方面,中国共产党在解放区颁布多部禁烟法令,进一步强化了对涉烟毒犯罪的惩治力度,严惩种植者、制造者、买卖者、贩运者和施用者等,随着解放战争节节胜利,从严治毒刑事政策在更大区域内基本形成。

三、从严治毒的正式确立

(一)新中国成立伊始的全民禁毒政策

新中国成立初期,中央人民政府高度重视禁毒工作,发布了一系列禁毒通令,在1952年2月发布的《关于严禁鸦片烟毒的通令》中特别强调:"从本禁令颁布之日起,全国各地不许再有贩运制造及售卖烟土毒品情事,犯者

---

[1] 齐霁、李珏曦:《建国前后中国共产党领导的禁毒斗争及其历史经验》,载《云南行政学院学报》2002年第5期。

[2]《晋冀鲁豫边区毒品治罪暂行办法》规定,制造毒品者、贩卖毒品者、超过戒烟期仍吸食3次以上者,处死刑;《晋西北禁烟治罪暂行条例》规定,意图制造鸦片而栽种罂粟者、贩运毒品数量在200两以上者,处死刑;《山东省禁毒治罪暂行条例》规定,对制造毒品、运输毒品、意图营利为他人施打吗啡或设句供人吸食者,处死刑或无期徒刑。胡金野、刘建宁、吴赟:《中国共产党领导下的抗日民主根据地禁毒成效探析》,载《云南警官学院学报》2008年第4期。

[3]《陕甘宁边区禁烟禁毒条例(草案)》规定的7种毒品犯罪为:吸食或注射烟毒罪、种植鸦片烟苗罪、吸食注射或制造烟毒之器具罪、抗拒禁烟禁毒职务之执行罪、帮助或包庇他人吸食注射及买卖贩运烟毒罪、买卖或贩运烟毒罪、设立传布烟毒之商品机关罪。齐霁:《中国共产党禁毒史》,上海社会科学院出版社2017年版,第78页。

不论何人，除没收其烟土毒品外，还须从严治罪"，①奠定了从严治毒的政策总基调。中国共产党领导全国人民以"人民战争"的形式将禁毒活动推向深入，仅用三年时间就将祸患华夏大地百余年的烟毒荡涤一清，创造了人类禁毒史上的空前奇迹。此后，由于计划经济体制下严格的社会管控与相对封闭的特定国际环境，我国在20世纪50年代中期以后的近30年里成为"举世无双的无毒国"，②毒品问题不再是社会风险的主要来源，源自于革命斗争年代的从严治毒刑事政策完成阶段性历史使命。

（二）开放初期的温和刑事政策

20世纪70年代末，在新中国第一部成文刑法诞生之际，基于当时的社会治安形势，1979年刑法并未将毒品犯罪作为严重的刑事犯罪对待，涉及毒品犯罪的仅有第171条一个条文，③设置了制造、贩卖、运输三个罪名，配置的最高刑罚为十五年有期徒刑，"国家对毒品犯罪采取的是较为温和的刑事政策"，④在罪名覆盖的宽度、刑罚配置的强度、以刑治毒的力度、刑法介入的程度等方面带有浓厚的时代印记，从严治毒刑事政策无存在的现实必要。

（三）20世纪80年代以来的从严治毒政策

自20世纪80年代初以来，伴随着对外开放步伐的逐渐加快、对外开放程度的不断提高，加之我国毗邻"金三角""金新月"两大毒源地的特殊地理位置，以及城乡二元结构松动所引发的社会管控松弛，毒品问题在我国死灰复燃，并有愈演愈烈之势，1979年刑法关于毒品犯罪的单薄条文实难承担有序、有力、有效惩治毒品犯罪的千钧重担。在此背景下，从严治毒刑事政策逐步形成和巩固，并呈现出不断深化的递进模态。

1. 从严治毒之轮廓初现

面对来势汹汹的毒品泛滥，国家调整了最高刑为有期徒刑的刑罚配置，全国人大常委会于1982—1988年接续通过《关于严惩严重破坏经济的罪犯的决定》《海关法》和《关于惩治走私罪的补充规定》，先后将制造、贩卖、运输毒品和走私毒品的最高法定刑提升至死刑，从严治毒刑事政策轮廓初现。

---

① 邵雍：《中国近代贩毒史》，上海社会科学院出版社2017年版，第189页。
② 崔敏：《毒品犯罪发展趋势与遏制对策》，警官教育出版社1999年版，第229页。
③ 1979年《刑法》第171条规定："制造、贩卖、运输鸦片、海洛因、吗啡或者其他毒品的，处五年以下有期徒刑或者拘役，可以并处罚金。一贯或者大量制造、贩卖、运输前款毒品的，处五年以上有期徒刑或者拘役，可以并处罚金。"
④ 何荣功：《我国"从严治毒"刑事政策之法社会学思考》，载《法商研究》2015年第5期。

2. 从严治毒之正式确立

1990年12月，全国人大常委会颁布《关于禁毒的决定》，首次以单行刑法的方式系统规定毒品犯罪及其刑罚，从毒品制造、贩运和消费等环节全方位、全流程地设置了毒品犯罪的相关罪名，治理策略整体转向，刑罚成为治理毒品问题的首要措施、主要手段。在从严治毒的政策导向下，在处罚的严厉性方面，《关于禁毒的决定》第2条首次将走私、贩卖、运输、制造毒品四种行为并列，纳入同一法条予以规制，统一配置死刑；在处罚的严密性方面，基于毒品滥用滋生蔓延、小额贩运方式被恶意利用等因素的考量，《关于禁毒的决定》降低了毒品犯罪的刑事立案追诉标准，第2条第3款将"走私、贩卖、运输、制造鸦片不满二百克、海洛因不满十克或者其他少量毒品"的行为纳入刑事犯罪圈，为有效惩治小额毒品犯罪提供立法依据；[①] 在处罚范围方面，将非法持有毒品、非法种植罂粟和大麻、容留他人吸食毒品等行为纳入刑法规制，刑罚介入毒品种植、生产、运输、贩卖、吸食的全过程，标志着从严治毒刑事政策正式确立。

3. 从严治毒之持续深化

20世纪90年代中期，毒品问题在我国继续恶化，由此滋生出大量的违法犯罪，引发道德败坏、诱发反社会人格、导致家庭破裂，毒品犯罪已成为彼时最严重的社会问题之一，由此推动从严治毒刑事政策进一步深化。1997年刑法立法之时，毒品犯罪成为核心问题之一，《刑法》第6章第7节"走私、贩卖、运输、制造毒品罪"共设置11个毒品犯罪罪名，其结构与内容整体上承袭自《关于禁毒的决定》，但在处罚范围、处罚对象和处罚措施等方面体现出更为严厉的态度，对刑罚进行了全面升级。其一，处罚范围扩大。《关于禁毒的决定》第2条处罚"少量毒品"的毒品犯罪，《刑法》第347条第1款处罚"无论数量多少"的毒品犯罪，加之刑法第357条第2款"不以纯度折算"，刑事犯罪圈被扩张到极致，刑罚成为治理毒品犯罪的主力军、排头兵。其二，毒品列举扩容。刑法第347条、第348条在条文内部的毒品列举中新增了甲基苯丙胺，迅速有效地对毒品种类的变化作出反应，为刑事司法提供更明晰的法律依据。其三，处罚对象扩张。应刑法总则增设的单位犯罪制度，刑法第347条、第350条、第355条在3个罪名中将单位纳入处罚范围，有效填补了处罚对象的漏洞。其四，处罚措施扩充。在9个罪名中配置

---

① 《关于禁毒的决定》第2条第3款规定："走私、贩卖、运输、制造鸦片不满二百克、海洛因不满十克或者其他少量毒品的，处七年以下有期徒刑、拘役或者管制，并处罚金。"

了罚金刑，并将《关于禁毒的决定》中"可以并处罚金"全部变更为"并处罚金"，实现罚金刑在刑事处罚的全覆盖，在经济层面强化了处罚力度，更加符合毒品犯罪的贪利性特征。其五，从重情节扩展。刑法第356条在累犯之外，设置了整个刑法分则中唯一针对专门犯罪的从重处罚情节——毒品再犯，将部分毒品犯罪前科从酌定从重情节上升为法定从重情节，刑罚适用进一步走向严厉化。特别是"无论数量多少"与"不以纯度折算"的立法设置，联合编织了一张严密的刑事法网，行为人一旦触犯走私、贩卖、运输、制造毒品罪，无论数量多少与纯度高低，通常情况下都会受到刑法的惩处。

21世纪以来，历经20多年的巩固、深化，从严治毒刑事政策已经成为我国应对毒品犯罪的常态性主导政策。2005年宽严相济基本刑事政策的确立也没有动摇从严治毒具体刑事政策在毒品犯罪中的主导地位。最高人民法院分别于2000年（广西南宁）、2008年（辽宁大连）、2015年（湖北武汉）召开了三次毒品犯罪审判工作座谈会，均强调要站在国家安危、民族兴衰的高度惩处毒品犯罪，在审判中要继续依法从严惩处毒品犯罪，坚持对部分罪大恶极的毒品犯罪分子适用死刑，允许采用诱惑侦查、严格限制缓刑、严格掌握假释，一以贯之地坚持依法严惩毒品犯罪，以刑法的严厉制裁来达到控制毒品犯罪的目的，从严治毒刑事政策在刑事司法中持续强化。

2021年9月，最高人民法院、最高人民检察院联合印发《关于常见犯罪的量刑指导意见（试行）》（法发〔2021〕21号），明确要求量刑时应当充分考虑各种法定和酌定情节，对毒品犯罪在确定从宽幅度时，应当从严掌握，进一步体现出"两高"继续坚持从严治毒刑事政策的鲜明态度。

第二节　从严惩处的司法现状

部分司法人员在严峻复杂的毒情态势下，面对从严治毒的社会呼声，将毒品问题蔓延的主要原因归结于刑罚严厉性不够、威慑力不足，在一定程度上过高估计了刑罚在毒品问题治理中的作用，刑罚适用从毒品犯罪的"个案审判"走入毒品问题的"宏大治理"，片面追求以从严惩处来遏制毒品犯罪，从严治毒不断朝着"重刑治毒"的方向演进，毒品犯罪被告人在很多时候被置于"敌人"的位置，与主流社会形成强烈的对抗关系。同时，由于我国长期将毒品犯罪视为最严重的刑事犯罪之一，刑罚适用逐渐呈现出"厉而不严"的特征，部分司法人员试图以严厉的刑罚来压制毒品犯罪的不断滋长，并威慑潜在的毒品犯罪行为人，从而实现对毒品犯罪的基本控制。

为全面、准确地揭示毒品犯罪刑罚适用的现状，本书统计分析了以下四组数据：（1）在中国裁判文书网上，以"走私、贩卖、运输、制造毒品罪""刑事案件""一审""判决书"和《中华人民共和国刑法》第三百四十七条"为条件进行高级检索，检索2017—2018年的一审判决书7万余份，利用专门的大数据运算软件，对刑种、刑期、缓刑、附加刑、禁止令、职业禁止等宏观数据进行总体分析；（2）在上述7万余份走私、贩卖、运输、制造毒品罪一审判决书中，从中国大陆32个省级法院系统（含新疆生产建设兵团）各抽取100余份，共计3293份样本，对毒品种类、数量、纯度、累犯、毒品再犯、犯罪形态等微观数据进行二次分析；（3）在中国裁判文书网上，随机检索2016—2018年的走私、贩卖、运输、制造毒品罪死刑二审判决书122份，对与死刑相关的毒品种类、数量、纯度、前科情况、犯罪类型等要素进行深入分析；（4）收集整理某法院系统2016—2018年的走私、贩卖、运输、制造毒品罪罚金刑执行案件1.5万余件，专项分析罚金刑的实际执行情况。经分析，当前毒品犯罪刑罚适用主要呈现出刑罚启动相对泛化、刑罚裁量整体趋重、缓刑适用过度从紧、罚金执行逐渐改善、保安处分基本虚置等特征。

一、刑罚启动相对泛化

司法犯罪圈的划定是刑罚适用的首要问题，是关系到刑罚启动与否的基本问题，同时还涉及刑法第13条但书"犯罪情节显著轻微"与刑法分则条文的内部关系。当前，司法实践中存在较为严重的刑罚适用泛滥问题，刑法以"零容忍"的态度积极介入毒品问题治理，刑事司法将处罚边界逐渐向外延伸，直至原本属于行政处罚的"管辖领地"被刑罚制裁覆盖，呈现出积极入罪的从严趋势，其中，微量[①]入刑常态化、纯度鉴定空洞化、既遂标准靠前化是三大集中表现。

---

① 为便于表述，本文将海洛因、甲基苯丙胺1克以下，其他毒品换算成海洛因、甲基苯丙胺后1克以下，统称为微量；将海洛因、甲基苯丙胺1-10克，其他毒品换算成海洛因、甲基苯丙胺后1-10克，统称为少量。

（一）微量入刑常态化

经统计，在二次数据分析的 3293 份走私、贩卖、运输、制造毒品罪一审判决书中，共涉及刑事被告人 3783 人，其中以海洛因、甲基苯丙胺为犯罪对象的有 3416 人，占总被告人数的 90.3%，由此可推知海洛因、甲基苯丙胺是当前滥用程度最高的两类毒品，占据地下毒品市场的绝大部分份额。在 3416 名以海洛因、甲基苯丙胺为对象的走私、贩卖、运输、制造毒品罪被告人中，有 1257 人涉案毒品数量低于 1 克，占比 36.80%，其中更有 124 人的涉案毒品数量低于 0.1 克（占比 3.60%）；1 克及以上不满 10 克的 983 人，占比 28.80%；10 克及以上不满 50 克的 398 人，占比 11.70%；50 克及以上不满 1000 克的 611 人，占比 17.90%；1000 克及以上的 167 人，占比 4.80%（见图1-1）。实证数据显示，涉案毒品不满 1 克的案件超过犯罪总数的三分之一，0.01 克以下的毒品案件也被纳入刑罚处罚范围，刑事司法存在明显的微量入刑倾向。司法实践中，刑法第 347 条第 1 款"无论数量多少"被解释为特殊法条，与刑法第 13 条但书"犯罪情节显著轻微"之间的冲突关系被理解为法条竞合，并通过特殊法条优先原则突破刑法总则的制约，刑罚适用泛滥化。禁毒法第 59 条[①]在一些案件中被架空为"僵尸条款"，行政处罚的适用空间被严重压缩，行政、刑事的二元治毒体系面临解构的危机，微量入刑常态化。

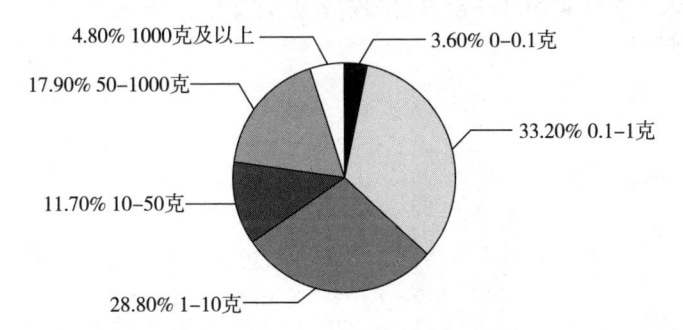

图 1-1 走私、贩卖、运输、制造毒品罪涉案毒品数量的分布情况

[①] 禁毒法第 59 条规定："有下列行为之一，构成犯罪的，依法追究刑事责任；尚不构成犯罪的，依法给予治安管理处罚：（一）走私、贩卖、运输、制造毒品的；（二）非法持有毒品的；（三）非法种植毒品原植物的；（四）非法买卖、运输、携带、持有未经灭活的毒品原植物种子或者幼苗的；（五）非法传授麻醉药品、精神药品或者易制毒化学品制造方法的；（六）强迫、引诱、教唆、欺骗他人吸食、注射毒品的；（七）向他人提供毒品的。"

(二)纯度鉴定空洞化

毒品是被非法滥用的精神药品和麻醉药品,违法性、毒害性和瘾癖性是毒品的三大特征,损害人体健康是毒品的本质危害,毒品的药理性决定其毒害性与瘾癖性,也决定其对人体健康的损害程度。毒品对人体造成实际损害的成分在于其内部的纯质,杂质只会提高毒品犯罪被告人的经济收益,一般情况下并不会恶化毒品施用者的健康状况,毒品犯罪被告人的罪责程度取决于涉案毒品中的纯质重量,而非整体计量模式下的总重量。毒品的纯度鉴定问题早已引起最高审判机关的重视,1994年最高人民法院印发《关于适用〈全国人民代表大会常务委员会关于禁毒的决定〉的若干问题的解释》,首次规定对毒品犯罪案件中查获的毒品应当进行鉴定,并明确了海洛因的认定及折算标准,[①] 但20多年来纯度鉴定问题一直没有在司法实践中得到有效解决,这其中有立法规定、司法成本、技术能力等多方面的原因。

经统计,在3293份走私、贩卖、运输、制造毒品罪一审刑事判决书中,进行了毒品纯度鉴定的案件占比12.15%;在被判处十五年有期徒刑以下刑罚的案件中,进行了纯度鉴定的案件占比2.37%(见图1-2)。实证数据表明,除非涉及死刑适用,司法机关一般不会启动毒品纯度鉴定。刑法第357条第2款"不以纯度折算"被刑事司法生硬适用,毒品纯度鉴定呈现出空洞化的样态,学术界多年来的呼吁没有得到实务界的落实。

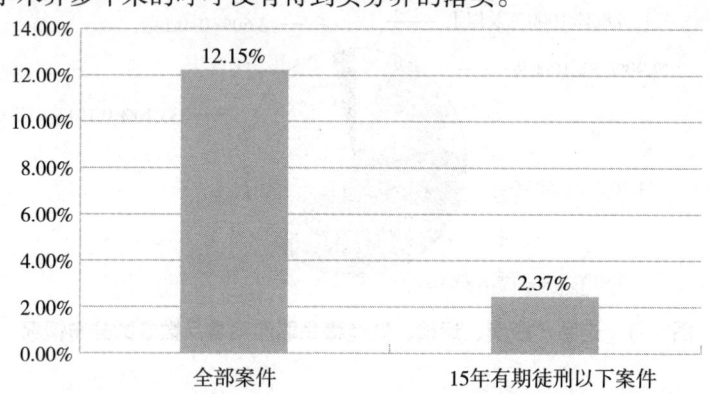

图1-2 走私、贩卖、运输、制造毒品案件毒品纯度鉴定占比

[①]《关于适用〈全国人民代表大会常务委员会关于禁毒的决定〉的若干问题的解释》第19条规定:"对毒品犯罪案件中查获的毒品,应当鉴定,并作出鉴定结论。海洛因的含量在25%以上的,可视为《决定》和本解释所指的海洛因。含量不够25%的,应当折合成含量为25%的海洛因计算数量。"

在"不以纯度折算"的立法规定下，走私、贩卖、运输、制造毒品罪的刑罚适用长期停留在粗糙的整体估堆模式，而没有进展到精确的个别区分模式。在定罪上，一些数量极少、纯度极低的案件也被纳入刑事犯罪圈，刑罚处罚被频繁适用；在量刑上，因数量与纯度的差异而造成的刑期背反现象更是屡有发生。特别是入罪从严化的问题，如果严格适用"无论数量多少"与"不以纯度折算"，那么在理论上可能出现毒品数量、纯度无限接近于零的刑事案件，刑罚适用的合法性与正当性将出现激烈冲突，刑罚适用会面临合法但不合理的矛盾。

（三）既遂标准靠前化

犯罪分为预备、中止、未遂和既遂四种形态，我国《刑法》第23条、第25条针对预备犯、中止犯设置了专门的免除处罚制度，对于预备犯可以免除处罚，对于未造成损害的中止犯应当免除处罚。当前，司法实践中走私、贩卖、运输、制造毒品罪的既遂标准过于靠前，导致另外三种犯罪形态在客观上适用极少。司法机关将犯罪预备、犯罪中止认定为犯罪既遂，也意味着在司法层面扩大了刑罚处罚的范围，在犯罪形态的维度继续凸显从严治毒。2008年，时任最高人民法院有关领导指出"在毒品犯罪既遂与未遂的认定上，应当以有利于严惩犯罪为原则。具体判定时如产生争议、把握不准的，应按照从严打击犯罪的要求，认定为既遂"，[①] 这一裁判理念不仅影响了毒品犯罪未遂的认定，也对预备、中止的认定产生了重大影响，既遂成为处理犯罪形态争议的通常选择。

司法机关在贩卖毒品罪中普遍采用"契约说"，即只要买卖双方达成交易合意，无论贩卖者是否进入实际的交付流程，是否主动停止交易，均认定为既遂；运输毒品罪中，司法机关主要采用"起运说"，即只要毒品犯罪行为人为运输毒品而进行物理上的身体活动，例如尚在联系交通工具，或是因惧怕而中途折返，均构成既遂。上述情形中，在刑法理论上存在犯罪预备、犯罪中止的讨论空间，但在司法实践中基于严惩毒品犯罪的需要，一般被认定为犯罪既遂。

经分析3293份走私、贩卖、运输、制造毒品罪一审刑事判决书，贩卖毒品罪中尚未完成毒品交付的被告人，有96.58%被认定为既遂；运输毒品罪中

---

① 最高人民法院刑事审判第一至五庭编：《刑事审判参考（总第67期）》，法律出版社2009年版，第212页。

尚未到达目的地的被告人，有 96.44% 被认定为既遂。实证数据证明，当前毒品犯罪的既遂标准过于靠前，以至于几乎遮蔽了预备、中止、未遂的成立空间，从严治毒刑事政策对犯罪形态的认定产生巨大影响，在客观上扩大了刑事处罚的范围。毒品犯罪促进了毒品的生产、流通和消费，施用者的消费行为是毒品违法犯罪流程的终端，毒品犯罪的既遂标准应当是不法行为对施用者的身体健康造成了现实而紧迫的抽象危险。如果采用这一认定标准，司法实践中很大一部分案件将被认定为预备、中止或者未遂，在"犯罪情节显著轻微"的制约下，刑罚适用的范围将明显收缩。

二、刑罚裁量整体趋重

很少有某种特定犯罪被上升到国家兴衰、长治久安和民族未来的高度，毒品被认为是"打开潘多拉魔盒的罪恶之匙"，引发了社会秩序混乱、道德水平滑坡和家庭组织崩溃等严重问题，因此，严惩毒品犯罪是世界各国的通行做法，区别主要在于惩治的范围与程度。我国的从严治毒刑事政策同时体现在定罪、量刑和行刑等方面，在从严入罪的下一阶段即是从严量刑，一般情况下，无论涉案毒品的种类、数量、纯度如何，毒品犯罪被告人都会在相应的刑罚幅度内，受到从重从严的判决结果。

量刑从重化是当前毒品犯罪刑罚适用的重要特征，刑罚严厉性被部分司法人员误解为是从严治毒刑事政策的本质内涵，在民族记忆、社会观念、国民情感、司法理念等多种因素的综合推动下，严惩毒品犯罪被告人成为各方共识。

（一）刑种选择趋重化

1. 基于量刑指导意见的分析

《刑法》第 347 条第 4 款针对走私、贩卖、运输、制造毒品罪的基本犯（法定刑为三年以下有期徒刑、拘役或者管制），同时配置了管制、拘役、有期徒刑三种主刑，为司法审判中的刑罚个别化留下了裁量空间，但司法机关在实践中却淡化了管制与拘役的作用。在"两高"联合印发的《关于常见犯罪的量刑指导意见（试行）》（法发〔2021〕21 号）中，特别强调"对黑恶势力犯罪、严重暴力犯罪、毒品犯罪、性侵未成年人犯罪等危害严重的犯罪，在确定从宽的幅度时，应当从严掌握"，毒品犯罪被视为与黑恶势力犯罪、严重暴力犯罪相当的危害严重的犯罪，量刑从重化是自然的结果。与此同时，该意见还将走私、贩卖、运输、制造毒品罪基本犯的量刑起点设置为"三年以下有期徒刑、拘役幅度内"，在全国层面一般性排除管制的适用，体现出刑种选择上的趋重化。各地方高级人民法院针对最高人民法院的量刑指导意见，分别配套制定了本省级法院系统的量刑实施细则，继续强化严惩毒品犯罪的刑罚理念，同样普遍性地排斥管制，尤其是浙江、重庆、海南、甘肃等地，在走私、贩卖、运输、制造毒品罪中更是将刑罚起点提升至有期徒刑，直接架空管制、拘役，进一步将刑种选择推向重刑化。

为了进一步揭示审判机关在刑种选择上的从重化趋势，本书统计了最高人民法院的量刑指导意见以及中国大陆地区 31 个省份高级人民法院的地方性量刑实施细则，对走私、贩卖、运输、制造毒品罪基本犯的量刑起点进行集中归纳。①

表 1-1 全国及各省份毒品犯罪量刑起点统计

序号	区域	走私、贩卖、运输、制造毒品罪量刑起点	量刑指导文件
1	全国	三年以下有期徒刑、拘役幅度内	最高人民法院、最高人民检察院《关于常见犯罪的量刑指导意见（试行）》（法发〔2021〕21 号）
2	北京	四个月拘役至一年有期徒刑幅度内	北京市高级人民法院《〈关于常见犯罪的量刑指导意见〉实施细则》2014 年 7 月 1 日施行
3	天津	四个月拘役至一年有期徒刑幅度内	天津市高级人民法院《〈关于常见犯罪的量刑指导意见〉实施细则》（津高法发〔2017〕11 号）
4	河北	三个月拘役至一年有期徒刑幅度内	河北省高级人民法院《〈关于常见犯罪的量刑指导意见〉实施细则》2014 年 7 月 1 日起实施
5	山西	一年以下有期徒刑、拘役幅度内	山西省高级人民法院《〈关于常见犯罪的量刑指导意见〉实施细则》2014 年 6 月 1 日起实施

---

① 由于部分细则未见公开发布，归纳整理可能存在滞后、遗漏等不准确情况。

续表

序号	区域	走私、贩卖、运输、制造毒品罪量刑起点	量刑指导文件
6	内蒙古	三个月以上拘役至一年有期徒刑幅度内	内蒙古自治区高级人民法院《关于执行〈最高人民法院关于常见犯罪的量刑指导意见〉的实施细则》（内高法发〔2014〕12号）
7	辽宁	拘役至有一年有期徒刑幅度内	辽宁省高级人民法院《〈关于常见犯罪的量刑指导意见〉实施细则（一）》（辽高法〔2017〕54号）
8	吉林	四个月拘役至一年有期徒刑幅度内	吉林省高级人民法院《〈关于常见犯罪的量刑指导意见〉实施细则》（吉高法〔2014〕49号）
9	黑龙江	四个月拘役至一年有期徒刑幅度内	黑龙江省高级人民法院《〈关于常见犯罪的量刑指导意见〉实施细则》2017年5月1日起实施
10	上海	四个月拘役至一年有期徒刑幅度内	上海市高级人民法院《〈关于常见犯罪的量刑指导意见〉实施细则》（沪高法（审）〔2014〕2号）
11	江苏	三个月拘役至九个月有期徒刑幅度内	江苏省高级人民法院《〈关于常见犯罪的量刑指导意见〉实施细则》（苏高法〔2017〕148号）
12	浙江	六个月至一年有期徒刑幅度内	浙江省高级人民法院、浙江省人民检察院《〈关于常见犯罪的量刑指导意见（试行）〉实施细则》（浙高法〔2022〕1号）
13	安徽	三个月拘役至一年有期徒刑幅度内	安徽省高级人民法院、安徽省人民检察院《关于二十三种常见犯罪量刑规范的实施细则（试行）》（皖高法发〔2022〕1号）
14	福建	三个月拘役至一年有期徒刑幅度内	福建省高级人民法院、福建省人民检察院《关于常见犯罪的量刑指导意见（试行）〉实施细则（试行）》（闽高法〔2021〕116号）
15	江西	四个月拘役至一年有期徒刑幅度内	江西省高级人民法院、江西省人民检察院《〈关于常见犯罪的量刑指导意见〉的实施细则（试行）》（赣高法〔2021〕95号）

续表

序号	区域	走私、贩卖、运输、制造毒品罪量刑起点	量刑指导文件
16	山东	三个月拘役至九个月有期徒刑幅度内	山东省高级人民法院《〈关于常见犯罪的量刑指导意见〉实施细则》（鲁高法〔2017〕110号）
17	河南	四个月拘役至一年有期徒刑幅度内	河南省高级人民法院《〈关于常见犯罪的量刑指导意见〉实施细则》（豫高法〔2017〕272号）
18	湖北	四个月拘役至一年有期徒刑幅度内	湖北省高级人民法院《〈关于常见犯罪的量刑指导意见〉实施细则》2017年5月1日起实施
19	湖南	一年有期徒刑、拘役幅度内	湖南省高级人民法院《关于贯彻〈最高人民法院关于常见犯罪的量刑指导意见〉的实施细则》（湘高法发〔2017〕12号）
20	广东	三年以下有期徒刑、拘役幅度内	广东省高级人民法院《〈关于常见犯罪的量刑指导意见〉实施细则》（粤高法〔2017〕6号）
21	广西	四个月拘役至一年有期徒刑幅度内	广西壮族自治区高级人民法院《〈关于常见犯罪的量刑指导意见〉实施细则》（桂高法〔2017〕142号）
22	海南	一年至一年六个月有期徒刑幅度内	海南省高级人民法院、海南省人民检察院《〈关于常见犯罪的量刑指导意见〉实施细则（试行）》（琼高法联〔2021〕10号）
23	重庆	有期徒刑六个月	重庆市高级人民法院、重庆市人民检察院《〈关于常见犯罪的量刑指导意见〉（试行）实施细则》（渝高法〔2021〕126号）
24	四川	拘役至三年以下有期徒刑幅度内	四川省高级人民法院、四川省人民检察院《〈关于常见犯罪量刑指导意见（试行）〉实施细则（试行）》（川高法〔2022〕178号）
25	贵州	二年以下有期徒刑、拘役幅度内	贵州省高级人民法院《贯彻〈最高人民法院关于常见犯罪的量刑指导意见〉实施细则》（黔高法〔2014〕68号）

续表

序号	区域	走私、贩卖、运输、制造毒品罪量刑起点	量刑指导文件
26	云南	六个月拘役至二年有期徒刑幅度内	云南省高级人民法院《〈关于常见犯罪的量刑指导意见〉实施细则》（云高法〔2018〕86号）
27	西藏	—	未见相关文件
28	陕西	四个月拘役至一年有期徒刑幅度内	陕西省高级人民法院《〈关于常见犯罪的量刑指导意见〉实施细则》2017年5月1日起实施
29	甘肃	六个月有期徒刑至三年有期徒刑幅度内	甘肃省高级人民法院《〈人民法院量刑指导意见〉（试行）实施细则》2011年10月4日起实施
30	青海	四个月拘役至一年有期徒刑幅度内	青海省高级人民法院《〈关于常见犯罪的量刑指导意见〉实施细则》2014年8月1日起实施
31	宁夏	六个月有期徒刑	宁夏回族自治区高级人民法院《〈关于常见犯罪的量刑指导意见〉实施细则》2014年5月1日施行
32	新疆（含生产建设兵团）	四个月拘役至六个月有期徒刑幅度内	新疆维吾尔自治区高级人民法院《〈关于常见犯罪的量刑指导意见〉实施细则》2014年8月1日起实施

据不完全统计，在走私、贩卖、运输、制造毒品罪量刑起点的设置上，30个省级地方性量刑指导意见实施细则全部排除了管制，其中有5个以有期徒刑作为量刑起点，有25个以拘役作为量刑起点，管制处于事实上的虚置状态。

2. 基于实证数据分析的判断

2017—2018年的7万余份走私、贩卖、运输、制造毒品罪一审刑事判决书，共涉及被告人9万余人，其中被判处无期徒刑以上的占比2.04%，被判处十五年以上有期徒刑的占比6.32%，被判处七年以上十五年以下（不含十五年）有期徒刑的占比10.79%，被判处三年以上七年以下（不含七年）有期徒刑的占比 15.66%，被判处三年以下（不含三年）有期徒刑的占比 58.10%，被判处拘役的占比 6.48%，被判处管制的占比 0.56%，免予刑事处罚、单处附加刑及无罪的占比 0.05%（见图 1-3）。特别需要注意的是，被判处一年以下（不含一年）有期徒刑的占比 32.96%，加上被判处拘役的 6.48%，短期自由刑合计占比 39.44%，短期自由刑较多、较滥已成为毒品犯罪刑罚适用中不容回避的重要问题。同时，管制占比过低，与其作为主刑的刑种地位明显不符，遑论在非暴力性的走私、贩卖、运输、制造毒品罪中发挥其独特的刑罚功能。

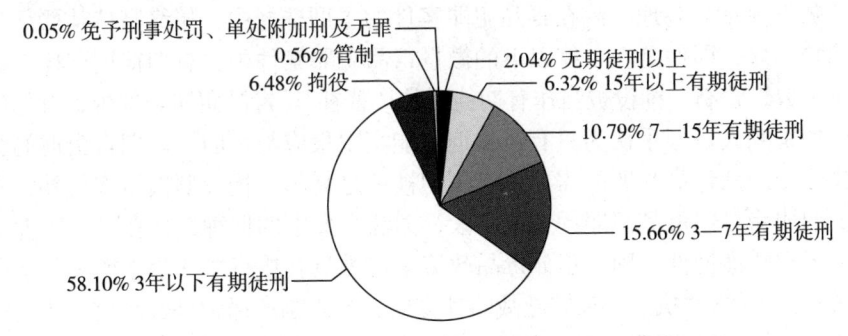

图 1-3 走私、贩卖、运输、制造毒品罪的刑种、刑度分布

在二次统计的 3293 份走私、贩卖、运输、制造毒品罪一审刑事判决书中，有 2240 名被告人的法定刑为三年以下有期徒刑、拘役或者管制，其中实际判处有期徒刑 1820 人（占比 81.25%）、判处拘役 349 人（占比 15.58%）、判处管制 18 人（占比 0.8%），判处免予刑事处罚、单处附加刑等 53 人（占比 2.37%），有期徒刑占据绝对主体地位，拘役占比较低、管制占比极低。以涉及海洛因、甲基苯丙胺的案件为分析对象，共有 1257 人的涉案毒品数量在 1 克以下，其中判处有期徒刑的占比 76.3%，判处拘役的占比 21.93%，判处管制的占比 0.95%，判处免予刑事处罚、单处罚金的占比 0.82%（见图 1-4），可见在微量毒品犯罪案件中，有期徒刑仍然是刑罚适用的首选。

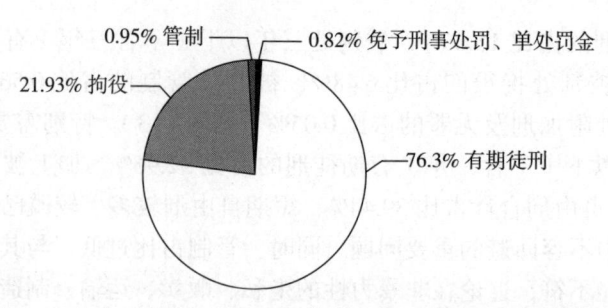

图 1-4　走私、贩卖、运输、制造毒品罪 1 克以下案件刑种分布

（饼图数据：0.95% 管制；0.82% 免予刑事处罚、单处罚金；21.93% 拘役；76.3% 有期徒刑）

数据显示，各地法院在毒品犯罪案件的主刑选择中，始终坚持从严惩处的刑罚理念，即便是在 1 克以下的微量毒品犯罪案件中，有期徒刑同样占据绝对多数，管制、拘役被当作有期徒刑的"替补"。毒品犯罪案件中，有相当比例的审判人员似乎认为只有监禁刑才能实现报应与预防，短期自由刑的弊端让位于严惩毒品犯罪的需要，管制刑被束之高阁、拘役刑被用作替补，有期徒刑成为打击毒品犯罪的主要手段，司法个案中的刑种选择在一定程度上背离了刑法谦抑性原则。正如毒品政策全球委员会执行主任哈立德·蒂纳斯蒂教授指出的，"执法如果缺乏战略性方向，受影响的通常是毒品供应链最低端的人"[①]，毒品犯罪中轻刑犯的情况十分复杂，很难通过短期监禁来取得良好的矫治效果，监禁刑的污名化效应、监管场所内的交叉感染所造成的恶果，可能远大于轻微毒品犯罪本身对社会造成的损害。部分刑事判决将一些原本可以适用管制予以处罚的轻微毒品犯罪案件，纳入拘役、有期徒刑的处罚范围，在凸显刑罚严厉性的同时，导致了短期自由刑的自身弊端被进一步放大。

（二）刑罚分布哑铃化

管制被各地法院以量刑指导意见实施细则的方式一般性排除后，拘役、有期徒刑和无期徒刑成为惩治毒品犯罪被告人的主要方式，由于现行司法解释[②]对《刑法》第 347 条"情节严重"的认定标准规定不合理，有自我裹足的"鸟笼标准"之嫌，导致"情节严重"在司法实践中适用较少，刑罚适用总体

[①] ［瑞士］哈立德·蒂纳斯蒂:《实现可持续发展的毒品管制政策——毒品政策全球委员会的视角》，乔晶花译，载张勇安主编:《国际禁毒研究报告（2019）》，社会科学文献出版社 2019 年版，第 46 页。

[②] 2016 年 1 月 25 日，最高人民法院审判委员会通过《关于审理毒品犯罪案件适用法律若干问题的解释》（法释〔2016〕8 号），于 2016 年 4 月 6 日正式印发，自 2016 年 4 月 11 日起施行。

上呈现出"两头大、中间小"的哑铃型样态。一方面,三年以下自由刑占比较高;另一方面,七年以上有期徒刑刑罚的数量较大,本该作为刑罚适用重要组成部分的中期自由刑占比较低。短期监禁较滥会恶化毒品犯罪被告人的社会处境,长期监禁较多会激化毒品犯罪被告人的抗拒情绪,死刑判决较频会强化毒品犯罪被告人的麻木心理,刑罚适用结构失调将严重影响自身功能的发挥,并成为毒品犯罪刑事治理效果欠佳的重要原因。"两高"《关于常见犯罪的量刑指导意见(试行)》明确要求对毒品犯罪应从严掌握从宽幅度,更是从整体上催化了刑罚适用的从重从严趋势,导致从犯、自首、立功等法定情节在具体案件中的作用力减弱,进一步增加了刑罚体系顶部的重刑数量。

重刑率是判断刑罚轻重的重要标志,也是观察刑罚分布样态的重要参数,多个公开的文献资料显示,近年来我国毒品犯罪的重刑率一直高于全部犯罪的平均水平:(1)据最高人民法院研究室法官介绍,2006年、2008年、2011年全国毒品犯罪案件重刑率分别为39.32%、32.68%、25.4%,同期全部刑事犯罪重刑率分别为17.26%、15.77%、14.21%[1],均差在20%左右;(2)据《人民法院禁毒工作白皮书(2012—2017)》显示,2012—2016年全国毒品犯罪案件重刑率为21.91%,各年度的重刑率均高于同期全部刑事案件重刑率十几个百分点[2];(3)据《司法大数据专题分析报告之毒品犯罪》指出,2017年全国毒品犯罪案件重刑率为21.93%,同期全部刑事案件重刑率为14.04%;(4)据《中国禁毒报》报道,2018年全国毒品犯罪案件重刑率为24.11%,2019年1—5月重刑率为26.38%。[3] 上述数据表明,近年来我国毒品犯罪的重刑率持续保持在20%以上,在刑罚体系的顶端形成巨大的"蓄水池",刑罚分布"头大"问题突出。

本书检索的2017—2018年7万余份走私、贩卖、运输、制造毒品罪一审刑事判决书,9万余名被告人中被判处七年有期徒刑以上刑罚的占比为19.15%,被判处三年以上七年以下有期徒刑的占比15.66%,被判处三年以下有期徒刑刑罚的占比65.19%。刑罚分布呈现明显的哑铃型样态,三年以上七

---

[1] 佟季、闫平超:《2007年至2011年全国法院审理毒品犯罪案件情况分析》,载《人民法院报》2012年6月27日。

[2] 最高人民法院:《人民法院禁毒工作白皮书(2012—2017)》,载《人民法院报》2017年6月21日。

[3] 孙航:《最高人民法院:前5个月上万毒品犯罪分子被判重刑》,载《中国禁毒报》2019年6月28日。

年以下有期徒刑的占比较少，三年以下有期徒刑及拘役占比较高，短期自由刑的弊端继刑种选择后，再一次通过刑期被放大，而七年以上有期徒刑、无期徒刑和死刑的合计占比高于三年以上七年以下有期徒刑，刑罚适用的从严导向不言而喻。一个正常的刑罚结构应该是正金字塔型，这是犯罪客观规律所决定的，哑铃型的刑罚结构说明刑罚适用出现了一定偏差，各个刑罚幅度之间出现了比例错位，顶部的重刑占比较高，刑罚所蕴含的报应与预防功能势必会受到负面影响。

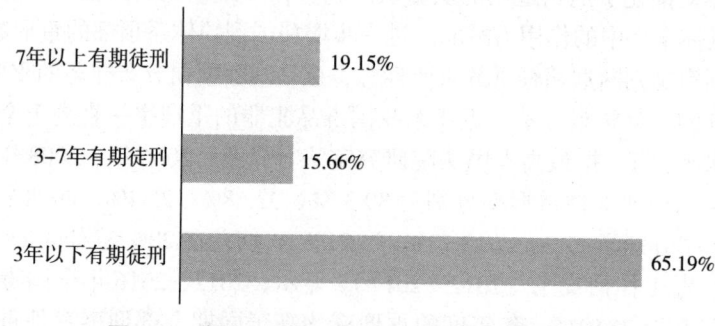

7年以上有期徒刑	19.15%
3–7年有期徒刑	15.66%
3年以下有期徒刑	65.19%

图1-5 走私、贩卖、运输、制造毒品罪刑罚分布

（三）死刑判决常规化

死刑的配置情况是衡量刑法现代化程度的重要标尺，死刑的判决情况是测量刑罚严厉性程度的首要标志，"随着社会进步和文明程度提高，死刑的有用性和正当性评价将逐渐降低"，[1] 在毒品犯罪中严格控制并最终废除死刑在学界已成为基本共识，"死刑存废之争，只是何时废止死刑之争"。[2] 目前，司法机关还未实现对毒品犯罪死刑的最严格控制，在一些案件中以社会保护之名对毒品犯罪被告人适用，个别时候成为展现禁毒执法成果的一项指标，死刑判决呈现出较多、较粗、较严等特点。

1. 死刑适用较多

"我国是保留死刑罪名最多的国家，也是死刑适用最多的国家，多年来一直受到国际社会批评。"[3] 我国每年适用死刑的人数缺乏官方数据，在客观上造

---

[1] 储槐植：《死刑司法控制：完整解读刑法第四十八条》，载《中外法学》2012年第5期。
[2] 张明楷：《死刑的废止不需要终身刑替代》，载《法学研究》2008年第2期。
[3] 魏汉涛：《毒品犯罪死缓的司法偏差与匡正——基于100份死缓判决书的分析》，载《现代法学》2018年第5期。

成了学术界对死刑研究欠缺原始资料,死刑研究一直受到空洞性的质疑。一般认为,每年因触犯刑法第347条而被适用死刑的人数排在46个死刑罪名的前三位,"司法实践中有近三分之一的死刑案件与毒品犯罪有关",[1]"毒品犯罪适用死刑人数已跃居适用死刑罪名的第二位,仅次于故意杀人罪的死刑判处数量",[2]"刑法第347条对贩卖、运输、制造、走私毒品规定了死刑,成为实际执行死刑的主要罪名之一"。[3]虽无官方公布的权威数据,但毒品犯罪是当前我国死刑适用的主要罪名之一,已成为刑法学界的共识。

在全国性或区域性的"运动式"专项禁毒执法活动期间,在每年6月26日"国际禁毒日"前后,各地法院对毒品犯罪分子集中执行死刑的报道频现各类媒体,在某种程度上反映出毒品犯罪死刑适用较为频繁的现状。近年来,全国毒品犯罪案件重刑率常年高于20%,年均高出同期全部刑事案件重刑率十几个百分点,个别省份的毒品犯罪案件重刑率甚至一度高达69.61%,[4]也在从侧面印证了目前学界关于毒品犯罪死刑较多的判断。

2. 死刑适用较粗

为了有针对性地研究毒品犯罪的死刑问题,笔者在中国裁判文书网上随机检索了122份毒品犯罪死刑二审判决书(含裁定书),约300名被告人中有150人被判处死刑。经分析发现,毒品犯罪死刑适用缺乏统一、明确的具体标准,各地裁量标准差异较大,司法运作呈现粗糙化的特征,将死刑与毒品数量简单对应,毒品纯度鉴定尚未在死刑案件中全覆盖,建立在刑法教义学基础上的死刑控制体系仍未形成。

(1)纯度鉴定尚待补齐

第一,司法文件关于纯度鉴定的现行规定。1994年,最高人民法院在《关于适用〈全国人民代表大会常务委员会关于禁毒的决定〉的若干问题的解释》中首次规定对毒品犯罪案件中查获的毒品应当进行鉴定,并明确了海洛因的认定及折算标准,后由于经济成本较高、技术能力不足和科研人员匮乏等原因,毒品鉴定并未在司法实践中全面执行。2007年,最高人民法院、最

---

[1] 梅传强:《回顾与展望:我国禁毒立法之评析》,载《西南民族大学学报(人文社科版)》2008年第1期。

[2] 何荣功:《我国"从严治毒"刑事政策之法社会学思考》,载《法商研究》2015年第5期。

[3] 莫洪宪、薛文超:《"厉行禁毒"刑事政策下运输毒品罪的死刑废止》,载《广西大学学报(哲学社会科学版)》2016年第2期。

[4] 林海:《云南高院发布禁毒工作白皮书 毒品犯罪重刑率已近七成》,载《中国禁毒报》2018年11月2日。

高人民检察院、公安部联合制定了《办理毒品犯罪案件适用法律若干问题的意见》(以下简称《毒品犯罪法律适用意见》),明确要求在毒品犯罪死刑案件中应当进行毒品含量鉴定,①但实际执行效果不佳。

21世纪前十年,最高人民法院分别在2000年《全国法院审理毒品犯罪案件工作座谈会纪要》(以下简称《南宁会议纪要》)和2008年《全国部分法院审理毒品犯罪案件工作座谈会会议纪要》(以下简称《大连会议纪要》)中间接对死刑案件的毒品鉴定作出规定,两次强调经过掺假之后毒品的数量才达到判处死刑的标准的,对被告人可不判处死刑立即执行。②相对于刑法第357条第2款"不以纯度折算"的刚性立法,两份会议纪要在死刑立即执行案件中将杂质排除出毒品计量的做法无疑是一种突破性的重大进步,但是,对于前期的《毒品犯罪法律适用意见》而言,后期的《大连会议纪要》在毒品纯度鉴定上无疑是一种变相的后退,在证据标准与刑罚适用之间达成某种程度的妥协,将已经确立的毒品犯罪死刑案件纯度鉴定规则降格为死刑立即执行案件纯度鉴定规则,不再否定毒品纯度鉴定缺失下的死刑适用,只是对执行方式作出限制,为死刑(缓期二年执行)判决提供了司法政策依据。

2016年,最高人民法院、最高人民检察院及公安部联合印发《办理毒品犯罪案件毒品提取、扣押、称量、取样和送检程序若干问题的规定》,重新确立了毒品犯罪死刑案件纯度鉴定规则,③彻底扭转了《大连会议纪要》以来的模糊态度。2019年,最高人民法院、最高人民检察院和公安部再次联合印发《关于办理毒品犯罪案件收集与审查证据若干问题的意见》,又一次重申了毒

---

① 《办理毒品犯罪案件适用法律若干问题的意见》第4条规定:"可能判处死刑的毒品犯罪案件,毒品鉴定结论中应有含量鉴定的结论。"

② 《南宁会议纪要》第2条第4项规定:"特别是掺假之后毒品的数量才达到判处死刑的标准的,对被告人可不判处死刑立即执行。"《大连会议纪要》:"具有下列情形之一的,可以不判处被告人死刑立即执行:……(3)经鉴定毒品含量极低,掺假之后的数量才达到实际掌握的死刑数量标准的,或者有证据表明可能大量掺假但因故不能鉴定的。"

③ 《办理毒品犯罪案件毒品提取、扣押、称量、取样和送检程序若干问题的规定》第33条规定:"具有下列情形之一的,公安机关应当委托鉴定机构对查获的毒品进行含量鉴定:(一)犯罪嫌疑人、被告人可能被判处死刑的;(二)查获的毒品系液态、固液混合物或者系毒品半成品的;(三)查获的毒品可能大量掺假的;(四)查获的毒品系成分复杂的新型毒品,且犯罪嫌疑人、被告人可能被判处七年以上有期徒刑的;(五)人民检察院、人民法院认为含量鉴定对定罪量刑有重大影响而书面要求进行含量鉴定的。进行含量鉴定的检材应当与进行成分鉴定的检材来源一致,且一一对应。"

品犯罪死刑案件的纯度鉴定要求。①"两高一部"三年内两次联合印发关于毒品犯罪案件证据收集的规定，并接续强调死刑案件的纯度鉴定问题，标志着我国毒品犯罪死刑案件纯度鉴定规则在司法层面完全确立，与刑法第357条第2款"不以纯度折算"正式"分手"，立法规定与司法解释呈现出事实上的背离样态。

第二，司法实践关于纯度鉴定的现行做法。在司法解释作出周延性规定后，司法实务是否严格执行了死刑案件毒品纯度鉴定规则呢？只有实证数据能够回答这一问题。经统计，150名死刑被告人中有41人（均适用缓期二年执行）的涉案毒品未进行纯度鉴定，占死刑总人数的27.33%，这一比例实在难以令人满意。简单的数字折射出客观的现实，无论我们是否承认，目前毒品纯度鉴定的实际执行仍然受《大连会议纪要》的较大影响，在司法经费保障、科学技术能力与专业人才配备均取得长足进步的当下，纯度鉴定仍未在死刑案件中实现全覆盖，死缓案件中毒品纯度鉴定被部分司法人员有意或无意地"省略"。在欠缺毒品纯度鉴定意见这一关键性证据的情况下，死刑（缓期二年执行）判决以一种粗糙、粗放、粗略的方式出现，罪责刑相适应基本原则没有受到足够的尊重，体现出较为明显的量刑从重化趋势。

（2）数量因素影响较大

多年来，我国在毒品问题治理中更多倚重法律的作用，社区观护、文化教育、技能培训和医疗救治等综合措施运用不足，在法律中又片面凸显刑罚之治，对死刑在抗制毒品犯罪中的作用还存在沿袭已久的"迷信"，死刑的负效应、副作用并未引起足够重视，一旦涉案毒品数量达到审理法院的死刑内部标准，被告人就可能走上一条"不归之路"。同时，由于我国幅员辽阔、人口众多，不同地区的毒品犯罪态势迥然有别，导致各地高级人民法院内部掌握的死刑数量标准不一致，又引发了关于刑法平等性的争议。长期以来，毒品犯罪的死刑数量标准由法院系统内部掌握，从未正式对外公开，因此，研究者们只能根据自己的调查，估测部分地区的死刑数量标准。在各地涉及海洛因、甲基苯丙胺的死刑案件内部数量标准上，有学者认为甘肃为100克，湖北为200克，辽宁、广西、贵州为300克，上海为400克，云南

---

① 《关于办理毒品犯罪案件收集与审查证据若干问题的意见》第11条规定："对查获毒品的含量鉴定，按照最高人民法院、最高人民检察院、公安部《办理毒品犯罪案件毒品提取、扣押、称量、取样和送检程序若干问题的规定》第三十三条执行。"

为 500 克①；有论者提出贵州为 150 克、云南为 300 克，广东走私、贩卖、制造为 1000 克、运输为 1500 克；②有律师指出，最高人民法院核准毒品死刑案件的数量为 2000 克，个别省份是 4000 克，个别地区是 5000 克；③另据了解，重庆地区死刑数量标准为 1000 克，死刑立即执行标准为 5000 克。各地法院普遍设置本地区的死刑数量内部标准，部分司法人员在具体案件审判中将毒品数量作为量刑的首要因素，甚至是排他性的唯一因素，缺乏对社会危害性、人身危险性的细致考察、全面评估，死刑判决呈现出明显的"粗线条"特点、"算术式"特征。本文统计的 150 名死刑被告人中，涉案毒品超过 1000 克的有 140 人，占比 93%（见图 1-6），可见，毒品数量依旧是影响死刑的决定性因素，法院系统内部掌握的死刑数量标准仍然是决定"阴阳两重天"的生命红线。

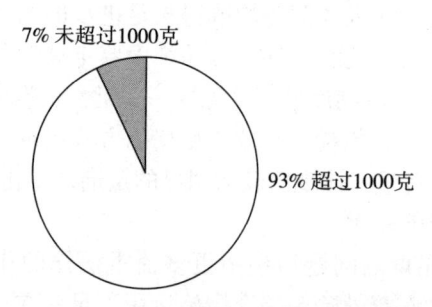

图 1-6 死刑被告人涉毒数量分布

3. 死刑适用较严

死刑是刑罚的终极形式，一段时期以来我国关于"死刑具有最强威慑力的刑事政策理念从未受到根本性的动摇"，④虽然经过《刑法修正案（八）》《刑法修正案（九）》的连续削减，死刑罪名已经从 68 个降低至 46 个，但总体来讲仍然处于高位，死刑罪名在刑法 483 个罪名中占比约 9.52%。因此，在非暴力性犯罪、非危害国家安全犯罪中继续减少死刑是立法修正的必然方向，

---

① 魏汉涛：《毒品犯罪死缓的司法偏差与匡正——基于 100 份死缓判决书的分析》，载《现代法学》2018 年第 5 期。

② 任惠华：《毒品犯罪死刑适用问题的调查与思考》，载《甘肃政法学院学报》2015 年第 5 期。

③ 王光坤：《毒品类死刑复核案件中的律师业务》，载何荣功等：《毒品类死刑案件的有效辩护》，中国政法大学出版社 2017 年版，第 218—219 页。

④ 吴雨豪：《死刑威慑力实证研究——基于死刑复核权收回前后犯罪率的分析》，载《法商研究》2018 年第 4 期。

毒品犯罪也在此列。在毒品犯罪死刑配置立法修正之前，司法层面的死刑控制就成为"刀下留人"的最后关卡。当前，毒品犯罪的死刑判决较为严厉，片面适用《刑法》第 347 条第 4 款，忽视了刑法第 48 条第 1 款"罪行极其严重"对死刑的限制作用，未充分考虑行为的社会危害性与毒品的毒害性、瘾癖性。死刑适用较为严厉主要体现有二：一是对运输毒品罪大量判处死刑，二是对以毒害性、瘾癖性较低之毒品为对象的毒品犯罪判处死刑。

（1）运输毒品死刑较滥

近年来，运输毒品罪死刑配置及适用的合理性、相当性受到了刑法学界较为强烈的责难与诘问，形成了严格限制、停止适用和立法废止等观点。最高人民法院采纳了严格限制的观点，在 2015 年印发的《全国法院毒品犯罪审判工作座谈会纪要》（以下简称《武汉会议纪要》）中，最高审判机关对运输毒品罪死刑适用的对象进行了严格的限制，在裁判理念中充分体现出对受雇佣者、受指使者的宽缓，[①] 但司法实践中呈现的状况却与会议纪要的初衷相去较远。本书检索的 122 份二审死刑判决书均产生于《武汉会议纪要》印发后，经数据分析，150 名死刑被告人罪名[②]分布呈现如下情况：（1）有 92 人罪名含运输毒品罪，占死刑总人数的 61.33%，其中 38 人构成运输毒品一罪，占死刑总人数的 25.33%；（2）有 102 人罪名含贩卖毒品罪，占死刑总人数的 68%，其中 44 人构成贩卖毒品一罪，占死刑总人数的 29.33%；（3）有 12 人罪名含制造毒品罪，占死刑总人数的 8%，其中 6 人构成制造毒品一罪，占死刑总人数的 4%；（4）有 4 人罪名含走私毒品罪，占死刑总人数的 2.67%，无人仅构成走私毒品一罪（见图 1-7）。

---

① 《武汉会议纪要》第 4 条第 1 款规定："对于运输毒品犯罪，应当继续按照《大连会议纪要》的有关精神，重点打击运输毒品犯罪集团首要分子，组织、指使、雇用他人运输毒品的主犯或者毒枭、职业毒犯、毒品再犯，以及具有武装掩护运输毒品、以运输毒品为业、多次运输毒品等严重情节的被告人，对其中依法应当判处死刑的，坚决依法判处。对于受人指使、雇用参与运输毒品的被告人，应当综合考虑毒品数量、犯罪次数、犯罪的主动性和独立性、在共同犯罪中的地位作用、获利程度和方式及其主观恶性、人身危险性等因素，予以区别对待，慎重适用死刑。"

② 为便于表达及理解，本书在此处将走私、贩卖、运输、制造毒品罪拟制为四个罪名，将犯罪行为构成走私、贩卖、运输、制造毒品罪中一罪的称为单一行为，将犯罪行为构成两罪及两罪以上的称为复数行为。

图 1-7 死刑被告人行为数量统计

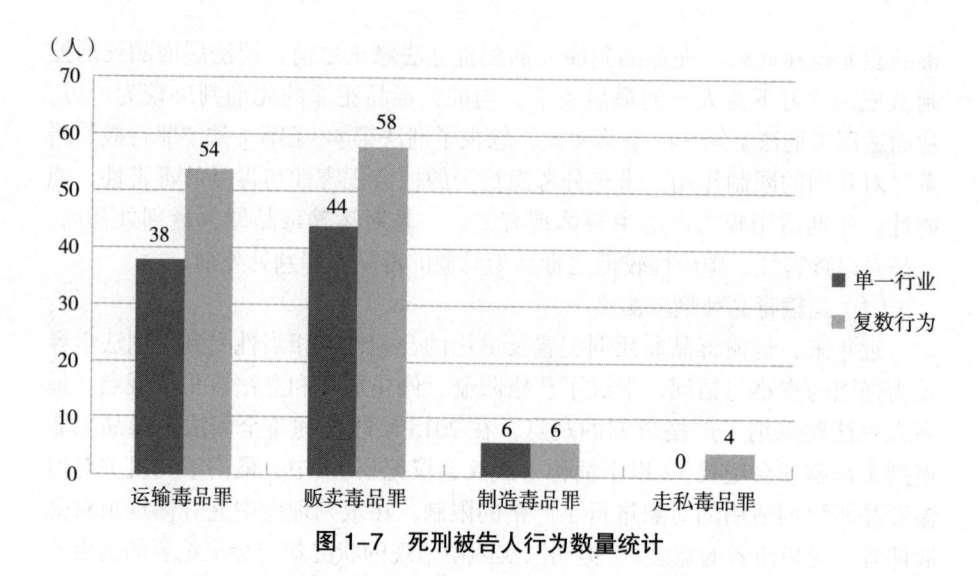

图 1-7 所示数据表明，运输毒品罪已然与贩卖毒品罪一同成为当前毒品犯罪死刑适用的主要罪名，运输毒品罪死刑适用范围较宽、标准较低、数量较滥等问题没有得到根本性扭转。因触犯运输毒品罪一个罪名而被判处死刑的被告人占毒品犯罪死刑总人数的 25.33%，令人惊叹的数字背后是司法实务与刑法理论的背道而驰，刑法学界的呼吁与最高审判机关的政策导向并未得到司法实践的积极回应。

（2）多种毒品触发死刑

毒品一般分为三类，即传统毒品、合成毒品与新精神活性物质，分别以海洛因、甲基苯丙胺和氯胺酮为代表。海洛因会导致强烈的生理依赖与心理依赖，对心血管系统的影响最普遍，可引发心脏功能退化、心律失常，严重的可引起心源性猝死；[1] 甲基苯丙胺对人体重要器官和精神系统造成损害，其中尤以精神系统损害为甚，会导致吸食者人格变异、精神偏执与人际关系破裂；[2] 氯胺酮会引发幻觉、错觉、过度兴奋、烦躁不安、认知障碍等症状，并对长期滥用者造成大脑永久性损伤[3]。基于成分的不同，各类毒品对人体造成

---

[1] 白延智、张宪武:《海洛因依赖的危害及美沙酮维持治疗概述》，载《内蒙古医科大学学报》2014 年第 S1 期。

[2] 胡早秀、于建云、李桢:《甲基苯丙胺的毒性及危害》，载《中国药物滥用防治杂志》2005 年第 4 期。

[3] 李云鹏:《氯胺酮滥用及危害问题调查》，载《中国药物依赖性杂志》2016 年第 1 期。

的实际损害千差万别，对于大麻等毒害性、瘾癖性较弱的毒品，由于其难以造成极其严重的社会危害，对被告人适用死刑显然有过于严厉之嫌。

经统计，150名死刑被告人中涉及海洛因的54人（占比36%），涉及甲基苯丙胺的104人（占比69.33%），涉及其他毒品的18人（占比12%），涉及两种以上毒品的28人（占比18.67%），不涉及海洛因与甲基苯丙胺的2人（占比1.33%）。数据表明，海洛因与甲基苯丙胺是当前触发死刑适用的两大主要毒品，合成毒品在地下非法市场中的份额已超越传统毒品，涉及两种以上毒品的大宗毒品犯罪亦不容忽视。特别需要注意的是，海洛因与甲基苯丙胺之外的其他毒品也触发了死刑适用，这些毒品的毒害性、瘾癖性是否达到了与海洛因、甲基苯丙胺相当的程度，是涉及死刑合理性的重要问题。

综上所述，在毒品犯罪中死刑适用呈现出较滥、较粗、较严的特征，以至于毒品犯罪成为死刑数量最多的罪名之一，与其作为非暴力性犯罪的定位严重不符。从严治毒刑事政策对死刑适用产生了过度影响，社会危害性在刑罚适用中的基础性地位受到冲击，人身危险性在刑罚适用中的调节性作用也被淡化，死刑适用亟待系统性控制。

三、缓刑适用过度从紧

刑罚执行方式与刑罚严厉程度息息相关，针对自由刑设立缓期执行制度是刑法进步的重要标志。"这是为了使刑罚的执行适应具体的、复杂的情况，使刑罚的执行具有合目的性、合理性。"[1] 现代缓刑制度以教育刑为基础，是一种刑罚个别化的措施，是行刑社会化、刑罚轻缓化的重要体现，[2] 具有避免短期自由刑弊端、推动受刑人悔过自新、促进受刑人再社会化、减少国家财政支出等重要价值。[3] 缓刑在对某些特定犯罪的处罚上，较之于执行短期自由刑更能实现行刑的积极效果，[4] 尤其在我国毒品犯罪刑罚裁量整体趋重的情况下，缓刑制度对于保障受刑人人权、提升特殊预防效果具有重大意义。较长时间以来，在从严治毒刑事政策的影响下，缓刑在毒品犯罪中受到了严格限制，呈现出高度紧缩的状态，其特殊作用没有得到充

---

[1] 张明楷：《外国刑法纲要》，清华大学出版社2007年版，第414页。
[2] 刘守芬、丁鹏：《现代缓刑类型与中国的选择》，载《现代法学》2005年第6期。
[3] 翟中东：《论缓刑的四大价值》，载《青少年犯罪问题》2001年第1期。
[4] 应建廷：《缓刑实践的调查与思考》，载《中国刑事法杂志》2000年第5期。

分发挥，甚至被部分司法人员误解为对毒品犯罪分子的过分宽宥，缓期执行已成为少有的特例。

（一）严控缓刑的政策导向

21世纪以来，最高人民法院多次通过各种司法文件凸显对毒品犯罪的严惩态度，2015年《武汉会议纪要》指出，对于毒品犯罪要严格掌握缓刑、假释和减刑的适用条件；2017年6月印发《人民法院禁毒工作白皮书（2012—2017年）》，再次强调要严格规范和限制对毒品犯罪的缓刑适用，从严把握毒品犯罪的减刑条件，并对严重毒品犯罪的假释作出严格限制。[1]在刑事政策层面体现出坚定的从紧行刑的司法导向。

刑罚执行方式是刑罚的重要组成部分，同样的刑罚不同的执行方式会产生迥异的执行效果。立即执行与暂缓执行并无优劣之分、主从之别，对于某些既不能免除刑罚，又不宜执行短期自由刑的犯罪人，暂缓执行是较为妥当的处理方式。在微量毒品犯罪案件中，除累犯、首要分子之外，相当一部分被告人符合适用缓刑的法定条件，此时，应当重点考察被告人的人身危险性，主要包括主观恶性、悔罪态度、一贯表现、再犯危险等方面，再作出妥洽判决。刑罚执行方式的选择应当是个别化的，从严治毒刑事政策并不排斥缓刑的合理适用，微量毒品犯罪中的初犯、偶犯和从犯等同样具备适用缓刑的可能性。当前，从严治毒刑事政策过度影响了刑罚的执行方式，被告人入监服刑被认为是报应之必要、预防之必须，长期停留于个位数的缓刑适用率就是最直接、最直观的明证，行刑方式出现了较为严重的运作误差。司法机关将宏大的毒品问题治理与个别的毒品犯罪裁判相混同，在行刑方式上偏离了刑法教义学的基本立场，忽视了教育预防刑的基本功能，以国家兴衰、民族未来、社会稳定之名从紧行刑，缓刑被曲解为打击不力、宽缓过度，社会危害性、人身危险性在刑罚适用中的决定性作用被刑事政策冲淡，短期自由刑的实际执行率畸高，刑罚执行方式的运作误差亟待匡正。

（二）过度从紧的司法现状

经统计，在9万余名被告人中，有6万余人被判处三年以下有期徒刑、拘役，从刑法规范层面分析，上述人员中除了累犯与首要分子之外，

---

[1] 最高人民法院：《人民法院禁毒工作白皮书（2012—2017）》，载《人民法院报》2017年6月21日。

其余人员均符合适用缓刑的法定条件,但实际适用缓刑的人数仅占 6 万余名符合条件人数的 1.60%。换言之,现阶段在被判处三年以下有期徒刑或者拘役的走私、贩卖、运输、制造毒品罪被告人中,有高达 98.40% 的人员被法院决定执行自由刑,适用缓刑成为屈指可数的例外情形(见图 1–8)。申言之,走私、贩卖、运输、制造毒品罪维持如此高的自由刑执行率,在所有非暴力性犯罪中几乎"鹤立鸡群",甚至已远高于故意伤害、非法拘禁等直接侵害公民人身权利的暴力犯罪,不仅给司法资源的供应、分配带来极大压力,也和刑罚轻缓化、行刑社会化的国际潮流明显不符,更与毒品犯罪生成规律存在严重冲突。在非暴力性的贪利型犯罪中,缓刑具有不可替代的矫治功效、预防功能,过高的自由刑执行率不利于矫治预防的系统展开,入监服刑所带来的污名效应会严重影响被告人的社会复归,高昂的监禁成本反而可能"造就"出一批社会对立者,缓刑比例不合理的问题现已十分突出。

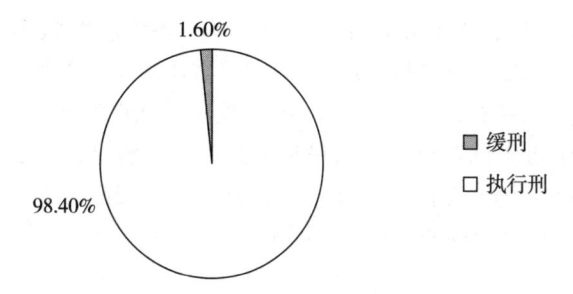

图 1–8 三年以下有期徒刑、拘役案件中缓刑、执行刑占比

在 2017 年的 4 万余份走私、贩卖、运输、制造毒品罪一审判决书中,被判处三年以下有期徒刑的被告人缓刑适用率为 1.29%,被判处拘役的被告人缓刑适用率为 3.23%;在 2018 年的 3 万余份走私、贩卖、运输、制造毒品罪一审判决书中,被判处三年以下有期徒刑的被告人缓刑适用率为 1.45%,被判处拘役的被告人缓刑适用率为 4.26%,虽然缓刑适用率略有上浮,但总体上仍处于极低水平(见图 1–9)。

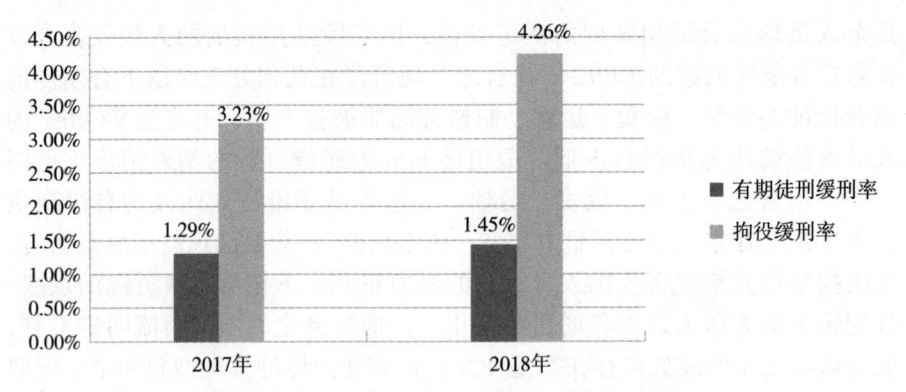

图 1-9　2017—2018 年走私、贩卖、运输、制造毒品罪缓刑适用情况

在二次统计的 3293 份走私、贩卖、运输、制造毒品罪一审判决书中，有 209 名毒品再犯被判处三年以下有期徒刑或者拘役，并且不构成累犯、首要分子，在刑事立法层面上述被告人均属于可以适用缓刑的范畴，但实际上却只有 11 人适用缓刑，缓刑适用率仅为 5.26%。各地法院将累犯的不利后果"嫁接"至毒品再犯，在累犯与毒品再犯的双重作用下，毒品犯罪缓刑适用率进一步降低，刑罚执行进一步收紧。数据显示，在严惩思维的持续影响下，各地法院在决定自由刑执行方式时呈现监禁为主、缓刑为辅的特征，行刑非监禁化、行刑社会化等现代刑罚理念没有充分嵌入毒品犯罪案件，缓刑适用率被严重压低，从紧行刑的特征非常明显。

四、罚金执行逐渐改善

贪利性是毒品犯罪的本质特征，在毒品犯罪案件的处罚过程中，通过财产刑剥夺被告人的不法获利并限制其再犯能力，是学术界与实务界的共识，也是世界各国的通行做法。财产刑包括罚金与没收财产，在走私、贩卖、运输、制造毒品罪中，没收财产仅限于被判处十五年有期徒刑、无期徒刑和死刑的犯罪分子，案件数量较少且执行简便，因此，本书将重点讨论罚金刑的适用问题。多年来，理论界关于强化罚金刑的主张不绝于耳，但鲜少有人关注罚金刑的实际执行情况。如果罚金刑得不到全面严格的执行，那么再周延的理论论证、再合理的刑事判决，都将成为华而不实的纸上谈兵。较长时间以来，财产刑实际执行率低一直是刑事司法中的难题，"有判无执""执而不力"等情况较为严重,罚金刑一度陷入高适用率、低实执率的二律背反。[①]例如,2002 年,厦门、重庆、成都、杭州、东莞五地法院罚金刑实际执行率分别为 4.9%、16.7%、19.93%、26.5%、36%;[②] 2004—2006 年,西安市两级法院罚金刑实际执行率为 20.37%;[③] 2010—2012 年,山西省太原市等五地法院罚金刑实际执行率为 24.3%;[④] 2014 年,重庆市人民检察院第二分院辖区内在押已决犯的罚金刑实际执行率为 16.86%。[⑤]在毒品犯罪中,罚金刑的执行情况更不乐观,大量以贩养吸的"零包"被告人早已因吸毒耗尽家产,无力缴纳罚金;被科以重刑的被告人更缺乏主动缴纳罚金的内生动力,相反还会隐匿财产、竭力逃避,罚金刑"空判"现象十分严重。实证数据显示,一段时期以来罚金刑对毒品犯罪的治理效果不佳,理论与实践出现严重脱节,主要原因不在于判决不当,而在于执行不力,当罚金刑无法得到实际执行时,刑事判决将成为空文、理论著述将成为空谈、经济惩罚将成为空想,罚金刑的特殊作用也将无从体现,最终蜕变为刑事判决中缺乏实际价值的文字堆砌。

2016 年 3 月,最高人民法院提出"用两到三年时间基本解决执行难问题",2019 年 3 月,有关领导在《最高人民法院工作报告》指出这一阶段性目标已如期实现,[⑥]罚金刑的执行难问题也随之好转。为了准确揭示现阶段毒品犯罪罚金刑的实际执行情况,笔者整理了某法院系统 2016—2018 年走私、贩卖、运输、制造毒品罪的罚金刑执行情况:(1)2016 年,执行结案[⑦]4500 余件,执行完毕 1800 余件,实际执行率为 41.48%;(2)2017 年,执行结案 6400 余件,执行完毕 3300 余件,实际执行率为 51.42%;(3)2018 年,执行

---

① 王衍松、吴优:《罚金刑适用研究——高适用率与低实执率之二律背反》,载《中国刑事法杂志》2013 年第 6 期。

② 重庆市第一中级人民法院课题组:《财产刑执行情况的调查报告》,载《西南政法大学学报》2004 年第 5 期。

③ 常青、李雪晴:《西安近三年财产刑判决与执行情况调研报告》,载《中国审判》2007 年第 12 期。

④ 胡茜筠等:《财产刑执行情况调研分析》,载《人民检察》2013 年第 4 期。

⑤ 李存国等:《财产刑执行实证研究》,载《人民检察》2014 年第 7 期。

⑥ 周强:《最高人民法院工作报告》,载《人民法院报》2019 年 3 月 20 日。

⑦ 执行结案,是指法院在执行程序中,已经实际执行完毕或者依照法律规定作结案处理。具体包括以下情形:(1)被执行人自动履行完毕的;(2)法院通过强制措施执行完毕的;(3)申请人与执行人达成和解协议的;(4)被执行人无可供执行财产,法院终结本次执行程序的;(5)被执行人无履行能力,法院中止执行的;(6)申请执行人表示可以暂时不执行的;(7)被执行人无履行能力,未来也没有履行能力,法院终结执行的。

结案 4500 余件，执行完毕 4200 余件，实际执行率为 93.93%。近年来，刑法学界关于在毒品犯罪中强化罚金刑的主张，不仅在判决层面得到体现，更是在执行层面逐渐落实，虽然这种落实并非源自对毒品犯罪罚金刑执行的专门重视，而是借助于"基本解决执行难问题"的政策春风，但罚金刑从判决走向执行已成为不可逆转的趋势。

2016—2018年毒品犯罪罚金刑执行情况

（2016年：41.48%；2017年：51.42%；2018年：93.93%）

图 1-10　某法院系统走私、贩卖、运输、制造毒品罪罚金执行情况

伴随着毒品犯罪案件中罚金刑执行比例的由低到高，罚金刑执行逐渐回到应然的轨道，罚金刑在毒品犯罪中的特殊作用也随之从虚向实，不再仅停留于纸面，结合近年来毒品犯罪案件数量的连续下降，本书得出一个初步结论：2016 年以来毒品犯罪案件数量持续下降，在很大程度上与罚金刑实际执行率的上升密切相关。

五、保安处分基本虚置

"我国现行法律中虽无保安处分的概念，但在刑法中已实质性地存在保安处分"，[1] 具体包括专门矫治教育、强制医疗、禁止令、职业禁止和管制、缓刑监督等，非刑法的法律后果虽然不表现为刑罚，但对于发挥刑法的行为规范

---

[1] 时延安：《隐形双轨制：刑法中保安处分的教义学阐释》，载《法学研究》2013 年第 3 期。

作用以及预防犯罪具有重要意义。[1]尽管在严格意义上保安处分不属于刑罚的范畴，但是在特殊预防上二者的追求是一致的、作用是互补的，刑罚的有效性离不开保安处分的配合与支撑，尤其是在再犯率较高的毒品犯罪中。[2]职业禁止与禁止令在性质上大体属于保安处分的范畴，是我国刑法中重要的非刑罚处罚措施，对于防止被告人再次利用职务便利实施毒品犯罪、限制其再次进入涉毒危险区域、接触涉毒危险人群有着不可替代的重要作用，在犯罪预防的维度与刑罚处罚互为补充。

数据显示，在9万余名被告人中，禁止令适用率不足十万分之五，且无一人适用职业禁止，这一冰凉的数据令人忧虑，我们不得不承认在走私、贩卖、运输、制造毒品犯罪案件中，职业禁止与禁止令基本处于沉睡状态。以本书二次统计的3293份判决书所涉及的3783名被告人为分析对象，保安处分的适用率是冰冷的零，一些应当适用职业禁止、禁止令的典型案件被刑事判决简单处理。例如，宾馆、酒店、KTV经营者在营业场所内贩卖毒品，没有一例判处职业禁止；再如，为数不多适用管制或缓刑的毒品犯罪案件，判决没有适用禁止令，也未禁止受刑人在管制执行期间或者缓刑考验期间出入特定的高危场所、接触相关的涉毒人员，保安处分之适用呈现空白化。刑罚与保安处分在适用上出现两极化趋势，刑罚之适用积极主动且从重从严，保安处分之适用消极被动且从无从空，刑法设置的两类处罚措施——刑罚与保安处分——由"双轮驱动"偏瘫至单轮发力，刑事治理的所有压力集于刑罚一身，犯罪预防效果欠佳自然也在意料之内，情理之中。

第三节　尚须提升的刑罚功效

以1990年《关于禁毒的决定》颁布为标志，我国的从严治毒刑事政策正式确立，立法上的从严配刑、司法上的从严用刑已持续30余年，各级各地接续发动各类"运动式"禁毒执法活动，但毒品犯罪态势与刑罚适用模式却没有

---

[1] 张明楷：《刑法学（第五版）》，法律出版社2016年版，第631页。
[2] 最高人民法院：《人民法院禁毒工作白皮书（2012—2017）》，载《人民法院报》2017年6月21日。

形成良性的消长关系，即刑罚适用强度越大毒品犯罪总量越少，事实是二者在各自的轨道中起伏升降，刑罚对毒品犯罪的抑制作用没有达到预期的理想状态，刑罚适用一度面临失望、失能、失效的尴尬质问。为准确评估从严惩处在抗制毒品犯罪中的实际成效，本书对2005年以来的《中国禁毒报告》《中国毒品情势报告》《最高人民法院工作报告》以及《人民法院禁毒工作白皮书》等文件进行了系统分析，相关数据显示，刑罚适用效果欠佳已是不争的事实。

一、犯罪态势严峻复杂

21世纪以来，我国毒品犯罪案件数量常年保持在高位，各种禁毒执法活动对毒品犯罪形成了强有力的震慑与压制，但是却难以从根本上控制、消减吸毒人员稳定持久的毒品需求，在供需关系基本经济规律的作用下，地下毒品供应必然与吸毒市场需求保持总量上的大体相当，毒品犯罪案件数量持续高位运行也就成为自然的结果。据相关资料显示，2005—2018年我国毒品犯罪基本态势如下：

（一）刑事侦查

1. 2005—2018年，全国公安机关破获毒品犯罪案件分别为：4.54万件（2005年）、4.63万件（2006年）、5.6万件（2007年）、6.19万件（2008年）、7.7万件（2009年）、8.9万件（2010年）、10.17万件（2011年）、12.2万件（2012年）、15.09万件（2013年）、14.59万件（2014年）、16.5万件（2015年）、14万件（2016年）、14万件（2017年）、10.96万件（2018年）（见图1-11）。

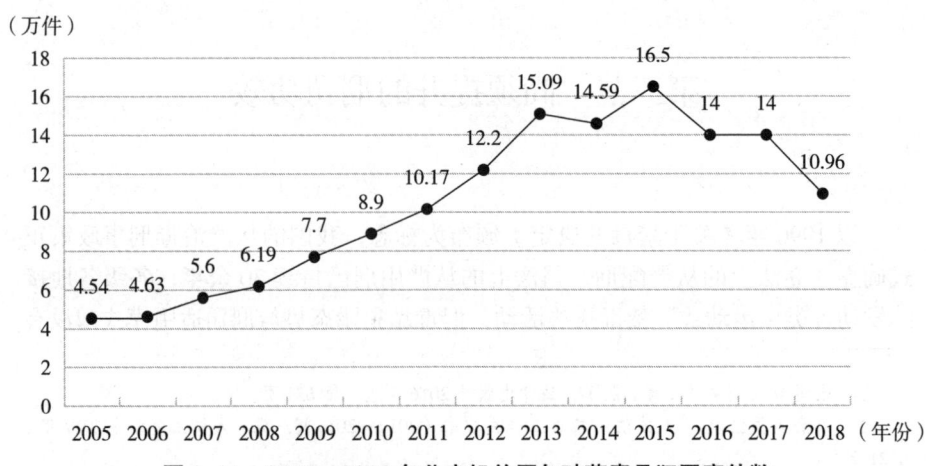

图1-11 2005—2018年公安机关历年破获毒品犯罪案件数

2. 2005—2018 年，全国公安机关抓获毒品犯罪嫌疑人分别为：5.8 万人（2005 年）、5.62 万人（2006 年）、6.7 万人（2007 年）、7.34 万人（2008 年）、9.1 万人（2009 年）、10.1 万人（2010 年）、11.24 万人（2011 年）、13.3 万人（2012 年）、16.83 万人（2013 年）、16.89 万人（2014 年）、19.4 万人（2015 年）、16.8 万人（2016 年）、16.9 万人（2017 年）、13.74 万人（2018 年）（见图 1-12）。

图 1-12　2005—2018 年公安机关历年抓获毒品犯罪嫌疑人数

（二）刑事审判

1. 2006—2017 年，全国法院系统一审新收的毒品犯罪案件分别为：34350 件（2006 年）、38730 件（2007 年）、43947 件（2008 年）、51224 件（2009 年）、59434 件（2010 年）、69754 件（2011 年）、115800 件（2016 年）、111200 件（2017 年）（见图 1-13）。

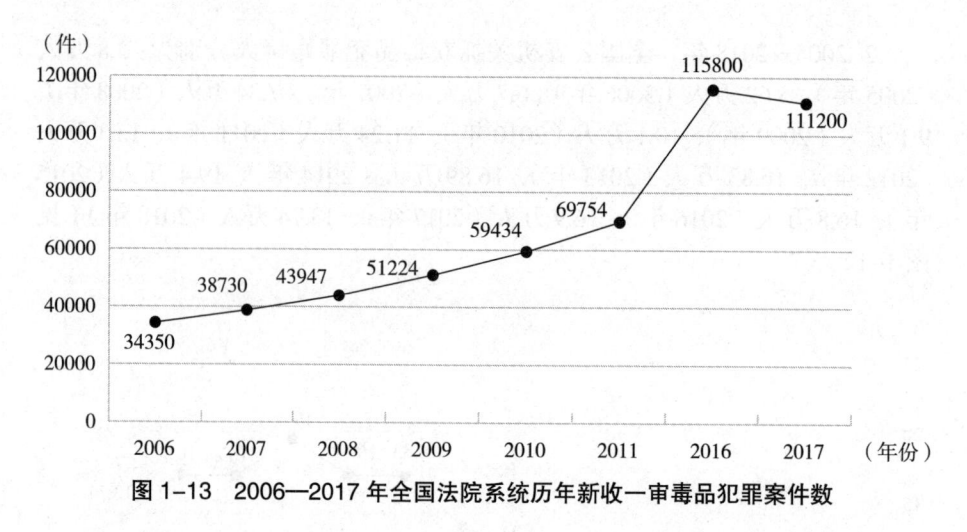

图 1-13　2006—2017 年全国法院系统历年新收一审毒品犯罪案件数

2. 2012—2018 年，全国法院系统一审审结的毒品犯罪案件数分别为：76280 件（2012 年）、95216 件（2013 年）、106803 件（2014 年）、139024 件（2015 年）、117561 件（2016 年）、113200 件（2017 年）、100000 件（2018 年）（见图 1-14）。同时，毒品犯罪案件在全部刑事案件中的占比也从 2012 年的 7.73% 上升至 2016 年的 10.54%，成为增长最快的案件类型之一，其增长幅度是全部刑事案件总体增幅的 4.12 倍[①]。

通过对刑事侦查和刑事审判的双重审视，我们可以得出一个基本的结论：近十余年来我国毒品犯罪持续处于严峻复杂的客观形势，刑事犯罪中毒品案件人数占比不断提高，分配到毒品犯罪案件刑事侦查、刑事诉讼、刑罚执行中的司法资源也随之攀升，虽然近年出现了一定下滑，但是从总体态势来看，从严惩处的司法模态并未在控制毒品犯罪中取得预期的理想效果。

---

① 最高人民法院：《人民法院禁毒工作白皮书（2012—2017）》，载《人民法院报》2017 年 6 月 21 日。

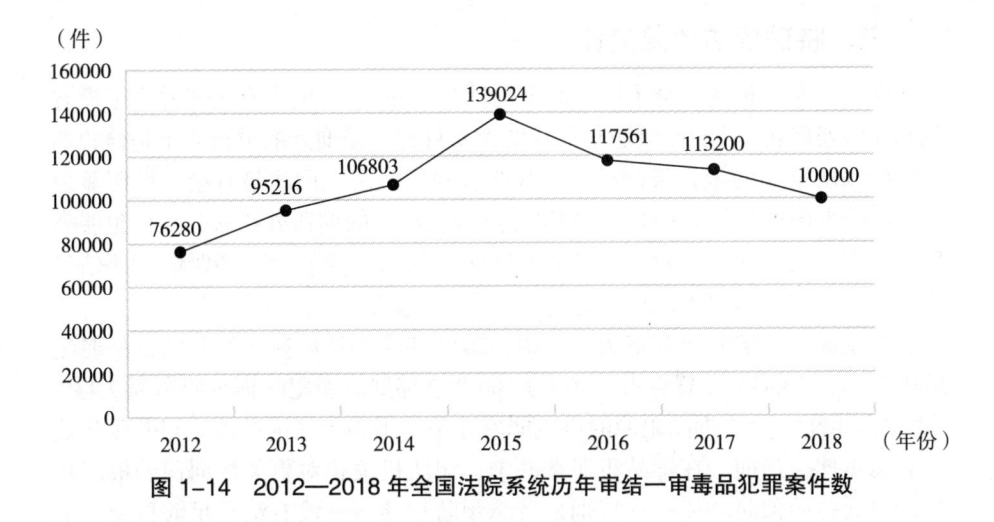

图 1-14　2012—2018 年全国法院系统历年审结一审毒品犯罪案件数

二、毒品需求持续旺盛

毒品犯罪的根本目的是牟取不法经济利益，不法经济利益必须通过将毒品销售给吸食者——毒品市场链条中的消费者——才能最终实现，不法经济利益的多少取决于毒品市场需求的总体规模，现有吸毒人员毒品需求量的增加或者新进吸毒人员的加入，都会引发市场需求总量的提升，高额的不法利润必然会诱发更多的毒品犯罪。

2005—2018 年，我国登记在册的吸毒人数从 116 万人上升至 240.4 万人，假设每一个个体的吸食量相同，13 年间我国的毒品市场需求扩大了 2.07 倍；缴获的各类毒品总数从 18.24 吨上升至 67.9 吨，在不考虑犯罪黑数的情况下，毒品市场供应扩大了 3.72 倍。市场需求决定市场供应，这既是市场经济的基本规律，也是我国毒品犯罪案件数量持续高位运行的根本原因。市场需求是驱动毒品犯罪的源动力，毒品吸食者是市场供应的最终落脚点，由于我国刑事立法没有设置"吸食毒品罪"等消费型犯罪，刑法不能直接作用于单纯的毒品吸食者，只能处罚被查获的毒品供应者，但供应者可以被迅速替代，因此，寄希望于以严惩供应者来控制和削减毒品犯罪是不切实际的，忽视市场需求的"严打"模式不符合毒品犯罪的生成规律，只能对毒品犯罪产生治标不治本的短期作用。吸毒人员的庞大基数，毒品需求的持续旺盛，在客观上表现出从严惩处供应者在毒品问题治理中的功能局限。

三、特殊预防效果欠佳

法是一个特种的社会手段,而不是社会目的,①"因为有犯罪并为了没有犯罪而科处刑罚",②犯罪预防是刑罚的重要目的,受刑人的再犯罪率是检验刑罚特殊预防效果的最直观标尺。纵观所有的部门法,刑法最直接、最明显地塑造和约束国民的社会行为,③如果通过持续从严的刑罚处罚后,某种犯罪类型的受刑人的再犯率仍然得不到明显改善,那么,我们就有必要慎审评估目前刑罚适用的实际功效,并重新审视刑罚之强度是否宽严适度。

据最高人民法院研究室法官介绍,2011年全国法院判决生效的毒品罪犯再犯罪率为13.42%(累犯占7.96%),同期全部刑事罪犯的再犯罪率为7.43%(累犯占4.28%),④毒品犯罪的再犯罪率几乎是平均水平的两倍,犯罪预防效果实属不佳。当前,在毒品犯罪案件中,司法机关相对更关注刑罚的报应功能,对刑罚的预防功能——特别是特殊预防功能——没有给予足够重视,刑罚的报应、预防功能出现了相当程度的失衡。如此高的再犯罪率,在某种意义上等同于宣告了毒品犯罪刑罚适用的低效与低能。实证数据表明,片面性的从严惩处难以有效控制、削弱毒品犯罪受刑人的再犯罪欲望,稳定、高额的不法利润鼓励受刑人"克服"对刑罚的恐惧,在侥幸心理的驱使下受刑人反复踏上再犯罪之路,刑罚的特殊预防效果被稀释和淡化,刑罚在投入产出不成正比的模态中反复适用。

综上,司法机关在毒品犯罪治理中全面贯彻从严治毒的刑事政策,这一政策先被浓缩为以刑治毒的刑事政策,后又演化为从严用刑的刑事政策,刑法介入的广度、刑罚配置的强度、从严用刑的程度、以刑治毒的力度都在不断升级,但是,毒品犯罪问题态势却依然严峻复杂,同时伴生出一个需求巨大的非法毒品市场,中国已由改革开放初期的毒品"过境国""受害国"演变为现今的毒品"制造国""过境国""输出国"与"受害国",毒品犯罪已成为集政治、经济、文化、民族和国际等因素于一体的复杂性社会问题,从严惩处的刑罚适用模式消耗了大量的社会资源,并未从根本上扭转毒品犯罪态势,"投入产出比"不理想的刑罚适用现状亟待改变。

---

① [奥]凯尔森:《法与国家的一般理论》,沈宗灵译,中国大百科全书出版社1996年版,第20页。
② 张明楷:《刑法格言的展开》,北京大学出版社2013年版,第460页。
③ [美]富勒:《法律的道德性》,郑戈译,商务印书馆2005年版,第71页。
④ 佟季、闫平超:《2007年至2011年全国法院审理毒品犯罪案件情况分析》,载《人民法院报》2012年6月27日。

第二章
毒品犯罪刑罚适用的落差归因

当前,毒品犯罪在刑事司法中呈现刑罚启动较为泛化、刑罚裁量整体趋重、缓刑适用过度从紧、罚金执行逐渐改善、保安处分基本虚置等特征,刑罚适用效能出现了较为明显的落差,刑罚的"投入与产出"不成正比,究其原因,主要是司法机关在规范、功能、政策三个层面出现了解释偏差、认识误差、运作反差,以致刑罚适用偏离了法条的教义原旨、承载了浮泛的过高期望、淡化了理性的刑罚目的,在从严治毒刑事政策的导向下,刑罚在李斯特鸿沟[①]的边缘处"孤独"前行,没有与社会综合治理、保安处分等措施实现深度融合和高效叠加,形成互促互补的治理合力仍然任重道远。

[①] 李斯特将刑法教义学与刑事政策加以严格界分:刑法教义学成为一门形式的—实证的学科,完全排斥价值判断,由此形成了古典派的犯罪论体系;而刑事政策则是在刑法教义学之外,在刑罚论中予以研究,其以目的性思想为依归,尤其追求特殊预防的效果。李斯特这种把刑法教义学与刑事政策加以分立与疏离的思想,形成所谓"李斯特鸿沟"。陈兴良:《刑法教义学与刑事政策的关系:从李斯特鸿沟到罗克辛贯通》,载《中外法学》2013年第5期。

第一节　立法规范的解释偏差

刑法从立法论、政策论转型为司法论、解释论，是现代刑事法治走向成熟的重要标志，而刑法教义学方法的合理运用是刑法通向成熟的必经之路。刑法教义学主张视刑法规范为信条，"假定现行法秩序大体看来是合理的"[1]，致力于解释法律来使其容易被理解，甚至于在某种程度上填补法律漏洞，[2] 以妥善应对千变万化、千差万别的社会事实。毒品犯罪刑罚适用的效能落差，首先源自对相关刑法条文的解释偏差，在"零容忍"司法理念的过度影响下，单一、片面的文义解释方式排斥了其他一切解释方法，"无论数量多少"和"不以纯度折算"被解释为特殊法条，[3] 以阻却"犯罪情节显著轻微"这一所谓普通法条的制约；[4] 死刑条款也几乎挣脱了"罪行极其严重"的束缚，[5] 罪责刑相适应基本原则没有得到严格遵守，刑事判决在一定程度上简化为对毒品数量的简单计算，由此导致了刑罚启动泛滥、刑罚裁量整体趋重，欲实现刑罚适用之合理化，必先实现法条解释之科学化。

一、文义解释僵硬化

文义解释被称为解读文本的基本方法，是法律解释的首要方法，[6] 主张通过刑法条文的词义、语法与结构来解释刑法，保证解释的客观性与国民的预

---

[1] ［德］卡尔·拉伦茨：《法学方法论》，陈爱娥译，商务印书馆2003年版，第77页。
[2] 陈兴良：《刑法知识的教义学化》，载《法学研究》2011年第6期。
[3] 刑法第347条第1款规定："走私、贩卖、运输、制造毒品，无论数量多少，都应当追究刑事责任，予以刑事处罚。"第357条第2款规定："毒品的数量以查证属实的走私、贩卖、运输、制造、非法持有毒品的数量计算，不以纯度折算。"
[4] 刑法第13条但书规定："情节显著轻微危害不大的，不认为是犯罪。"
[5] 刑法第48条第1款规定："死刑只适用于罪行极其严重的犯罪分子。对于应当判处死刑的犯罪分子，如果不是必须立即执行的，可以判处死刑同时宣告缓期二年执行。"
[6] 朱苏力：《解释的难题：对几种法律文本解释方法的追问》，载《中国社会科学》1997年第4期。

测可能性。① 法律解释的方法在很大程度上决定了法律解释的结论，罪与非罪、此罪与彼罪、罪轻与罪重时常产生于法律解释方法的选择过程中。当前，司法机关对"无论数量多少"与"不以纯度折算"的理解与适用，严格拘泥于刑法文本本身的文字规定，② 任何试图释缓这种刚性立法的解释方法都可能被视为对立法原旨的违反，"无论数量多少"与"不以纯度折算"在僵化的文义解释作用下，部分时候嬗变为两个不受总则约束的特殊法条，在很多案件中封闭了涉罪行为的出罪之路。刑罚启动较为泛化在很大程度上源自文义解释的僵化，如果文义解释走向绝对化，那么等于直接"没收"了法律解释，刑事司法将衍变为对刑事立法的机械反应。

基于人类认识的有限性，任何一项法律被提出时，人们都没有能力预见实际生活中的各种可能，③ 如果只阅读法律条文，就算法学专家也无法理解什么是"活"的法。④ 法官在适用法律时，仅将法条视为一个固定不变的数据是不够的，应根据具体案情对判断标准进行明确化和具体化⑤，刑罚适用是社会学意义上的个别裁量过程，而非数学意义上的一般量化过程，过于僵化的文义解释看似是对刑法条文的坚守，实则是对法条含义的误解，容易导致刑事判决与社会意识出现分离甚至是背离。人类的历史告诉我们，任何人都不可能根据某个单一的、绝对的因素或原因去解释法律制度⑥，同理，任何一种解释方法都不应被僵化，更不应被绝对化，刑法中没有不允许解释的立法禁区，也不存在绝对优先的解释方法，在法条文字含义的最大辐射范围内，法律解释更应当关注个案的公平与正义。

二、体系解释淡薄化

体系解释主要通过判断法条在立法体系中的地位和位置，并结合与之关联的法条阐明其立法意旨，⑦ 其目的在于避免断章取义，维护刑法的整体协调，

---

① 苏彩霞：《刑法解释方法的位阶与运用》，载《中国法学》2008年第5期。
② 梁根林：《刑法总论问题论要》，北京大学出版社2018年版，第109页。
③ [英]丹宁勋爵：《法律的训诫》，杨百揆、刘庸安、丁健译，法律出版社1999年版，第13页。
④ [日]大木雅夫：《比较法（修订译本）》，范愉译，法律出版社2006年版，第93页。
⑤ [德]卡尔·拉伦茨：《德国民法通论》，王晓晔等译，法律出版社2003年版，第14页。
⑥ [美]博登海默：《法理学：法律哲学与法律方法》，邓正来译，中国政法大学出版社1999年版，第218页。
⑦ 梁慧星：《论法律解释方法》，载《比较法研究》1993年第1期。

既有利于得出妥当的解释结论，又有利于实现刑法之正义，[1]是现代法律解释不可或缺的重要方法。离开了体系解释的基本方法，刑法条文之间将彼此独立、互不关联，分别得出的解释结论可能相互抵牾甚至是互相矛盾，法秩序的统一性将会受到严重的损害。

近年来，司法机关对"无论数量多少"与"不以纯度折算"存在较为普遍的孤立解释，将这两个条款与"情节显著轻微"割裂适用，把双方之间的关系理解为特殊法条与普通法条的竞合，进而依照特殊法条优先原则，认为在毒品犯罪中没有"情节显著轻微"的存在空间，"零容忍"的司法理念深植人心。例如，实务中有观点认为，分则并非仅是总则的展开，有其独立的价值与任务，不能动辄以总则来排除分则的适用，由于毒品犯罪具有严重的社会危害性，即使数量极少、含量极低，也不能援引但书而出罪[2]。实证数据表明，目前司法实务中存在大量的微量毒品犯罪案件，其中绝大部分没有对涉案毒品进行纯度鉴定，数量极少、纯度极低的案件绝非个例，司法机关在定罪量刑时并没有考虑犯罪的罪量要素，"无论数量多少"与"不以纯度折算"陷入了片面、孤立的解释泥沼，立法初衷、体系融洽、法条契合都不在考虑范围之内，"入罪"成为唯一的解释结论。刑法教义学的体系解释方法被置于一边，总则与分则之间的制约、服从关系被打破，"无论数量多少""不以纯度折算"跨越了"情节显著轻微"的红线，毒品犯罪的分则条文似乎享有了逾越总则规定的特权。部分司法人员局限在毒品犯罪的分则条文之内，反复进行着平义解释、孤立解释、循环解释，毒品犯罪被解释成刑法体系中的孤岛，在这里，定罪量刑自有一套独特的标准。

在毒品犯罪刑罚体系的最顶端，也同样存在体系解释方法运用不足的问题。死刑以剥夺受刑人生命的方式出现，只有在罪行极其严重且受刑人完全丧失特殊预防可能性的情况下，基于对重大利益的终极保护，死刑方能进入司法者的考虑范围。刑罚是社会保护中最严厉的制裁、最后置的手段，死刑是厉中之厉、后中之后，最严格控制死刑是人性尊严的本质要求，完全废除死刑是人类进步的必然方向。当前，毒品犯罪成为我国死刑适用的主要罪名，《刑法》第 347 条第 2 款没有被放入整个刑法体系中去解释，死刑判决在某些时候成为针对毒品种类及数量的数学运算，"罪行极其严重"对社会危害性和

---

[1] 张明楷：《注重体系解释 实现刑法正义》，载《法律适用》2005 年第 2 期。
[2] 聂昭伟：《刑法分则对总则排除适用现象探析——刑法总则与分则关系的重新梳理》，载《法律适用》2011 年第 4 期。

人身危险性的要求被淡化，司法机关对毒品犯罪死刑判决的控制，更多是基于宏观的刑事政策与抽象的刑法理念，这是一种功能有限的控制方法，缺乏稳定性、一致性与可预测性，难以实现对死刑的科学、有效控制。现代化的死刑控制，应当充分运用体系解释的教义学方法，在具体罪名中明确"罪行极其严重"的统一认定标准，强化"罪行极其严重"对死刑判决的制约，在刑法的整体框架内系统解释死刑条款，实现死刑适用的最小化。

三、目的解释一元化

任何法律都有自己的目的，无视立法目的的司法者是非理性的，严格依法办案不等于唯条文是举，只有将目的视为法律的一部分，法治才更具理性。① 对法条的解释要符合规范之目的，形式上符合文义，且与目的解释不冲突的结论才是可以接受的。② 刑法将毒品犯罪纳入处罚范围，具有多元的立法目的，一是保护社会个体的健康和生命，避免国民身体素质的整体滑坡；二是维护社会管理秩序，阻截毒品可能衍生的相关违法犯罪；三是守护社会的主流价值观念，维系最低程度的道德。由于毒品犯罪规定在刑法第六章"妨害社会管理秩序罪"中，司法机关普遍将刑事立法之目的一元化理解为维护社会管理秩序，而忽视了"保护国民生命健康"这一根本立法目的，导致了刑罚适用的较为泛化。基于维护社会管理秩序的单一立法目的，无论涉案毒品的数量多少、纯度几何，相关行为对社会管理秩序的侵害是同质的，数量多寡、纯度高低只涉及社会危害性程度"量"的判断，而不涉及行为定性"质"的差异，行为人被定罪处罚是逻辑演进的必然结果。

如果以多元的目的解释来审视司法个案，那么在考虑行为对社会管理秩序之侵害的同时，还必须考量涉案毒品对人体可能造成的实质损害是否达到值得刑法介入的程度。当涉案毒品并不足以对国民生命健康产生严重危害时，单一的维护社会管理秩序之立法目的并不足以支撑起刑罚适用的必要性与合理性，只有当社会管理秩序与国民生命健康都遭受了严重侵害时，为了实现立法的多元目的，刑法的介入才具有正当性。当前，在毒品犯罪中刑罚适用较为泛化，对立法目的的一元化解释是重要原因，司法机关过于重视分则条文的章节位置，忽视了对"人"的终极保护这一根本的立法价值追求。

---

① 刘星：《西窗法雨》，中国法制出版社2013年版，第94页。
② 周光权：《刑法解释方法位阶性的质疑》，载《法学研究》2014年第5期。

综上，在毒品犯罪案件的刑事司法过程中，目前存在文义解释僵硬化、体系解释淡薄化、目的解释一元化等问题，从而导致刑罚适用出现了泛滥化、严厉化、扩张化的趋势，刑法犹如一块引力巨大的磁铁，发出无形的引力将涉毒违法犯罪行为纳入规制范围并给予从严惩处。在现有的刑事立法框架内，为了避免刑罚适用的不必要扩张、不必要严厉，司法机关应当以文本解释为基础，在文义辐射的最大范围内充分考量多元的立法目的，在刑法体系中对个别法条作出合理解释，并在恪守罪刑法定基本原则的前提下增强刑法条文的弹性，以适应复杂、多变的司法实践。

第二节 刑法功能的认知误差

刑法是处罚人的法律，以行为人实施了应受处罚的坏行为为前提，[①]刑法处于法律制度倒圆锥体沙漏的最底部，它只承接民法、行政法等前置性法律过滤后仍然得不到有效解决的法律纠纷，它是法治手段中的最后手段，也是迫不得已的最严厉手段。刑法具有社会保护和人权保障两大功能，其中人权保障处于更优势、更优先、更优越的地位，国家制定刑法之目的是限制刑罚，而非为刑罚的恣意创设依据。法律之治是社会治理的手段之一，刑法之治是法律之治的最后手段，三者之间是包含与被包含的关系，如果对刑法寄予过高的期望，进而将刑法作为治理毒品问题的主要手段，不仅会导致法律体系内部的逻辑混乱，还会引发社会资源的投入失衡，陷入打击不力、预防不足、犯罪不止、投入不减的治理怪圈。当前，司法机关在毒品犯罪中出现了对刑法功能的认知误差，主要体现为对犯罪规律的理解错位、刑罚机能的期待越位、综治措施的运行缺位，导致刑罚超负荷、超能力、超强度持续运转，刑罚在持续性加压加力中无奈地目睹毒品犯罪态势的长期性严峻复杂。

一、犯罪规律的理解错位

科学认识犯罪规律是合理设定刑法期望值的基础，也是刑罚适用合理化

[①] ［日］西原春夫：《刑法的根基与哲学》，顾肖荣等译，中国法制出版社2017年版，第2页。

的前提，刑法对483个罪名的治理能力、治理方向绝非整齐划一，必须立足于特定犯罪的客观规律，才能科学确定具体罪名中刑罚适用的目标和重点，最大化地激发刑罚的报应与预防机能。例如，盗窃罪的刑罚适用是单向的，在对行为人科以主刑的同时，通过附加刑剥夺其不法获利；贿赂犯罪的刑罚适用是双向的，行贿、受贿一体惩治，在打击行受贿犯罪的同时，塑造清正廉洁的公权力运行环境。

毒品犯罪本质上是一种市场行为，虽然我们永远都不会承认这个地下市场的合法性，但市场中的生产、流通、交易和消费等活动都受到市场规律的支配，刑罚适用必须尊重和遵循这些规律。就化学属性而言，毒品是有毒、有害物质中的一种，但其市场运行规律却迥异于其他有毒、有害物质。从刑法条文的罪状描述分析，制造、贩卖毒品罪与生产、销售有毒、有害食品罪，二者在行为外观上几乎一致，都是生产、销售对人体有毒、有害的物质，危害公民个人的生命健康，但二者在市场运行规律上却存在本质区别。在生产、销售有毒、有害食品罪中，消费者对相关食品不存在任何市场需求，消费者对食品的毒害性是未知的，对食用是坚决反对的，是基于行为人的欺骗、隐瞒而陷入错误认识"自愿"食用，惩治此类犯罪只需要截断供应即可，刑罚可起到立竿见影的整治效果。在制造、贩卖毒品罪中，消费者对毒品具有积极主动的强烈需求，对毒品的毒害性、瘾癖性是明知的，其主观上具有明确的吸食意愿，毒品供应与毒品需求深度交织、互为因果，根治毒品犯罪必须从供应、需求两个侧面同时着力。由于我国并未将吸毒行为纳入刑法规制，刑事司法只能通过打击毒品犯罪的方式控制、压缩毒品供应，但只要存在毒品需求，就必然会有毒品供应，毒品犯罪的市场根源是无法通过刑罚切断的，这才是中国语境下毒品犯罪的生成规律。因此，毒品犯罪的生成规律已在客观上决定了我国刑法在抗制毒品犯罪中的有限作用，刑罚处罚只能达到短暂的治标目的，而不能实现长久的治本功效。

目前，司法机关对毒品犯罪的生成规律存在一定程度的理解错位，把毒品等同于一般的违禁品，将毒品泛滥的原因片面归结于持续不断、日益增长的市场供应，忽视了市场需求的本源性，将治理希望错位地寄托于针对市场供应的刑事制裁，由此导致了刑罚适用的效能落差。

二、刑罚机能的期待越位

刑事责任的本质在于刑罚[①],"刑罚通过对过去有责地实施的违法行为进行公正的报应,有助于预防将来可能发生的犯罪行为"[②],报应与预防是刑罚的两大基本机能。刑罚本身是一种恶,是一种对人性强制压迫、禁锢的暴力,其不得已的启动是为了维系正常的社会生活秩序,对每个社会成员形成有效的他律,[③] 同时也具有强烈的副作用与负效应,绝非犯罪治理的优先选择,更非包治社会百病的万能灵药,对其功能不应抱有过高的期待,尤其是在缠绕盘桓、错综复杂的毒品犯罪当中。

重刑观念在我国仍然具有一定的社会基础,尤其在国家屈辱、民族伤痛、家庭悲剧的加持下,"重刑治毒"深入人心、广获支持,严刑重罚被一些国民视为理所当然、势在必行,在其他治毒措施难以立竿见影之际,刑罚承载了荡涤烟毒的最后希望,成为禁毒合力中的绝对主角。基于毒品犯罪的隐蔽性与"互利性",[④] 实践中必然存在大量的犯罪黑数,当刑罚的"不可避免性"难以实现时,"严厉性"成为补足"不可避免性"的次优选择。当刑罚成为禁毒合力的主驱动时,部分司法人员对刑罚功能出现非理性的过高期待,对刑罚"恶"的一面警惕性不足,以一般预防之名将严刑重罚正当化、普遍化,甚至偏离了罪责刑相适应基本原则的轨道。

犯罪的产生是基于社会资源的总额不足与分配不均,社会的充分发展才是解决犯罪问题的根本路径,刑法只能控制犯罪而无法根治犯罪。毒品犯罪是一个复杂的社会问题,法治手段只是治理措施的方式之一,而刑罚手段更是法治手段的最后保障,不得已地发挥补充、兜底的作用。因此,对刑罚机能只能寄予理性的有限期待,以有效控制毒品犯罪为目标,而不能设定禁绝毒品的过高追求。绝对安全的状态是不存在的,我们不可能完全消除危险[⑤],禁绝毒品只是社会综合治理的远期理想,绝非刑法的当前目标,无论法网多么严密、刑罚多么严厉,刑法都不可能单独完成禁绝毒品的宏伟目标。目前,

---

① 何勤华:《20世纪日本刑法学》,商务印书馆2003年版,第217页。
② [德]汉斯·海因里希·耶塞克、托马斯·魏根特:《德国刑法教科书》,徐久生译,中国法制出版社2017年版,第93—94页。
③ 梅传强:《犯罪心理学》,中国法制出版社2016年版,第71页。
④ 毒品犯罪尤其是贩卖毒品罪,是受害者自愿参与的犯罪,贩毒者实现了牟利之目的,购毒者满足了"消费"的需求,双方在某种程度上结合成病态的"利益共同体",本书将这种特点称为"互利性"。
⑤ 胡鞍钢、鄢一龙、唐啸:《中国新发展理念》,浙江人民出版社2017年版,第147页。

一些刑事审判离开了控制毒品犯罪的理性目标而走入禁绝毒品犯罪的浪漫追求，部分司法人员对刑罚机能（尤其是预防机能）的期待超越了刑罚的最大能力阈值，进一步加剧了刑罚适用的效能落差。

三、综治措施的运行缺位

"犯罪治理是指运用国家正式力量和社会非正式力量解决犯罪问题的诸多方式的总和"，① 其中包括经济、文化、法律和道德等多种措施，是一个一体多面的社会性综合系统。法律措施是犯罪治理措施的组成部分，刑罚是法律措施的最后保障，也是国家制裁的最强方法，"它通过法益破坏达到法益保护"，② 这种刚性措施（刑罚）必须与其他柔性手段（综合治理）并行适用、互为补充，方能实现对犯罪的有效治理。

一段时期以来，由于我国经济发展不充分、社会资源不充裕、治理手段不充足，刑法成为犯罪治理的擎天独柱，刑罚"孤独"地承担着除暴安良、惩恶扬善的社会重任，其他综合治理措施的作用发挥甚少。刑法对犯罪的治理又可以分为日常式治理和运动式治理，在"从重从快"的运动式执法中，综合措施的介入更少，国家将社会资源集中投入刑罚之中，对犯罪进行暴风骤雨般的高强度治理，快速满足民众对安全的需要、迅速实现社会的基本稳定。③ 运动式执法的动员效应、宣传效果、短期效能是毋庸置疑的，但也存在无法克服的自身缺陷，这种缺陷来自犯罪治理的自身特征——综合性、持久性和反复性。

1979 年刑法施行以来，我国分别于 1983 年、1996 年、2000 年开展了三次全国性的大规模"严打"运动，同时长期采用专项整治活动治理毒品问题，④ 各种大大小小的禁毒执法活动已逾百次，公安部部署的"百城禁毒会战"（2014 年 10 月 1 日至 2015 年 3 月 31 日）更是促使 2015 年全国毒品犯罪案件数达到迄今为止的历史最高峰。然而，这种禁毒模式具有显著的副作用，其中之一就是社会资源的分配失衡，造成综合治理措施的缺位，导致刑罚进

---

① 焦俊峰：《犯罪控制中的治理理论》，载《国家检察官学院学报》2010 年第 2 期。
② ［德］冯·李斯特：《论犯罪、刑罚与刑事政策》，徐久生译，北京大学出版社 2016 年版，第 27 页。
③ 单勇、侯银萍：《中国犯罪治理模式的文化研究——运动式治罪的式微与日常性治理的兴起》，载《吉林大学社会科学学报》2009 年第 2 期。
④ 王利荣、揭萍：《对"运动式"治理毒品的反思——由 N 市"百城禁毒会战"的开展切入》，载《山东警察学院学报》2016 年第 1 期。

一步走向严厉化，从严惩处成为填补综合治理措施空白的最简便方法。

综合治理措施的缺位源自对非刑罚措施的信心不足，来自对毒品犯罪生成规律的误读，片面强调以刑治毒——并过分突出从严惩处——是急功近利的治理思维，注定收效欠佳。毒品犯罪治理必须从减少供应、减低需求、减轻伤害等多方面着力。刑罚仅能有限作用于减少供应，其在消耗大量社会资源、制造大量社会"矛盾"的同时并不会根治毒品犯罪。减低需求与减轻伤害主要依赖于社会综合措施，包括戒毒治疗、职业培训、教育引导、家庭关爱、社会复归等方式，只有当刑罚与综合治理措施首先实现"物理叠加"，进而升级到"化学融合"，毒品犯罪才可能实现初步的有效治理，这其中"刑退综进"是刑罚走向合理化的关键一步。

第三节　刑事政策的运作反差

刑事政策是国家借助于刑罚以及其他相关机构，同犯罪作斗争的基本原则的总称，是刑法的灵魂与中枢，对刑事立法和司法起着统领性的导向作用，既包含着某种价值追求，也意味着一种法治选择，[1] 尤其是在刑罚的适用阶段，刑事政策对刑罚的轻重缓急有着重要的影响作用。以政策的调整范围为标准，刑事政策可以分为基本刑事政策和具体刑事政策，基本刑事政策对全部犯罪产生影响，具体刑事政策对特定犯罪发挥作用。改革开放以来，我国的基本刑事政策经历了由"惩办与宽大相结合"向"宽严相济"的转变，后者不仅是对前者的继承和发展，而且其侧重点在"宽"，[2] 并将人权保障作为政策的终极追求，更符合刑法发展的历史潮流。与基本刑事政策的变化相对应，40多年间，我国从严治毒的具体刑事政策历经了从萌芽、发展到定型再到强化的演进过程，其严厉性单向化地拾级而上，几乎没有受到基本刑事政策变化的影响，毒品犯罪被告人在一定程度上被视为主流社会的"敌人"，导致从严治毒不断向"重刑治毒"倾斜，罪责刑相适应的基本原则受到较为严重的冲击。

---

[1] 陈兴良：《刑事政策视野中的刑罚结构调整》，载《法学研究》1998年第6期。
[2] 马克昌：《论宽严相济刑事政策的定位》，载《中国法学》2007年第4期。

从严治毒刑事政策的形成与发展，有其客观的必然性、历史的合理性、现实的必需性。最优美的制度不是创造的而是进化的，[①]最适当的政策不是观念的而是现实的。从严治毒刑事政策的最终形成有其深刻的政治、经济、历史、文化、社会及法律根源，这一政策所蕴含的价值追求与治理导向也是复杂而多元的，绝非简单、片面的刑罚升级。刑事政策的制定与修正是宏大而深邃的政治运作，刑事司法不应当质疑政策的合理性，而应站在罪刑法定基本原则的基石上，拷问自身对政策的理解与贯彻是否符合政策的本意，主动自觉地在责任刑的范围内考量预防刑，避免刑事政策对刑罚适用的过分干预。当前，从严治毒刑事政策出现了较为严重的运作反差，部分司法人员缺乏对罪刑法定基本原则的足够尊重，刑事政策在某些时候跨越了罪刑法定的藩篱，对刑罚适用产生了过度影响，在相当程度上造就了刑罚适用泛滥化、严厉化的现状。对从严治毒刑事政策的正确贯彻，是毒品犯罪刑罚适用走向合理化的必然前提，过度倚重刑事政策来调控刑罚适用，是一种前现代的刑罚控制模式，这种控制模式既不利于法秩序的统一，又有损于国民的预测可能性，还有悖于罪责刑相适应基本原则，不符合现代刑法的法治精神。我们必须认识到，"刑事政策探讨的仅仅是：为了和犯罪作斗争，人们需要采取哪些必要的和合目的性的刑事上的反应"，[②]除此之外皆是多余。

一、政策功能定位错乱

刑法是我们不是服从就是违犯的法律，[③]决定犯罪与刑罚的只能是立法机关通过立法程序所创设的刑法条文，而不是宏观抽象的刑事政策，罪刑法定原则是现代刑法的基石，罪责刑相适应原则是人权保障的基础，绝非刑事政策可以替代。在现代刑事法律体系基本形成后，刑法教义学便成为刑法学科的核心，通过解释使法条更好地适应社会的发展，[④]实现刑法的社会保护与人权保障两大机能。在刑事法治体系内，刑事政策只能在抽象的层面指导和影响刑事立法与刑事司法，切不可过度介入具体的定罪量刑活动；刑事立法应当保持一定的稳定性和抽象性，既要维护法秩序的必要安定，又要预留法律

[①] ［美］莫里斯：《法律发达史》，王学文译，中国政法大学出版社2003年版，第85页。
[②] ［德］克劳斯·罗克辛：《刑事政策与刑法体系》，蔡桂生译，中国人民大学出版社2011年版，第53页。
[③] ［英］哈特：《法律的概念》，张文显等译，中国大百科全书出版社2003年版，第29页。
[④] 冯军：《刑法教义学的立场和方法》，载《中外法学》2014年第1期。

解释的必需空间；刑事司法必须坚守刑法三大基本原则，妥善平衡社会保护与人权保障的关系，切忌将定罪量刑活动工具主义化。

当前，从严治毒刑事政策出现运作反差，作为一种形而上的抽象理念过度介入形而下的具象司法，"严"字被部分司法人员至纤至悉地嵌入司法全过程，罪刑法定、罪责刑相适应两大基本原则受到了严重冲击，人权保障让位于社会保护，毒品犯罪被告人成为宣泄社会厌毒情绪的最佳出口，并独自承担毒品泛滥的最大罪责。刑罚是具体的、个别的，犯罪人应受到与他对于法秩序的破坏价值相同的报应，[①]刑罚的宽严轻重取决于罪责程度，罪责来自行为的社会危害性与行为人的人身危险性，刑事政策并不会增加具体的罪责，当然也不应提升刑罚的强度。然而，在司法实践中却并非如此。从严治毒刑事政策在一些时候蜕变为弥补社会危害性的罪量要素，数量极少、纯度极低的毒品犯罪案件因此被纳入刑事犯罪圈，在另一些时候畸变为判断人身危险性的主要依据，毒品犯罪被告人被认为主观恶性深、再犯可能性高，非监禁刑、缓刑被普遍性排除。刑事政策对刑罚适用的过度干预已达到较为严重的程度。

二、政策内部关系紊乱

"宽严相济"是我国的基本刑事政策，其侧重点在于"宽"；从严治毒是我国的具体刑事政策，其侧重点在于"严"，二者之间存在一定程度的天然"冲突"，分别作用于司法实践，可能在个案中引发迥异的判决结果，并导致刑罚适用缺乏统一性、明确性与可预测性，不利于国民基本人权的保障。部分司法人员对于两种政策的关系没有进行深入分析、科学解析，而是简单理解为一般政策与特殊政策的关系，进而以法条竞合的处理方式来解决政策冲突的问题，从严治毒具体刑事政策以特殊政策之名跨越宽严相济基本刑事政策，成为治理毒品犯罪的主导型政策，刑罚适用从重从严也就顺理成章、势在必行。

从严治毒具体刑事政策带有浓厚的刑法工具主义色彩，是国家面对严峻复杂的毒品问题所作出的激烈反应，虽然具有一定的特殊性，但是也必须在宽严相济基本刑事政策的总体框架下运行，顺应非犯罪化、非监禁化、刑罚

[①] ［德］冯·李斯特：《论犯罪、刑罚与刑事政策》，徐久生译，北京大学出版社2016年版，第37页。

轻缓化的国际潮流，彰显刑法对人类自身的终极关怀。从严治毒之"严"主要强调刑罚的严密性，增强刑罚的必定性，最大化地消除犯罪黑数，刑罚越是迅速和及时越是公正和有益[1]，效果也就越好。宽严相济之"严"主要强调刑罚的严厉性，针对特定时期比较突出的严重危害社会治安、严重影响社会稳定的刑事犯罪从严打击，保持对特定犯罪的高压态势[2]，在罪责刑相适应原则的框架内采用雷霆手段维护社会秩序。从严治毒与宽严相济之间并非此消彼长的互斥关系，而是各司其责的互补关系，具体到毒品犯罪案件的刑罚适用当中，从严治毒强调刑罚的不可避免性，宽严相济强调刑罚的轻重有别性，前者主要针对刑罚适用的"严密度"，后者主要面向刑罚适用的"严厉度"，呈现出二元共生的一体两面样态，不存在谁主谁次、谁优谁劣的问题。

当前，部分司法人员对从严治毒与宽严相济两种政策的关系出现定位紊乱，一方面，导致宽严相济基本刑事政策被总体挪出毒品犯罪，形成"有严无宽"的政策导向；另一方面，引发对从严治毒具体刑事政策的严重误读，"严"被片面理解为刑罚严厉性，而其主要内涵——刑罚严密性（即必定性）——则被严重忽视，造成刑罚处罚的整体性加重。现阶段，宽严相济基本刑事政策与从严治毒具体刑事政策的关系归正，已成为毒品犯罪刑罚适用合理化的重要前提。

三、政策目标设定焦乱

焦乱即焦急烦乱之意，往往预示着目标失序、心态失衡、措施失效。从严治毒刑事政策是国家禁毒政策在刑事法治中的具体体现，其远期目标与国家禁毒政策一致，以"天下无毒"作为终极追求。毒品犯罪的生成、泛滥有其深刻而复杂的社会根源，毒品犯罪治理注定是一个长期而艰巨的渐进工程，因此，从严治毒刑事政策在不同阶段应当有不同目标，现阶段以从严惩处来追求"天下无毒"是一种脱离客观实际的目标焦乱，绝非根治毒品犯罪的理性选择。毒品犯罪的多少，是由毒品需求的总规模决定的，不受或很少受到禁毒执法的影响，[3] 在可以预见的将来，世界上任何一个国家几乎都不可能让其国内的毒品需求归零，在供需关系的市场规律支配下，毒品犯罪注定将在

---

[1] ［意］贝卡利亚：《论犯罪与刑罚》，黄风译，中国法制出版社 2005 年版，第 69 页。

[2] 刘宪权、吴允锋：《和谐社会语境下宽严相济刑事政策的司法贯彻》，载《上海市社会科学界第五届学术年会文集》(2007 年)，政治·法律·社会科学卷，第 352 页。

[3] 郑蜀饶：《毒品犯罪规律的新认识及禁毒策略的思考》，载《法律适用》2007 年第 12 期。

人类历史的长河中长期存在，当前，禁毒目标的设定不能脱离这一客观的历史趋势。

伴随着毒情态势的严峻复杂、毒品危害的严重恶劣，一些国民对毒品问题治理日渐失去耐心，部分司法人员面对毒品犯罪也出现了焦躁烦乱、急功近利的焦急情绪，将从严治毒刑事政策的阶段性目标人为提前，径直以禁绝毒品作为当前刑事治理的主要任务，导致刑罚适用在一些案件中走向偏激。若要实现毒品犯罪刑罚适用的合理化，就必须充分尊重毒品犯罪的生成规律、准确定位犯罪治理的历史阶段，放弃超时空的政策目标、舍弃超现实的治理追求、摒弃超罪责的刑罚思维，科学设定从严治毒刑事政策的当前目标，只有如此，从严治毒刑事政策才能回归正轨、行稳致远，刑罚适用才能从感性走向理性，刑事治理才能从"事倍功半"走向"事半功倍"。

综上所述，当前毒品犯罪刑罚适用的效能落差存在多方面的原因，立法规范的解释偏差、刑法功能的认知误差、刑事政策的运作反差是其中的主要因素，严厉有余、功效不足的刑罚窘态绝非微创式的"物理手术"可以根治，必须从理论、政策、制度、实践等层面对刑罚适用进行系统性的"化学改造"，在人权保障的基础上追求社会保护，在罪刑相适的前提下强化犯罪预防，如此方能实现刑罚适用合理化，取得刑罚适用的最佳效果，发挥刑法在毒品犯罪治理中的最佳作用。

第三章
毒品犯罪刑罚适用的理论修正

较长时间以来，在传统苏俄刑法理论的影响下，我国刑法学界根据毒品犯罪在刑法分则中的章节位次，通过耦合式的"四要件"犯罪构成学说，将毒品犯罪的犯罪客体（法益）简单认识为单一的社会管理秩序，并对刑罚的一般预防功能给予过高期待，忽视了罪责刑相适应基本原则对刑罚的制约作用，不重视对毒品犯罪生成机理、法益侵害、刑罚目的、治理策略和刑法条文解释等重要理论问题的研究，导致对司法实践的指导意义不足，刑法工具主义色彩过于浓厚，当前，只有对刑法理论体系进行较为系统的修正，方能推动毒品犯罪刑罚适用走向合理化。正如歌德的那句名言："人们尊重前人打下的基础，但不放弃于任何地方从头重建的权利"，本书充分尊重传统禁毒理论对惩治毒品犯罪所做的贡献，但是当历史已经走入新时代之际，毒品犯罪刑法理论也必然要随之翻开新的篇章。

第一节 二元法益论之提出

"刑法是对社会生活上被认可的各种利益进行保护的，这种利益称为法益或保护法益",[①] 犯罪的本质是对法益的不法侵害，脱离了法益侵害，犯罪便没有存在的空间。毒品是国家规定管制的能够使人形成瘾癖的麻醉药品和精神药品，[②] 瘾癖性、毒害性和违法性是毒品的三大基本特征，也是毒品犯罪法益论构建的重要依据。法益论是犯罪论的核心，也是刑罚论的基础，只有构建完备周延的毒品犯罪法益理论，方能进一步讨论刑罚适用合理化的问题。

一、抽象的秩序法益

立法者将毒品犯罪归类于妨害社会管理秩序的犯罪，设置于刑法分则第6章第7节，这一立法例表明抽象的社会秩序是毒品犯罪法益论的必备内容。由于毒品不仅会侵蚀施用者的肌体，还会诱发情绪失控、精神幻觉等异常人格，引发侵财犯罪、暴力犯罪、性犯罪等关联犯罪，严重损害正常的社会管理秩序和有序的国民生活环境，因此，各国均将与毒品相关的部分行为纳入刑法规制，以期通过最严厉的国家制裁来扼制毒品犯罪，以维护善良诚信、互助自爱的社会秩序与风尚。抽象的秩序法益，是由毒品的违法性所决定的，除了基于法律许可的医疗、科研行为，其他的涉毒行为均属违法，都侵犯了刑法所保护的社会秩序，传统刑法理论将毒品犯罪的法益理解为社会管理秩序，其本身并无实质性错误，但是应当思考单一的秩序法益能否完全涵盖毒品犯罪的社会危害性。目前，还有学者将社会管理秩序排除在毒品犯罪的保护法益之外，认为"毒品犯罪的保护法益是公众健康"，[③] 本书对这种观点持保留态度，单一的公众健康法益论不仅与毒品犯罪在我国刑法中的章节位次存在一定冲突，也与毒品自身的"本体恶"属性存在某种抵触，在现有的法治背景、毒情态势下，我们不能忽视毒品犯罪对社会管理秩序的破坏，秩序法益与人身法益完全可以在毒品犯罪中共存，对人身法益的强调无须通过"去除"秩序法益的方式实现。

二、具象的个人法益

毒品是被滥用的药品，违法性是毒品的法律属性，瘾癖性和毒害性是毒

---

① ［日］大塚仁:《犯罪论的基本问题》，冯军译，中国政法大学出版社1993年版，第4页。
② 《中华人民共和国禁毒法》第2条规定:"本法所称毒品，是指鸦片、海洛因、甲基苯丙胺（冰毒）、吗啡、大麻、可卡因，以及国家规定管制的其他能够使人形成瘾癖的麻醉药品和精神药品。"
③ 张明楷:《代购毒品行为的刑法学分析》，载《华东政法大学学报》2020年第1期。

品的药理属性,毒品的危害性来源于其化学成分,会对施用者的神经、大脑、呼吸、消化和心血管及肌肉等重要器官和组织产生巨大的毒害作用,并使其中枢神经系统对毒品呈现强烈的依赖性,[1]进而引发身体功能退化、神经组织异化,甚至导致个体消亡。毒品犯罪将促使毒品先后经历种植、生产、走私、运输、销售和消费等环节,在市场中增加毒品供应、促进毒品流通、达成毒品交易,以毒品被消费作为市场流程的终结点。在这个完整的毒品犯罪进程图景中,首先受到侵害的是具象的国民生命健康权益——人身法益,这是由毒品的瘾癖性和毒害性决定的,毒品犯罪法益论的建构必须充分考虑毒品的药理属性,单一的法律属性并不足以支撑起科学、完整的法益理论。回到毒品犯罪社会危害性的视角,国民的生命健康权益是受损法益中不可或缺的首要组成部分,传统刑法理论脱离毒品的药理属性(瘾癖性和毒害性),单纯强调毒品的法律属性(违法性),进而将毒品犯罪的侵害法益片面认识为社会管理秩序,这一理论架构缺乏对毒品三大基本特征的全面考量,欠缺对毒品犯罪社会危害性的全面认识,导致抽象的秩序法益超越甚至覆盖了具象的人身法益,忽视了毒品危害的真正本源——药理性,背离了刑法的人本主义精神,缺少对国民生命健康权益的足够重视,不符合现代刑法的基本价值与发展方向,应当及时予以修正。

三、真象的二元法益

真象即真相之意,乃事物之本来意涵。在"四要件"犯罪构成理论的影响下,中国传统刑法理论认为毒品犯罪侵犯的客体是社会管理秩序,由于不同毒品对社会管理秩序的侵害是同质的,因此,司法上至今未对毒品分类分级,也难以对刑罚适用设定科学、明确的标准。毒品犯罪侵害的法益如果继续囿于社会管理秩序,忽视涉案毒品对人身法益的损害,那么必然导致无法对毒品犯罪行为的社会危害性程度进行量化,稳定、可预测的毒品犯罪量刑标准将难以形成,不利于刑罚适用的合理化。从生物学的角度来说,不同毒品对人体产生的危害不同,所造成的健康损害、治安隐患也存在程度上的差别,根据瘾癖性、毒害性及滥用性对毒品进行分类分级,并制定个别化的量刑准则是当今世界的主流做法,毒品犯罪法益论已经走到了亟须修正的历史时刻。

---

[1] 刘建宏主编:《全球化视野下的毒品问题(新禁毒全书)》,人民出版社2014年版,第3页。

本书认为毒品犯罪侵犯的是二元法益，其社会危害性首先在于侵害了吸食者的生命健康权益，并主要通过吸食者吸毒后的违法犯罪行为实现对社会管理秩序的侵害，造成双重法益受损。毒品犯罪的刑罚适用必须首先考量对人体生命健康的损害程度，再综合考虑对社会管理秩序的破坏程度，以毒品的瘾癖性和毒害性作为主要依据，将国民的人身法益置于社会的秩序法益之前，准确评价行为的社会危害性与行为人的人身危险性，在个案中实现刑罚适用合理化。如果继续坚持一元的社会秩序法益论，那么无论毒品数量多少、无论毒品纯度高低，毒品犯罪行为都是对社会管理秩序的侵害，都可以评价为法益受到侵害，刑罚必然会在"零容忍"的导向下走向泛滥和严厉化。例如，有法官认为，毒品犯罪侵犯的客体是国家的毒品管理制度，只要行为人客观上违反了国家的毒品管理制度，就应当认定其行为具有社会危害性，[①] 这种传统认识极可能带来刑罚适用的扩张与升级。在毒品犯罪法益理论的重构过程中，除了考虑对社会管理秩序的维护，还应当强化并前置对国民生命健康的保护，只有如此，刑法第 13 条、第 37 条、第 48 条等总则规定在毒品犯罪中方有合理的适用空间，刑罚适用才能从刑事政策主导转型为刑法教义学指导，告别主观感性走向客观理性。

第二节　立体解释论之提倡

"就刑法解释学而言，毒品犯罪是检验刑法总论原理的极佳素材"，[②] 以刑法教义学来指导刑事司法是刑罚适用合理化的必由之路。"法教义学首先代表一种尊重现行法的态度"，[③] 主张先验性地承认现行立法的完备性，提倡通过解释的方式使成文法条更加具有弹性和张力，以适应不断变化、发展的社会生活情势，而这种弹性和张力并未越过罪刑法定原则的最大边界。在所有诉

[①] 周岸崇：《毒品犯罪死刑案件辩护的几个问题研究》，何荣功等：《毒品类死刑案件的有效辩护》，中国政法大学出版社 2017 年版，第 52 页。
[②] 张明楷：《毒品犯罪专题研究》，载《华东政法大学学报》2020 年第 1 期。
[③] 车浩：《理解当代中国刑法教义学》，载《中外法学》2017 年第 6 期。

讼中，法官的任务都是将客观的法律适用于具体的案件，[1] 对同一法条采用不同的解释方法，可能得出相异的解释结论，因此，构建科学的解释方法论对于毒品犯罪刑罚适用的合理化具有重要的基础性作用。现代社会中，诸如社会、经济、心理、历史和文化等因素以及多元的价值判断，都会影响和决定司法。[2] 这就决定了解释方法不可能是一元的静态平面解释，而应当是多元的动态立体解释。立体解释论，主要包含文义解释、体系解释和目的解释三种方法，其中，文义解释，主要保证解释结论的正当性，使其不超过文义的射程范围；体系解释主要保护解释结论的妥洽性，使其不引发法条的内部冲突；目的解释，主要保障解释结论的合目的性，使其不背离立法的价值初衷。在毒品犯罪司法案件中，通过涵盖正当性、妥洽性、合目的性的立体解释方法论，可以有效确保在理论上得出适当的解释结论，在实践中形成妥当的处理结果，逐步实现刑罚适用合理化、刑事治理优效化。

一、立体解释的文义要素

文义解释是法律解释的最基本方法，而解释都带有某种程度的创造性，[3] 适应时空变迁的文义解释是立体解释论的基础和必要组成部分。在解释法律时最好采取一种更灵活的态度，[4] 如果固守文字的传统含义，那么必然会形成文字无法触及的空白地带，造成刑法规制的真空。例如，在"互联网+"时代对刑法第 91 条、第 92 条"财产"进行解释时，就不应再拘泥于财物的物理形态，而应当适度扩展"财产"的文字张力，将电子形态的虚拟财产纳入刑法意义上"财产"的涵摄范围，以实现公私财产法益的周全保护。对于与毒品犯罪相关的立法条文，我们也应当采用灵活的文义解释方法，切不可将相关条文的意涵锁进"冷冻室"，世界上唯一不变的是世界将永远处于变化中，文字的含义也必然出现扩张与收缩，只要坚守了文字的文义边界，解释结论就不会与罪刑法定原则相抵牾。

一方面，对"毒品"的文义解释应当动态化。首先，刑法第 347 条与

---

[1] [德] 莱奥·罗森贝克：《证明责任论——以德国民法典和民事诉讼法典为基础撰写》，庄敬华译，中国法制出版社 2002 年版，第 1 页。
[2] [美] 博登海默：《法理学：法律哲学与法律方法》，邓正来译，中国政法大学出版社 1999 年版，第 218 页。
[3] 陈金钊：《文义解释：法律方法的优位选择》，载《文史哲》2005 年第 6 期。
[4] [英] 丹宁勋爵：《法律的训诫》，杨百揆、刘庸安、丁健译，法律出版社 1999 年版，第 25 页。

《关于禁毒的决定》第 2 条之间具有继承与被继承的关系,刑法第 347 条在毒品列举中新增了甲基苯丙胺,这本身就是"毒品"文义扩张的表现。其次,刑法中的"毒品"是一个开放性的法律概念,其内涵应当随着禁毒法中的"毒品"概念同步变化,使二者之间保持统一,避免法秩序的冲突。禁毒法第 2 条规定:"本法所称毒品,是指鸦片、海洛因、甲基苯丙胺(冰毒)、吗啡、大麻、可卡因,以及国家规定管制的其他能够使人形成瘾癖的麻醉药品和精神药品",这种"列举+兜底"的立法模式自然决定了刑法中"毒品"概念的弹性,只要是国家列管的具有瘾癖性的麻醉药品、精神药品,即便不在刑法第 347 条、禁毒法第 2 条的列举范围内,也应当评价为刑法意义上的"其他"毒品。最后,我国主要通过《麻醉药品和精神药品目录》《非药用类麻醉药品和精神药品管制品种增补目录》等文件列管相关毒品,而这些文件所列举的毒品种类本身也是变化的。例如,自 2018 年 9 月 1 日起,国家将 4-氯乙卡西酮等 32 种物质纳入《非药用类麻醉药品和精神药品管制品种增补目录》,我国列管的新精神活性物质(New Psychoactive Substances)再次扩容,刑法中"毒品"的文字含义当然也随之涵盖上述 32 种新精神活性物质。因此,对于"毒品"的文义解释不应僵硬化,而应当随着客观情势的变化而动态调整,采用当然解释的演进逻辑,在刑法未明示的情况下,依据形式逻辑、规范目的及事物属性的当然道理,[①]将某些新型毒品置于"毒品"的文义射程之内。司法实践中,对于"笑气""开心水""阿拉伯茶""浴盐"和"彩虹烟"等新型毒品,首先应当鉴别其核心的有毒成分是否已被国家列管,再判断是否属于麻醉药品或精神药品,只要满足上述两个条件,无论毒品的物理形态、化学成分如何伪装、变化,都应将其评价为刑法意义上的"毒品"。

另一方面,对"无论数量多少""不以纯度折算"的文义解释应当实质化。我国刑法对于犯罪一般采用"定性+定量"的立法模式,例如盗窃罪、抢夺罪、贪污罪和侵犯著作权罪等,刑法条文在罪状描述之后设定"数额较大""较重情节""其他严重情节"等入罪的罪量标准,不法行为对法益的侵害只有达到法定程度才会被评价为犯罪。为了彰显从严治毒的坚定态度,刑法对毒品犯罪采用了例外的"定性式"立法模式,分则条文中没有关于罪量要素的具体规定,但是这并不意味着无须考虑罪量要素,更不代表可以从文字形式上理解"无论数量多少"与"不以纯度折算"。毒品犯罪的罪量要素,

---

① 张明楷:《罪刑法定与刑法解释》,北京大学出版社 2009 年版,第 138 页。

根据刑法总则"但书"的规制机能，以隐藏的方式被涵摄在分则罪状之中，发挥限缩刑罚处罚范围的机能。[1] 运用文义解释方法对"无论数量多少""不以纯度折算"进行解释时，在考虑法条用语可能具有的含义时，还必须考虑处罚的必要性，[2] 行为必须具有一定严重程度的值得处罚的违法性，才是值得处罚的。[3] 当前，文义解释应当从形式化走向实质化，重点关注毒品犯罪行为的社会危害性，秉持刑法谦抑性原则，科学诠释"无论数量多少"与"不以纯度折算"的文字意涵，切忌以刑事政策之名将文义解释推向极致化，理性坚守"轻微性原则"，将社会容忍的轻微损害排除在构成要件之外，[4] 只把值得刑罚处罚的行为纳入刑事犯罪圈。

二、立体解释的体系要求

体系解释主张不拘泥于词句的通常含义，提倡根据刑法的系统性、一惯性与上下文逻辑联系对法条进行解释，[5] 能够稳定地确保解释结论与刑法典之间的融洽，最大限度地避免法条的内部冲突与法秩序的混乱，实现解释结论的"最大公约数化"，被誉为"最安全的解释方法"，也是立体解释论中不可或缺的重要方法，对解释结论的妥洽性起着极其重要的保障作用。刑法中关于毒品犯罪的立法条文并非孤独存在，而是在刑法制定过程中，国家基于抗制毒品犯罪的需要而进行的创制，毒品犯罪从创设伊始就是整体架构中的个别存在，一方面，必须接受刑法总则条文的制约，绝不允许出现超越刑法总则的特权；另一方面，当其与其他分则条文发生关联时，例如抢夺、盗窃毒品或故意贩卖假毒品等情形，也必须在刑法的系统框架内作出认定。

（一）总则条文的优先地位

序言、总则、分则与附则共同构成了刑法。其中，总则和分则是核心组成部分，"总则规定犯罪与刑罚的一般原则、原理，分则规定具体的犯罪及其法定刑"，[6] 总则具有统率、规制分则的作用。在刑事司法中维护总则的权威

---

[1] 梁根林：《刑法总论问题论要》，北京大学出版社2018年版，第185页。
[2] 张明楷：《罪刑法定与刑法解释》，北京大学出版社2009年版，第120页。
[3] ［日］大塚仁：《犯罪论的基本问题》，冯军译，中国政法大学出版社1993年版，第120页。
[4] ［德］克劳斯·罗克辛：《刑事政策与刑法体系》，蔡桂生译，中国人民大学出版社2011年版，第31页。
[5] 梁根林：《罪刑法定视域中的刑法适用解释》，载《中国法学》2004年第3期。
[6] 张明楷：《刑法分则的解释原理》，中国人民大学出版社2004年版，第38页。

性、优先性是罪刑法定、罪责刑相适应两大基本原则的必然要求，也是刑事司法统一的基本前提，否则会出现刑法分则中483个罪名各行其是、自成一体的混乱局面。依照法条效力的位阶次序，对分则条文的个别适用不能违背总则的一般规定，如果我们任意允许分则条文"合法"地突破总则的制约，等于是变相删除了总则部分，会使我们的刑法科学倒退几百年，回到"偶然"和"专断"的状态。①

1. "情节显著轻微"的地位明晰

我国刑法对犯罪情节设置了七种情形：情节显著轻微（第13条）、情节轻微（第37条）、情节较轻（例如第233条）、情节严重（例如第253条之一第1款）、情节特别严重（例如第225条）、情节恶劣（例如第236条第3款第1项）、情节特别恶劣（例如第135条），其中前两项是总则的统领性规定，后五项是分则的个别性规定，二者适用的范围存在根本区别，总则部分的情节显著轻微、情节轻微适用于全部的犯罪，而分则部分的其他五种情节仅适用于所在的具体犯罪，不具有跨越法条的一般功能。

犯罪概念由立法定性、司法定量，这是世界各国的主流做法，②而我国采用的是立法"定性+定量"的独特模式，纵观我国刑法分则条文，约有三分之二含有定量因素，另有三分之一不含有定量因素，③走私、贩卖、运输、制造毒品罪即属于不含定量因素的立法。在不含有定量因素的犯罪中，是否只要构成要件齐备即可宣告犯罪成立呢？答案显然是否定的。无论何种罪名，犯罪行为都必须接受刑法第13条"犯罪概念"的检验，首先考察是否具备刑事违法性、社会危害性与应受刑罚处罚性，在符合犯罪的三大基本特征后，还要考量其犯罪情节是否属于显著轻微。因此，"无论数量多少"与"不以纯度折算"只是使行为满足了犯罪构成要件，完成了定性阶段的基本判断，具备了犯罪成立的基本前提，在后一阶段的总则评价过程中，如果行为的社会危害性、应受刑罚处罚性未达到值得刑法介入的程度，或者是犯罪情节显著轻微危害不大的，司法机关仍应当否定犯罪的成立。这种阶梯式的认定路径，既是刑事立法的本然设计，也是保障人权的根本要求。因此，在具体案件中，

---

① ［德］克劳斯·罗克辛：《刑事政策与刑法体系》，蔡桂生译，中国人民大学出版社2011年版，第9页。

② 储槐植、汪永乐：《再论我国刑法中犯罪概念的定量因素》，载《法学研究》2000年第2期。

③ 储槐植、张永红：《善待社会危害性观念——从我国刑法第13条但书说起》，载《法学研究》2002年第3期。

"无论数量多少"与"不以纯度折算"是前置性的个别判断,而"情节显著轻微"是后置性的一般检验,二者之间并非"零和"的二元博弈关系,前者必须接受后者的统摄,后者必须确保个案的公正,避免在"惩罚的冲动"情绪驱使下违背罪责刑相适应基本原则。法无须向不法让步,总则不能对分则退让,总则的弱势与退缩将会带来分则的强势与扩张,总则留下的空白地带也会被各不相同的分则条文割裂支解,如果失去了总则缰绳的牵引,"自由"的分则就可能将我们引入纷乱无序的法治险境。

2."罪行极其严重"的位次示明

"刑法解释具有不同于其他法律解释的特殊性,这是因为刑法关系到对公民的生杀予夺,因而应当严格解释之"①,在从压制型法、国家刑法逐步演进到回应型法、市民刑法的现代转型大背景下,基于罪刑法定、罪责刑相适应基本原则的内在要求,在刑罚适用中对法条进行体系性的严格解释是维护公民权利的重要路径。通过体系性严格解释能够避免对法条的片面理解、机械适用,确保解释结论能够经受情理法的检验,在社会保护与人权保障之间实现平衡。在最为敏感的死刑案件中,尤其要注意维护总则的优先位次,最大化地凸显总则的人权保障机能。

在毒品犯罪死刑适用中,当行为符合刑法第 347 条第 2 款的构成要件后,只是具备了判处死刑的可能性,并非同时成立了个案中死刑的必要性与合理性,死刑适用必须受到"罪行极其严重"的严格限制。司法人员应当慎重阐释刑法第 48 条第 1 款的文义内涵,对"罪行极其严重"作出体系性的严格解释,从社会危害性(行为)和人身危险性(行为人)两个维度来判断是否属于"罪行极其严重",当有一个维度得出否定结论时,即应当排除死刑的适用。类似于"情节显著轻微"之于"无论数量多少","罪行极其严重"之于毒品犯罪死刑条款同样具有不容置疑的统制作用,具有约束分则的天然效力,正因为如此,"罪行极其严重"才成为控制死刑的最后防线。

(二)体系解释的具体展开

刑法本质上是体系性的科学,只有深入观察法律之间的内在联系,刑罚适用才可以摆脱偶然与专断。② 教义学方法是毒品犯罪刑罚适用走向合理化的

---

① 陈兴良:《刑法教义学方法论》,载《法学研究》2005 年第 2 期。
② [德]克劳斯·罗克辛:《刑事政策与刑法体系》,蔡桂生译,中国人民大学出版社 2011 年版,第 5—6 页。

必然路径，而体系解释是合理化的基本前提。体系解释不仅应重视刑法内部的体系协调，还应关注刑法与其他部门法的衔接与融洽，恪守刑法的不得已原则，保持对其他部门法的最大尊重。

1. 刑法内部的体系解释

（1）关于刑罚的启动

第一，"无论数量多少"与"不以纯度折算"的立法出台，有其特定的立法背景与独特的立法原旨。在立法背景方面，刑法边界前移的根本推动力在于毒品需求的持续扩大，在旺盛的市场需求与高额的不法利润的双重刺激下，毒品犯罪必然会不断增加，当毒品犯罪态势已超过原有刑事立法的最大控制范围时，更加扩张、更趋严厉的刑事立法自然产生。刑法对毒品犯罪的介入程度与毒品犯罪的泛滥程度紧密相关，呈现高度正相关，毒品犯罪态势越严重，刑事犯罪圈就越扩张，最终促成"无论数量多少"与"不以纯度折算"的立法规定。在刑法内部的体系解释中，"无论数量多少"与"不以纯度折算"一方面具有自身的独立价值，另一方面又必须服从于刑法的整体价值，自觉接受刑法总则的制约，合理发挥其在打击毒品犯罪中的有益作用，审慎防止解释结论的无益扩张。

第二，"无论数量多少"与"不以纯度折算"本质上是一种宣示性规范，公开示明走私、贩卖、运输、制造毒品的行为是不被刑法允许的，立法原旨主要在于强化刑法作为成文规范的行为指引机能，即国民不得实施该类行为，并为刑罚的不得已适用创设依据，具有丰富而深刻的立法意涵，绝非简单推动刑法的扩张、鼓励刑罚的启动，不能以打击毒品犯罪为单一目的去理解和适用。国家制定刑法并非为了频繁适用，而是为了尽量少动用刑法，国家通过刑事立法划定刑事处罚的边界，以引导和规范国民有效地控制自己的行为，避免触发刑事制裁的启动。"无论数量多少"与"不以纯度折算"是刑法行为规制机能的极致化，立法者的本意主要在于追求犯罪预防的最大化，蕴含着刑期无刑、法出于仁的中国古典法治思想，并非要编织一张无边无隙的刑事法网为刑罚处罚提供合理化依据。在"无论数量多少""不以纯度折算"的理解与适用过程中，法官不能按照法条的字面意思去理解和执行法律，而应当本着法律语言背后的立法原意去行事，[①]并永远牢记——正义总是存在于个别

[①]〔英〕丹宁勋爵：《法律的训诫》，杨百揆、刘庸安、丁健译，法律出版社1999年版，第24页。

的案件中,①在法条解释中配合情势的演变,②避免解释结论的绝对化。我们应当怀着尊敬与善意去理解立法者的意图,采用体系解释的方法来消弭分歧,以刑法教义学的态度展现对成文法条的最大尊重,妥善处理司法实践中的法律适用问题。

第三,"情节显著轻微"是刑法留给毒品犯罪被告人的重要出罪通道。刑法划定人的行为界限,逾越界限的活动,国家也只进行一定程度的干涉,而不能处罚过度,③并非所有的刑事违法行为都需要刑法的干预。刑罚处罚的限度是由总则与分则共同决定的,分则无力也无权独自决定行为的罪与非罪。在毒品犯罪的体系解释中,分则承担入罪的功能,而总则肩负出罪的责任,二者共同掌握着刑法的边界。毒品的三大基本特征在于违法性、毒害性与瘾癖性,毒品无论数量多少、无论纯度高低当然都具备违法性,但是,数量过少、纯度过低的毒品是否具有值得刑法介入的毒害性、瘾癖性,刑罚启动是否符合社会相当性与比例原则,这是司法机关必须审慎以对的重要问题。刑法谦抑性首先要求控制处罚范围,根据刑法的最后法、保障法地位,在刑法与其他法律的交界地带,刑法必须保持沉默与退缩,为其他法律留下足够的空间,并承担最后的兜底责任。相较于其他犯罪,毒品犯罪被告人承担着巨大的道德压力、承受着民众的深恶痛绝、承当着毒品的万般罪恶,面对重刑治毒的社会民意洪流,其人权保障水平在某种程度上成为犯罪人群体中人权保障"木桶理论"最短的那一块木板。比起其他常见犯罪,毒品犯罪更加需要"情节显著轻微"对犯罪圈的控制,更加需要体系解释的教义学方法,刑法第 13 条但书对"无论数量多少"与"不以纯度折算"的限制作用没有弱化与虚无的问题,只有强化与充实的问题。

(2) 关于刑罚的强度

毒品犯罪个案的刑罚适用,除了依据分则的具体法条之外,还必须遵守总则确立的罪责刑相适应基本原则。换言之,罪责刑相适应基本原则必须进入刑罚的个别适用,刑罚适用是一个从分则到总则的体系化过程。根据实证分析,当前我国在毒品犯罪刑罚适用中存在入罪从严、量刑从重、行刑从紧等特征,其中量刑从重化是最直观的体现。刑罚是国家发动的恶害,如果它

---

① [美] 罗斯科·庞德:《普通法的精神》,唐前宏、高雪原、廖湘文译,夏登峻审校,法律出版社 2010 年版,第 32 页。
② [德] 卡尔·拉伦茨:《法学方法论》,陈爱娥译,商务印书馆 2003 年版,第 112 页。
③ 林东茂:《一个知识论上的刑法学思考》,中国人民大学出版社 2009 年版,第 7 页。

应当被允许，那么只能是因为它可能排除更大的恶，[1]刑罚的强度应当与行为对法益的损害程度相适应，任何一个司法官员都不得以热忱或公共福利为借口，增加对犯罪公民的既定刑罚。[2]但是，基于众所周知的原因，部分司法人员在毒品犯罪案件中，并没有严格遵循罪责刑相适应基本原则，境外毒品渗透、国内毒情态势、社会主流民意、从严治毒刑事政策等因素，都在无形中推动刑罚适用走向严厉化，责任刑的基础性地位被相对弱化，预防刑在一些案件中突破责任刑的上限，刑罚个案裁量异化为一次次禁毒法治宣传，被告人在为犯罪行为承担责任的同时，还成为禁毒教育的反面教材，刑法第5条所确立的罪责刑相适应基本原则并未对毒品犯罪的刑罚严厉化起到足够的"退烧"与"刹车"作用。[3]

毒品犯罪侵犯的是二元法益，首先损害国民的身体健康，其次破坏社会的正常秩序。从犯罪机理分析，毒品犯罪中除了引诱、教唆、欺骗他人吸毒罪、强迫他人吸毒罪与妨害兴奋剂管理罪之外，其余罪名并不直接损害毒品施用者的生命健康，而是给毒品滥用创造机会和条件，真正对人体生命健康产生实质危害的是毒品施用者的自愿吸食行为。罪责刑相适应基本原则要求刑罚应当与责任相适应，但部分司法人员在毒品犯罪——尤其是走私、贩卖、运输、制造毒品罪案件中却往往忽视了毒品施用者自身的责任，将所有的罪责归咎于毒品犯罪被告人，并在处罚中附加了额外的一般预防追求，造成刑罚适用的严厉化。毒品的市场需求并非毒品犯罪被告人人为创设，而是毒品施用者群体所共同营造的，毒品对人体生命健康的危害也大部分源自于施用者的自损行为，如果说被告人为毒品滥用创造机会和条件侵害了社会管理秩序，那么毒品施用者对毒品的强烈渴求又何尝不是对社会管理秩序的危害。在毒品犯罪的二元法益损害中，无论是人身法益还是秩序法益，毒品施用者均"功不可没"。由于立法价值取向的缘故，我国并不追究毒品施用者的刑事责任，但这并不代表相应的责任可以转嫁到毒品提供者一方，因此，对毒品犯罪被告人的刑罚适用——不包括引诱、教唆、欺骗他人吸毒罪与强迫他人吸毒罪——必须合理考量毒品施用者自身的责任，这是罪责刑相适应原则在毒品犯罪中的必然要求。

---

① ［英］杰里米·边沁：《道德与立法原理导论》，时殷弘译，商务印书馆2000年版，第216页。
② ［意］贝卡利亚：《论犯罪与刑罚》，黄风译，中国法制出版社2005年版，第13页。
③ 刑法第5条规定："刑罚的轻重，应当与犯罪分子所犯罪行和承担的刑事责任相适应。"

是故，在毒品犯罪的刑罚适用过程中，应当高度重视体系解释的教义学方法，充分发挥罪责刑相适应基本原则对刑罚强度的制约作用，使刑罚适用回归到总则、分则共同调控的正常状态，准确量定被告人的责任，冷却愤怒的情绪、去除额外的追求、避免片面的苛责、防止过度的惩罚，使刑罚适用受到总则条文的严格制约，通过体系解释的方法促进刑罚适用回归理性、迈向合理。

2. 刑法外部的体系解释

体系解释还应超越刑法自身的单一维度，关注整体法秩序的统一和有序。我国以刑法、治安管理处罚法、禁毒法为核心，辅以其他毒品管制条例等规范，构建了多元一体的禁毒法律体系。但由于立法主体、立法时间、立法目的、立法层级等方面的差异，这些规范之间存在一定程度的冲突。对刑法个别法条的解释，应当重视存在于其他法律规范中的相关条文，防止刑法解释结论与其他相关条文产生冲突，这是体系解释中更高位阶、更深层次、更广视野的要求。根据刑法内部的体系解释，对于毒品数量过少、毒品纯度过低的走私、贩卖、运输、制造毒品案件，应当援引但书之规定予以出罪，按照惯常的"出刑入行"处理原则，可以视情形予以行政处罚。但是，行政处罚却一度陷入"无法可依"的窘境，2006年3月1日生效施行的治安管理处罚法第71—73条并未就走私、贩卖、运输、制造毒品的违法行为作出专门规定，[①] 仅将非法种植罂粟、非法持有少量毒品、向他人提供毒品、吸食、注射毒品等违法行为纳入处罚范围，没有与刑法第347条形成对位衔接。如此一来，走私、贩卖、运输、制造毒品的违法行为一旦出罪，由于缺乏科以行政处罚的法律依据，行为人将很可能逃脱一切强制性的国家制裁。正因如此，理论界与实务界面对行政法保护的空白化，只能将"无论数量多少"与"不

[①] 治安管理处罚法第71条规定："有下列行为之一的，处十日以上十五日以下拘留，可以并处三千元以下罚款；情节较轻的，处五日以下拘留或者五百元以下罚款：（一）非法种植罂粟不满五百株或者其他少量毒品原植物的；（二）非法买卖、运输、携带、持有少量未经灭活的罂粟等毒品原植物种子或者幼苗的；（三）非法运输、买卖、储存、使用少量罂粟壳的。有前款第一项行为，在成熟前自行铲除的，不予处罚。"第72条规定："有下列行为之一的，处十日以上十五日以下拘留，可以并处二千元以下罚款；情节较轻的，处五日以下拘留或者五百元以下罚款：（一）非法持有鸦片不满二百克、海洛因或者甲基苯丙胺不满十克或者其他少量毒品的；（二）向他人提供毒品的；（三）吸食、注射毒品的；（四）胁迫、欺骗医务人员开具麻醉药品、精神药品的。"第73条规定："教唆、引诱、欺骗他人吸食、注射毒品的，处十日以上十五日以下拘留，并处五百元以上二千元以下罚款。"

以纯度折算"的解释推向极致，例如有学者指出"零星贩毒者一律构成犯罪，不存在任何网开一面的特殊情况"，① 以牺牲刑法总则但书的制约作用为代价，去契合行政法的相关规定，弥合刑法与行政法的缝隙，形成某种"特殊"的法秩序统一。

如果说刑法与治安管理处罚法就走私、贩卖、运输、制造毒品的处罚问题达成了某种共识，那么 2008 年 6 月 1 日生效实施的禁毒法则打破了这种默契与平衡，禁毒法第 59 条将尚不构成犯罪的走私、贩卖、运输、制造毒品行为，正式纳入治安管理处罚的范畴。禁毒法的这一规定引发了新一轮的法律冲突与法理悖论。一方面，若无条件遵循"无论数量多少"与"不以纯度折算"，那么将完全封闭走私、贩卖、运输、制造毒品行为的出罪之路，禁毒法第 59 条会嬗变为缺乏适用空间的"装饰性"条款，彻底丧失立法价值；另一方面，如果援引刑法第 13 条但书作非罪化处理，继而依照禁毒法第 59 条将走私、贩卖、运输、制造毒品的行为导入行政处罚的轨道，则可能引起"放纵"毒品犯罪的问题，因为治安管理处罚法中并没有专门针对走私、贩卖、运输、制造毒品的条文规定，治安管理处罚将陷入启动有据、罚之无凭的尴尬境地。

通过立法修正来解决法律之间的脱节，总是最便捷、最彻底的方式，为此，有学者提出了修法两阶段论，一是删除刑法分则中毒品犯罪"零门槛"的条文，为行政处罚留下合理空间；二是在《治安管理处罚法》第 72 条中增设对走私、贩卖、运输、制造毒品行为的处罚规定，以激活"有据无凭"的行政处罚。本书认为，立法修正是一个较为复杂、漫长的社会工程，涉及法制体系的衔接、治理方式的选择、社会资源的分配、各方利益的权衡等重大问题，几乎不可能在短期内完成。现阶段，应当充分运用体系解释的教义学方法，理性分析、审慎处理禁毒立法的脱节问题。第一，从刑法与禁毒法之间关于走私、贩卖、运输、制造毒品行为处罚范围的规定冲突来看，已经体现出分而治之、分层处理的立法初衷。禁毒法是国家关于毒品问题治理的专项立法，更能体现国家治理毒品问题的基本态度，因此，刑罚极致化并非立法机关的本意，对刑法"无论数量多少"与"不以纯度折算"的解释应当保持克制。第二，从禁毒法与治安管理处罚法之间的脱节来看，立法机关出现了一定程度的"立法疏漏"，在出台禁毒法（新法）的同时，没有对治安管理

---

① 高铭暄、马克昌主编：《中国刑法解释（下卷）》，中国社会科学出版社 2005 年版，第 2428 页。

处罚法（旧法）的相关条文进行配套修正，导致两部法律之间无法形成有效衔接，新法的规定在旧法中没有落脚点。法律不发出不可能的命令，因为不可能执行的命令绝不会改变人们的行为，①在缺乏治安管理处罚依据的情况下，禁毒法第 59 条必将形同虚设，不会对走私、贩卖、运输、制造毒品的行为人产生实质性的惩治、预防作用，这种窘境是司法机关、行政部门无法解决的立法问题。第三，在公权力的运行过程中，尤其是涉及减损公民的个人权益时，我们应当坚持"法无授权皆禁止"原则，对于没有作为犯罪处理的走私、贩卖、运输、制造毒品的不法行为，亦不得以同一理由给予治安管理处罚。虽然从朴素的法情感而言，看似放纵了毒品犯罪、恶化了毒情态势，但这一无奈局面不能归咎于行为人，而是源自立法机关自身的疏漏，由此产生的所谓"利益"只能归属于行为人，这是现代法治精神的基本要求。第四，按照当然解释的教义学方法，对于在走私、贩卖、运输、制造毒品的过程中非法持有毒品的行为，可以依照治安管理处罚法第 72 条给予治安管理处罚。在走私、贩卖、运输、制造毒品案件中，处罚行为人非法持有毒品的违法行为并无不妥。一方面，由于具有禁毒法第 59 条的立法根据，因此不属于人为扩大处罚范围，不存在类推解释的问题；另一方面，这种处理方式能够避免禁毒执法中的漏洞，否则，任何一名违法者都可以通过编造贩卖意图来逃避行政处罚，实践中的单纯持有行为将不复存在。对于在治安案件中查获的毒品等违禁品，公安机关还应当依照治安管理处罚法第 11 条予以收缴，②实现对行为人、违禁品的妥当处理。第五，治安管理处罚法中专门条文的立法缺位，不能成为阻却刑法但书适用的理由。刑法具有独立的法律品格与独特的价值追求，以治安管理处罚缺位为由一概启动刑罚制裁，不仅是一种非理性的、前现代的刑事政策方法论，更是一种逾越罪刑法定基本原则的社会治理方式，刑法无条件地成为治理毒品问题的兜底手段，实非法治之幸、社会之福。

（三）体系解释的冲突消融

基于犯罪的复杂性，刑法分则在总则的一般性规定之外，另行设置了诸多特别条款，关于如何处理总则与分则的冲突，学界存在总则位阶优越说、

---

① ［美］理查德·A. 波斯纳：《法律的经济分析》，蒋兆康译，中国大百科全书出版社 1997 年版，第 345 页。
② 治安管理处罚法第 11 条规定："办理治安案件所查获的毒品、淫秽物品等违禁品，赌具、赌资，吸食、注射毒品的用具以及直接用于实施违反治安管理行为的本人所有的工具，应当收缴，按照规定处理。"

特殊法条优先说等争论，并未形成较为统一的认识。本书认为，原则上总则条文具备更优越的效力位阶，分则一般情况下应保持对总则的尊重与服从，但是，总则与分则之间的冲突不能用绝对的"一刀切"方式处理，而应当以总、分则所分别保护的法益之位阶为标准，具体判断总、分则之间的优先关系，在个别情况下允许分则为了更高位阶的法益保护而"超越"总则。

刑法第383条第4款[①]设立的终身监禁制度、第449条[②]设立的战时缓刑制度，在总则中均无依据，终身监禁不属于我国正式的主刑、附加刑，战时缓刑也与我国"罪之确定、刑之犹豫"的基本缓刑制度相冲突，但是，我国刑法理论与司法实践均认可终身监禁与战时缓刑的特殊性。有学者据此认为，立法机关在创设特殊条文之始就赋予其相应的优先效力，这是立法者对刑法总则的个别修正，如果要求分则条文必须无条件服从总则，那么特殊条文就失去了创设的必要。本书认可终身监禁、战时缓刑的特殊性，承认其"脱离"总则的合理性，但理由并非简单的特殊法条优先原则。让我们先审视终身监禁、战时缓刑所保护的法益：第一，终身监禁制度是死刑立即执行的替代措施，是一种与现有的死缓有别的死刑执行方式，[③]严厉性介乎于死刑立即执行与死刑缓期执行之间，是对贪污罪、受贿罪被告人生命权的最后保护；第二，战时缓刑制度着眼于战争的胜利，以"罪之消灭"来激励受刑人戴罪立功，尽最大可能调动一切参战人员的积极性，[④]以维护国家主权和领土完整。显而易见，终身监禁保护的是受刑人的终极人权——生命权，战时缓刑着眼于国家的重大利益——战争胜败，分则条文对总则的某种"超越"并非基于特殊法条优先原则，而是因为分则条文保护了更为优越、更为重大的法益。同理，在"无论数量多少""不以纯度折算"与"情节显著轻微"的冲突中，前者着眼于保护社会，后者立足于保障人权，人权保障是现代刑法的首要任务，社会防卫必须建立在人权保障的基础之上，因此，在这一维度的总、分则冲突中，总则保护的法益更为优越，分则不能"挣脱"总则的制约，刑法解释不

---

① 刑法第383条第4款规定："犯第一款罪，有第三项规定情形被判处死刑缓期执行的，人民法院根据犯罪情节等情况可以同时决定在其死刑缓期执行二年期满依法减为无期徒刑后，终身监禁，不得减刑、假释。"

② 刑法第449条规定："在战时，对被判处三年以下有期徒刑没有现实危险宣告缓刑的犯罪军人，允许其戴罪立功，确有立功表现时，可以撤销原判刑罚，不以犯罪论处。"

③ 黎宏：《终身监禁的法律性质及适用》，载《法商研究》2016年第3期。

④ 冉巨火：《战时缓刑制度若干争议问题研究》，载《河南省政法管理干部学院学报》2011年第3期。

能逆人权保障的终极目的而为。

通过法益位阶优越性标准的构建，可以妥善应对总则与分则之间的分歧，无论得出何种结论，均能实现理论自立、逻辑自洽，在体系解释的框架内消融法条的内部冲突，以"情节显著轻微"来限制"无论数量多少"与"不以纯度折算"的扩张，科学划定刑法的边界、理性克制刑罚的"冲动"，在毒品犯罪刑事司法中实现刑法从工具主义向人本主义的现代转型。

三、立体解释的目的要旨

目的解释方法并不是孤立的解释方法，在解释活动中它更像是一个应该被解释者认真考虑的因素之一，[①]与其他解释方法贯通运用。"目的解释是指根据刑法规范所要保护法益的目的或实现的宗旨而作出的解释"，[②]被誉为"最终极的解释方法"，当其他解释方法无法得出妥当结论时，应当沿着目的解释之路径去找寻合理的答案。"法律的制定者是人不是神，法律不可能没有缺陷"，[③]法律解释将与法条的存续相生相伴，一旦停止了解释，法条也就失去了生命力。刑法从诞生之日起即以保护法益为目的，并兼具保护社会与保障人权两大机能，目的解释并不以探求立法者的立法原意为目标，而是要求解释者走到法律条文的背后去探寻立法者立法之时所欲达到的目的。追寻立法原意着眼于回溯过往，探寻立法目的注重于面向未来，目的解释以前瞻性的视野来保证解释结论与社会发展相适应，避免死抠字眼的刻板解释。

"刑法的本质机能又称为规制机能，是对一定的犯罪、预告施加一定的刑罚，由此来明确国家对该犯罪的规范性评价。"[④]在毒品犯罪中，刑法的立法目的既包括维护社会管理秩序，也包括保护国民生命健康，其中保护国民生命健康是主要目的。在对"无论数量多少""不以纯度折算""罪行极其严重"以及刑法第 347 条第 4 款"情节严重"等容易出现理解分歧的条文进行解释时，必须围绕保护国民生命健康这一主要立法目的展开，保持刑法的可适用性与刑罚适用的合目的性。[⑤]刑法的立法目的是和行政法形成处罚范围上的

---

① 陈金钊:《作为方法的目的解释》，载《学习探索》2003 年第 6 期。
② 肖中华:《刑法目的解释和体系解释的具体适用》，载《法学评论》2006 年第 5 期。
③ 张明楷:《刑法格言的展开》，北京大学出版社 2013 年版，第 8 页。
④ [日] 西原春夫:《刑法的根基与哲学》，顾肖荣等译，中国法制出版社 2017 年版，第 62 页。
⑤ 梁根林:《刑法总论问题论要》，北京大学出版社 2018 年版，第 113 页。

衔接，视情形、分情况对涉毒不法行为给予处罚，并非要用刑罚处罚来替代行政处罚，更不是要完全覆盖、架空行政处罚。罪量因素是区分刑事犯罪与行政违法的核心要素，二者在行为外观上是基本一致的，对社会管理秩序的侵害也是同"质"的，很难进行量上的比较，如果将维护社会管理秩序作为首要甚至是唯一的立法目的，那么必然导致解释结论偏离立法者的本意，不法行为在同时构成刑事犯罪与行政违法时，都会被优先纳入刑罚处罚的范围。只有将保护国民生命健康与维护社会管理秩序作为立法目的，沿着这一双重立法目的对法条进行解释，方能得出"无论数量多少""不以纯度折算""罪行极其严重"以及"情节严重"等词句的真实含义，确保刑法介入、刑罚适用的正当性、合理性。

第三节　刑罚市场论之提议

毒品是一个复杂的事物，既是医学意义上的药品，也是社会学意义上的商品，这两种属性都是影响刑罚适用的重要因素，但是，现有的刑罚适用理论更为关注毒品在医学意义上的瘾癖性、毒害性，对毒品的市场规律、商品属性却重视不足，缺乏融合毒品市场规律与刑罚适用规律的一体化研究。离开了对毒品市场规律的科学分析、理性认知，刑罚适用很可能走上一条劳而少用、厉而少功的低效之路，甚至有悖离毒品犯罪生成机理的危险，从严治毒刑事政策反而成为催生毒品犯罪的助推器。在毒品犯罪刑罚适用理论的建构中，我们要克制对毒品犯罪的感性痛恨，强化对毒品犯罪行为人的人性关怀，加强对毒品犯罪规律的理性分析，特别要遵循毒品犯罪生成的市场规律，在刑罚适用中重视对非法市场的打击与削弱，促进刑罚在市场规律的基本框架下有序、有度、有效运作，并全面融入毒品犯罪综合治理体系，与其他治理措施聚合出最佳合力。

一、市场规律的理性揭示

在市场经济中，一切产品与服务都可能成为商品，都必须通过市场交换才能进入消费环节，①毒品亦是如此。综合运用法学与经济学的分析方法，毒品可以被评价为一种非法的商品，这种特殊的商品一方面遭到法律的否定，另一方面又受到市场的支配，刑罚适用必须引入市场维度的考量，才能实现合理化。

第一，毒品犯罪的根源在于市场需求，市场需求的规模决定了毒品犯罪的规模。供需关系是市场经济的基本要素，毒品原植物的非法种植与毒品的走私、贩卖、运输、制造等都属于市场供应链条的范畴，其最终目的都是促进毒品消费，并从毒品施用者手中实现不法获利。资本只会投向有利润的地方，供应只会面向有需求的市场，据国家禁毒委员会发布的《2018年中国毒品形势报告》显示，截至2018年底我国有吸毒人员240.4万名，这部分人员加上难以统计的隐形吸毒人员共同构成了毒品市场的买方，全部买方人员年度毒品需求的总和构成了我国毒品需求的基本量，再综合计算当年度新增人员的需求量与戒断人员的减少量，可大致得出单位年度我国毒品市场的基本需求规模。现阶段，虽然我们不具备准确计算毒品需求总量的能力，但是这一数据却客观而真实地存在于毒品市场之中，并且决定了目前我国毒品犯罪的基本规模，刑罚的适用可以在某一时间、某一场域控制毒品的供应、压制毒品的交易，但无法消除吸毒者对毒品的本源性需求，还会迫使吸毒者另辟蹊径去获取毒品，单纯适用刑罚对市场需求几无创伤。综合分析《2017年中国毒品形势报告》与《2018年中国毒品形势报告》提供的数据，可以进一步印证需求规模与犯罪规模之间决定与被决定的关系，2017年全国有吸毒人员255.3万名，破获毒品刑事案件14万起，抓获毒品犯罪嫌疑人16.9万人，缴获各类毒品89.2万吨；2018年全国有吸毒人员240.4万名，破获毒品刑事案件10.96万起，抓获毒品犯罪嫌疑人13.74万人，缴获各类毒品67.9万吨。上述各项评价指标中，吸毒人员数量是具有决定作用的基础性数据，市场需求的削弱自然带来犯罪数量的减少与毒品数量的降低。

第二，毒品的价格包括生产成本、风险成本与不法利润三部分，刑罚适用之目的主要在于提高风险成本。毒品的生产成本包括种植、制造、运输、储存等成本，在一定的市场环境、技术条件下是可预测的，由于生产成本最终都会由毒品施用者承担，因此生产成本的起落涨跌不会对毒品犯罪的生成产生实质性影响，风险成本与不法利润才是影响毒品犯罪生成的关键因素。

---

① 张素芳：《价值规律是支配市场经济分配的客观规律》，载《经济学家》2001年第6期。

一般来说，风险成本与犯罪生成呈反相关关系，不法利润与犯罪生成呈正相关关系，风险越大犯罪越少、利润越高犯罪越多。与其说高额利润是毒品犯罪的主要动机，不如说逃脱处罚的侥幸心理才是驱使不法分子铤而走险的关键因素。风险成本主要源自于国家的执法活动，小部分来自于非法市场中的"黑吃黑"，风险的大小不在于刑罚的严厉性而在于刑罚的必定性，当风险成本达到极致（即犯罪黑数归零）之时，无论不法利润如何膨胀，都鲜有人会以身试法。

第三，打击供应会造成毒品价格上涨，但无法控制、萎缩市场需求。打击毒品供应是世界各国治理毒品问题的常用措施，不仅能够在短期内取得较为显著的临时效应，还迎合了从严治毒的社会一般观念，长久以来为各国所推崇，甚至被某些毒情严重的欠发达国家作为毒品问题治理的唯一举措。基于毒品对施用者"生理＋心理"的双重控制，以刑罚处罚的方式切断毒品供应难以对买方需求产生实质性影响，毒品施用者的消费行为是一种身不由己的本能选择，绝非刑罚可以压制甚至是消除。特定时空环境下的严格执法会造成当时当地的毒品供应不足，当市场需求大于市场供应时，必然带来毒品价格的上涨，反而逆向促进了毒品犯罪利润空间的增大，巨额利润必然会驱使毒品犯罪分子迅速填平市场供应的洼地，当毒品市场恢复往常供应量后，先前的刑罚效果将被冲淡直至消弭。对毒品供应的严厉打击会削弱但是不会断绝毒品供应，而且某一类毒品供应的减少还可能迫使滥用者转向另一种毒品，[①]毒品需求的规模仍将保持大致稳定，这是刑罚适用必须正视的市场客观规律。

二、犯罪行为的市场评价

毒品市场运行一般分为生产、运输、分装、销售和消费等环节，虽然各个环节对社会管理秩序的侵害是同质的，但是对毒品市场的"贡献"与"加功"却有着显著的差别。毒品犯罪行为的社会危害性必须被置于市场环境之中，才能得到准确衡量，市场推动力的有无、大小是判断不法行为罪与非罪、罪重与罪轻的必备要素，由此也必然带来刑罚适用的差异。

走私、贩卖、运输、制造毒品中，四种行为对市场的"贡献"作用应分为三个梯次。第一，走私与制造行为的市场"贡献率"最大。制造促使毒品

[①] 翟帆：《二十世纪美国毒品政策的演变》，上海科学院出版社2017年版，第78页。

从无到有，走私（输入型）造成毒品总量增加，二者直接增加了我国毒品市场的供应量，既可以被用于满足现有滥用者的吸食之需，也可能被用于发展新的吸毒者，对市场运转的维系作用明显大于贩卖与运输。第二，贩卖行为的市场"贡献率"次之。通过贩卖行为，毒品从销售者转移至吸毒者，并进入最终的消费环节，实现对人体生命健康的实质侵害。贩卖行为虽未直接增加供应，却直接促进消费，对毒品市场的持续运转"功不可没"。前一个消费行为的结束，也意味着后一个供应行为的开始，毒品供应与毒品消费如此循环往替、周而复始。第三，运输行为的市场贡献率最小。运输既不增加市场供应，也不直接促进毒品消费，仅在生产与消费之间起到桥梁作用，将毒品从走私、制造环节推进至贩卖环节，为完成交易创造条件。虽然刑法将四种行为并列归入同一法条，但四者的市场贡献率显著不同，刑罚适用绝不可等量齐观，尤其是运输行为的市场贡献作用不应被过度拔高。

三、刑罚适用的市场考量

毒品是一种非法的商品，从生产到消费的全过程都处于市场规律的支配之下，但刑罚却无法介入毒品市场的每个运行环节，仅能对市场供应产生一定的影响，因此，以刑治毒的功效注定是有限的。一方面，我们对刑罚的期望值不能过高，刑罚是治理毒品犯罪的重要措施，但不是主要手段；另一方面，刑罚适用要遵循市场规律，尽最大可能去创伤暗黑隐蔽的毒品市场，激发出最佳的刑罚效果。

控制市场供应关键在于惩治毒品供应的源头环节，即打击走私、制造毒品的行为。制造毒品主要体现为提炼、配制、合成、加工毒品的行为，"其本质是使毒品从无到有地产生、增加毒品的危害性"。[①] 走私毒品一般具有集团性、隐蔽性、批量性等特征，并且与洗钱、暴恐等非法活动紧密相关，能够在短时间内急剧增加输入地的毒品数量。制造、走私行为是毒品供应的源头环节，会增加特定区域内待售毒品的实际存量，在毒品已经进入待售市场的情况下，通过刑事司法手段从严惩处后续的贩卖、运输行为，虽然能够降低毒品交易的成功几率，但是也会倒逼贩毒者与购毒者采用更为隐秘的方式完成交易，庞大的犯罪黑数将维系毒品市场继续运转，刑罚对毒品犯罪的治理效果注定有限。进言之，如果毒品市场的上游供应充足，那么吸毒者必然会

---

① 高艳东：《制造毒品罪疑难问题之解析》，载《江西公安专科学校学报》2004年第2期。

穷尽一切方法与贩毒者完成交易，下游的吸食行为很难得到有效控制。当市场供应处于常态化的高度紧张时，长期性的毒品总量不足会迫使部分滥用者主动减少用量、寻求戒治，虚弱的市场供应也无力发展和支撑新的滥用者，再施以宣传教育、脱毒治疗、技能培训等综合治理措施，市场需求的总体规模会得到逐步控制。因此，从毒品市场的运行逻辑出发，制造、走私毒品应当成为打击的重点，虽然彻底切断毒品供应是天真的幻想，但有效控制毒品供应是切实可行的，在其他犯罪情节基本一致的情况下，对走私、制造毒品罪的处罚一般应重于贩卖、运输毒品罪。

运输行为本质上是走私、贩卖、制造行为的组成部分，市场贡献作用最小但法律风险最高。运输毒品一般表现为三种样态：（1）走私、贩卖、制造者自行运输毒品；（2）行为人在主观明知下帮助走私、贩卖、制造者运输毒品；（3）走私、贩卖、制造者利用行为人的不明真相，为其运输毒品[1]。第一种样态中，运输作为手段行为被走私、贩卖、制造所吸收，无须单独评价；第二种样态中，行为人构成走私、贩卖、制造者的共犯，但由于隐藏在幕后的正犯难以查证，司法实践中一般将上述帮助者认定为运输毒品罪的正犯；第三种样态中，基于运输者缺乏主观上的认知与罪过，属于被蒙蔽、被利用者，一般不宜认定为犯罪。因此，司法实践中标准的运输毒品罪应当是行为人在主观明知状态下，帮助走私、贩卖、制造者运输毒品的情形。相较于相对静止的制毒、售毒、吸毒行为，通过陆海空等方式使毒品发生位置移动的运输行为更具法律风险，行为人在毒品交接的各个环节更容易遭到查处。在运输毒品案件中，毒品一般不属于运输者所有，运输者客观上提供的是一种市场"劳务"，按照雇主的要求进行毒品转移，对毒品来源知之甚少，对毒品去向也无实质决定权，仅根据"上峰"的指令完成运输行为。从市场贡献来看，运输行为对毒品市场的加功作用明显小于走私、贩卖和制造行为，而且具备高度的可替代性，隐藏在幕后的毒品所有者——尤其是毒品犯罪集团——为了规避法律风险会不断更换一线运输者，运输者在犯罪链条中处于明显的弱势和被支配地位，同时也最可能受到查处。部分司法人员在无法查明幕后主使者时，往往将所有罪责归咎于运输者并施以严刑重罚，运输者完成了毒品市场运转中的一个非决定性环节，却要承担整个市场运作的全部责任，市场贡献与刑罚强度严重偏离。因此，基于对毒品市场的实际贡献作

---

[1] 赵秉志、肖中华：《论运输毒品罪和非法持有毒品罪之立法旨趣与隐患》，载《法学》2000年第2期。

用，刑法不应将惩治的重心瞄向运输者，刑罚强度必须受到严格控制，尤其是在无法查明幕后主谋的情形下——相当一部分情况如此——司法人员更应当理性对待、审慎处理运输者，充分发挥从犯、自首、立功、坦白、认罪认罚、初犯等法定、酌定情节的调节作用，避免刑罚适用过于严厉。现实生活中的毒品运输者，大多是社会竞争的失意者，为了微薄的佣金甘受驱使、铤而走险，我们应当合理衡量其罪行与责任，不能再让他们成为毒品犯罪的最大"买单者"。

综上，为了提高毒品犯罪刑事治理的实际效果，刑罚适用模式必须与毒品市场规律形成更高程度的契合，一方面，司法人员应当深刻认识毒品市场的运行规律，准确评价不同行为类型对毒品市场的"贡献"作用，在市场维度下考虑具体案件的刑罚适用；另一方面，司法机关应当集中有限的刑法资源，重点打击维系毒品市场运转的关键环节，充分发挥刑罚在阻截供应、控制消费中的积极作用，将刑罚融入社会综合治理体系，逐步实现对毒品市场的深层次治理。

第四章
毒品犯罪刑罚适用的政策归正

刑事政策的目的是预防、惩治和控制犯罪,[①]其中,犯罪预防是现代刑事政策的"本质"与"核心",[②]因此,无论是宽严相济的基本刑事政策,还是从严治毒的具体刑事政策,其根本的价值追求都在于预防犯罪,绝非片面注重对刑事犯罪人的苛责与报应。一段时间以来,相当一部分司法人员过度重视从严治毒刑事政策的报应侧面,较为普遍地忽视了更为本质的预防侧面,并且将"严"误解为刑罚的严厉性,导致刑事政策在运行过程中偏离了本初意涵,刑罚适用付出了高昂成本,但没有收获理想中的禁毒效果。

第一节 从严厉回归严密

从严治毒刑事政策的萌发、形成与巩固,有其特定的历史必然性、现实必需性,从目前的毒情态势判断,从严治毒刑事政策在今后相当长一段时期

[①] 刘仁文:《刑事政策初步》,中国人民公安大学出版社2004年版,第29页。
[②] 王牧、赵宝成:《"刑事政策"应当是什么——刑事政策概念解析》,载《中国刑事法杂志》2006年第2期。

内，仍将是我国毒品犯罪治理的主导性刑事政策。对从严治毒刑事政策的理解与贯彻，不能再局限于从严惩处的传统认知，而应当回归政策的本初意涵，以刑罚严密性（即必定性）来取代刑罚严厉性，使刑罚严密性成为从严治毒刑事政策的首要特征，最大化地压缩犯罪黑数、压制侥幸心理，同时在特定情形下保留刑罚严厉性，以"强化严密""保留严厉"的二元方式推动毒品犯罪的刑事治理。

一、淡化刑罚的严厉性

从严治毒刑事政策的萌发、形成与巩固，均源自严峻复杂的毒品犯罪态势，目前，已为刑法理论与司法实践所广泛接受。在从严治毒刑事政策的理解与贯彻上，传统观点认为"严"主要强调刑罚的严厉性，因为毒品不仅会严重损害滥用者的身心健康，还可能诱发各种次生犯罪，危害公共安全、破坏社会秩序、引发道德沦丧，造成难以估量的经济损失。而且，刑事立法将贩卖毒品罪与故意杀人罪同时纳入《刑法》第 17 条第 2 款，这也说明毒品犯罪是最严重的刑事犯罪之一，因此，从严治毒刑事政策的初衷是倡导刑罚的严厉性，司法机关应当站在国家兴衰、民族存亡、社会安定、人民福祉的高度，从重从严惩处毒品犯罪分子。实践中，各地司法机关普遍认同这一传统观点，将刑罚严厉性理解为从严治毒刑事政策的本质内涵，并据此对毒品犯罪分子从严惩处，非监禁刑占比过低、量刑起点设定较高、累犯再犯同时适用、重刑比例相对较高等，都是最直接、最直观的"从严"体现。

本书认为，刑罚严厉性虽然可以形成对毒品犯罪的短时间压制，但是难以实现对毒品犯罪的有效控制与长效治理，片面的从严打击、从重处罚是对政策初衷的严重误读，严刑重罚的实际功效远低于我们的预期，而负面作用却远超过我们的想象。现阶段，各地司法机关在理解与贯彻从严治毒刑事政策的过程中，应当理性认识严刑重罚的自身缺陷，合理淡化刑事政策的严厉趋向。

第一，缺乏刑罚必定性的支撑，再严厉的刑罚也无法抑制犯罪人的侥幸心理，更难以遏制毒品犯罪的滋生蔓延。毒品犯罪与具有诱发作用的外部环境具有高度相关性，如果大量的毒品犯罪得不到及时惩治，那么它们就会嬗变为一扇扇破窗，暗示与激励潜在的犯罪人，增加人们对犯罪的恐惧、导致社会控制力减弱,引发更加严重的无序与犯罪。① 正如被称为终极赌局的"俄罗斯轮盘",即便游戏以不可逆转的生命作为赌注,但由于存在高度的不确定性与侥幸心理,仍不乏敢于一试的冒险者。既然在缺乏必定性的情况下,生命都可能被不法者作为冒险的资本,那么在刑罚阙如性与利润确定性之间,自然值得一赌,毒品犯罪也因此久禁不绝。

第二,过分强调刑罚的严厉性,有侵犯人权之嫌。在现代法治国家,人是目的而不是实现某种目的的手段,刑法是全体国民自由、幸福的终极保障,任何一种刑事政策都不可能以牺牲人权为代价来追求社会保护,也不会增加犯罪行为的社会危害性,刑事被告人的罪责不应当因为刑事政策的变化而波动。徒增刑罚严厉性显然与刑法的人本主义价值相违背,"人"异化为禁绝毒品的手段,而不再是禁绝毒品的目的,理性的政策制定者绝不会作出这种价值颠倒、本末倒置的错误导向。

第三,片面强调刑罚的严厉性,不符合刑法谦抑性原则,是一种非现代的治理模式。刑法谦抑性原则是近现代刑法的根本原则,主要包括刑法的补充性、片段性和宽容性,② 是刑法告别野蛮、暴戾走向文明、理性的重要标志。刑罚是法治国家所能合法施加给国民的最强烈的痛苦,应当保持最大限度的克制,只有当行为越过了其他所有法律的控制边界之后,方能进入刑法的视野。在刑法体系内,"在可以控制处罚程度的情况下应尽量控制处罚程度",③ 刑罚的强度只要足以阻止人们犯罪就够了,④ 多余的刑罚将变成非正义的刑罚。在犯罪论上,谦抑性意味着"只限于在必要的不得已的范围内才应该适用刑罚";⑤ 在刑罚论上,谦抑性代表着如果更轻缓的处罚能够实现刑罚之目的,那么更严厉的刑罚措施应当被排除。将从严治毒刑事政策中的"严"片面理解为刑罚严厉性,不仅与刑法谦抑性原则直接抵触,也和刑罚轻缓化的现代潮流背道而驰,"厉"字当头的刑罚不是对社会的保护,而是对国民的伤害,将把毒品犯罪被告人推向主流社会的对立面,使他们的社会复归可能性变得更加渺茫,并很可能从此陷入循环犯罪的无尽深渊,这绝非从严治毒刑事政策的本意。

---

① 李本森:《破窗理论与美国的犯罪控制》,载《中国社会科学》2010年第5期。
② 马克昌:《危险社会与刑法谦抑原则》,载《人民检察》2010年第3期。
③ 张明楷:《刑法格言的展开》,北京大学出版社2013年版,第482页。
④ [意]贝卡利亚:《论犯罪与刑罚》,黄风译,中国法制出版社2005年版,第59页。
⑤ [日]大塚仁:《刑罚概说》,冯军译,中国人民大学出版社2003年版,第24页。

二、强化刑罚的严密性

一段时期以来，各地司法机关在对从严治毒刑事政策的理解与贯彻过程中，存在不同程度的严厉性有余而必定性不足的战略错位，大量的司法资源被用于严惩已被查处的毒品犯罪，而数量庞大的犯罪黑数却鲜有人问津。"严密刑事法网是控制犯罪的基本需要"，[1] 刑罚必定性不仅关乎刑法的威严与公信，更关系到犯罪治理中的"刑罚有效性"，"国家不可能也不应该指望通过重刑而不顾刑罚的确定性来获得预期刑罚效益"。[2] 基于毒品犯罪的高度隐蔽性与严重危害性，允许对毒品犯罪采用诱惑侦查手段（机会提供型）是世界大多数法治国家的主流做法，我国《刑事诉讼法》第 153 条第 2 款也允许对涉及给付毒品的犯罪实施控制下交付，诱惑侦查成为我国司法机关打击毒品犯罪的合法手段。[3] 在科学运用诱惑侦查手段的同时，我们也应当理性地认识到诱惑侦查手段所具有的一体两面性，其正面表征司法机关主动出击、积极履职，充分运用法律赋予的侦查权限打击毒品犯罪、净化社会环境的显著成效，背面却暗含着常规侦查手段能力不足、相当数量的毒品犯罪分子逃脱处罚等无奈现实。因此，诱惑侦查手段应当受到严格限制，不宜作为侦破毒品犯罪的优先手段，更不应成为首要手段。

目前，诱惑侦查已成为我国公安机关侦破毒品犯罪的主要手段，相当一部分实际已完成的毒品犯罪未被查处，难以估量的犯罪黑数支撑起我国庞大的毒品供应，并满足了 100 多万名在册吸毒人员以及众多隐性吸毒人员的日常消费需求，刑罚并未有效触及这部分毒品交易，刑事法网还存在巨大的间隙与缺口。虽然我们不愿意承认，但事实确实如此——吸毒人员日常消费的毒品，绝大部分都源自于未遭查处的毒品犯罪。在诱惑侦查模式下，涉案毒品几乎不可能流入社会，更遑论满足滥用者的消费需求，特定区域内吸毒人员实际消耗的毒品数量与该地区毒品犯罪的黑数成正比，而诱惑侦查手段的适用率与刑罚必定性程度成反比。在我国，犯意引诱型诱惑侦查已被《刑事

---

[1] 高铭暄：《当代刑法前沿问题研究》，人民法院出版社 2019 年版，第 102 页。
[2] 陈正云：《刑罚效益成本资源有效配置论》，载《现代法学》1998 年第 4 期。
[3] 《刑事诉讼法》第 153 条第 2 款规定："对涉及给付毒品等违禁品或者财物的犯罪活动，公安机关根据侦查犯罪的需要，可以按照规定实施控制下交付。"

诉讼法》第 153 条第 1 款所禁止，[1] 诱惑侦查特指机会提供型诱惑侦查，其只能为打击已然的毒品犯罪行为人创设机会，以行为人新实施的犯罪行为作为打击的依据，却无法追诉已经完成的毒品犯罪。每个被诱惑侦查手段缉拿的毒品犯罪行为人，其背后都暗藏着无法估量的既遂交易，而这些毒品均已经流入了消费终端。高比例的诱惑侦查必然对应低比例的常规侦查，当诱惑侦查案件占已破获毒品犯罪案件的绝大多数时，意味着绝大多数已经完成的毒品犯罪没有遭到查处，刑事法网被撕开了巨大的缺口，刑罚严密性存在严重不足，这是刑事治理体系的重大危机。当前，在毒品犯罪的刑罚适用过程中，司法机关应当把提高刑罚的严密性作为贯彻从严治毒刑事政策的首要任务、主要目标，疏而不漏的刑事法网才是惩治毒品犯罪分子最有力的武器、最有效的措施。

三、优化政策的二元性

只要存在毒品需求，当潜在的利润超过被查处的风险时，毒品犯罪行为人就会进行毒品供应，[2] 这是毒品市场供需关系的铁则。从严治毒刑事政策的出台，既是基于毒品犯罪严重的社会危害，更是源于毒品犯罪严峻的扩张趋势，犯罪数量在短时间内呈几何倍数增长，增速甚至一度接近失控的边缘，这才是政策出台的根本原因。因此，从严治毒刑事政策自诞生之日起，其向度就是二元的，一方面重点提倡刑罚的必定性，另一方面适度保留刑罚的严厉性，以疏而不漏、宽严有别的方式指导毒品犯罪刑罚适用。

第一，从严治毒的首要特征是强化刑罚的必定性。政策制定者着眼于指导司法机关编织一张正义而严密的刑事法网，使刑罚成为犯罪的必然结果，由此来遏制毒品犯罪的滋生蔓延。如果毒品犯罪行为人确信自己必然会受到惩罚，那么敢于继续犯罪的只会是极少数胆大妄为、毫无顾忌之徒，因为对于社会平均人而言，对刑罚必定性的畏惧远超过对刑罚严厉性的恐惧。刑罚遏制犯罪的功能，关键不在于其严厉性，而在于其及时性与不可避免性，[3] 从严治毒刑事政策的本意正是要激活沉睡中的刑罚必定性，让刑法尽可能触及

---

[1] 刑事诉讼法第 153 条第 1 款规定："为了查明案情，在必要的时候，经公安机关负责人决定，可以由有关人员隐匿其身份实施侦查。但是，不得诱使他人犯罪，不得采用可能危害公共安全或者发生重大人身危险的方法。"

[2] 翟帆：《二十世纪美国毒品政策的演变》，上海科学院出版社 2017 年版，第 78 页。

[3] 贾宇：《刑罚贵在及时性和不可避免性》，载《山东法学》1995 年第 3 期。

每一起毒品犯罪案件,从"有罪严罚"走向"有罪必罚"。立足于毒品犯罪的生成机理,我们应当理性而深刻地认识到,在宏观层面,庞大稳定的市场需求是引发毒品犯罪的根本原因;在微观层面,逍遥法外的侥幸心理是推动毒品犯罪的主要因素。对于犯罪最强有力的约束力量不是刑罚的严酷性,而是刑罚的必定性。[1] 刑罚即便只是带来最小的恶果,但如果成了确定的,就总是令人心悸。[2] 在毒品犯罪的刑事治理体系中,刑罚必定性是抑制行为人侥幸心理的最有力措施,严密无隙的刑事司法将形成最有效的犯罪预防,绝大多数行为人会在犯罪快感与刑罚痛苦的反复权衡中,自觉停下犯罪的脚步,侥幸心理、不法利润在刑罚必定性面前注定不堪一击。

第二,从严治毒的次要特征是保留刑罚的严厉性。当前,毒品、艾滋病与恐怖主义并称世界三大公害,毒品滥用已成为危害全人类生存与发展的世界性历史顽疾。毒品滥用,在公民个体层面会严重损害施用者的肌体,引发人格变异与行为失控,导致劳动能力退化,加速艾滋病等疾病的传播;在社会整体层面会诱发大量的伴生犯罪,破坏社会安定、败坏社会风尚,同时还会造成社会资源的巨大浪费,"毒品问题日益成为危及人类健康与福祉的灾难",[3] 因此,与毒品的战争是一场立足当前、攸关未来的人类命运保卫战。毒品犯罪是导致毒品滥用的重要原因,二者相互依存、相互促进,如果缺乏适度严厉的刑罚对毒品犯罪进行压制——尤其是对组织严密、分工精细、规模庞大、武装支撑的跨国毒品犯罪——毒品犯罪将会推动毒品滥用持续走向恶化。目前,刑罚严厉性在毒品犯罪治理中的历史任务还远未完成,在理解和贯彻从严治毒刑事政策的过程中,应当适度保留刑罚的严厉性,为刑罚妥善应对极其严重的毒品犯罪提供政策支持,以实现等价报应、有效预防。法律根植于文化之中,它在一定的文化范围内对特定社会问题作出回应,[4] 基于国民对毒品犯罪的深恶痛绝,特定条件下的刑罚严厉性也将在较长时期内保留在毒品犯罪的刑罚适用之中,以作为刑罚必定性的必要补充。"斜木桶理论"认为,当木桶发生倾斜时,木桶的最大盛水量是由最长的那一块木板决定的,

---

[1] [意]贝卡利亚:《论犯罪与刑罚》,黄风译,中国法制出版社2005年版,第72页。
[2] [意]贝卡利亚:《论犯罪与刑罚》,黄风译,中国法制出版社2005年版,第69页。
[3] 莫关耀:《毒品滥用与治理实证研究——以云南省为视角》,中国人民公安大学出版社2018年版,第1页。
[4] [美]约翰·亨利·梅利曼:《大陆法系》,顾培东、禄正平译,中国法制出版社2004年版,第155页。

组织体系中的最强者对于危机处理具有至关重要的作用。从严治毒刑事政策，一方面主要强调刑罚的必定性，另一方面也有限度地保留刑罚的严厉性，正是为了维系刑罚作为最长木板的潜在作用，当出现系统性的毒品犯罪危机时，刑罚能够暂时性地维持最基本的社会秩序，避免出现犯罪控制体系的全面崩溃。

第三，在"严"的维度，从严治毒本质上是集"强化严密"与"保留严厉"为一体的双向度刑事政策。刑罚必定性是从严治毒刑事政策的根本内涵，刑罚严厉性是从严治毒刑事政策的重要内容，二者既有主次之别，又缺一不可。政策的主要目的在于提高刑罚的必定性、提升刑事司法的严密性，最大限度地减少犯罪黑数，弱化犯罪黑数带来的"破窗效应"，从宏观上推动毒品犯罪的有效治理；政策的次要目的在于保留刑罚的严厉性，为刑罚在迫不得已的情况下展现出严厉一面提供政策支持，强化从严惩处在特定案件中的合理性，实现个案的罪刑相当、罚当其罪。片面提倡刑罚严厉性的传统观点，并未真正理解从严治毒刑事政策的丰富内涵，用严刑重罚思维来处理复杂的毒品犯罪问题，会导致刑罚适用落入严厉有余、必定不足的泥潭，引发社会保护与人权保障的对立失衡，最终造成刑事治理效果不理想，甚至出现"事倍功半"的窘态。

第二节　从压制回归共治

在苏联刑法理念的深刻影响下，我国刑法理论与司法实践在过去一段时期内持续坚持"斗争哲学"，将犯罪人一概视为与人民对立的"敌人"，过分强调对犯罪人的打击和改造，相对忽略对犯罪人的矫治和关怀，尤其缺乏针对犯罪问题的深层次综合治理。"斗争思维"在毒品犯罪中尤为突出，从严治毒刑事政策被误解为主要依靠严刑重罚对犯罪人形成强力压制，综合治理措施没有发挥出应有的作用，犯罪人在承受罪责的同时，还要接受伦理道德的谴责，艰难地踏上存在歧视与偏见的社会复归之路，稍有诱惑即可能再次犯罪。从严治毒刑事政策的重点在于"严"与"治"，"严"强调刑罚的必定性并保留刑罚的严厉性，"治"提倡毒品犯罪的综合治理，前者具有报应的特征，后者蕴含预防的要义。正确理解从严治毒刑事政策，除了要在"严"的维度科学把握刑罚的处罚范围与处罚程度，还应当在"治"的维度重点关注刑罚与其他治理措施的有机融合，将刑罚内化为综合治理体系的一部分，这才是从严治毒刑事政策的全面含义。

一、压制的片面性

毒品犯罪的滋生蔓延具有非常复杂的原因，这其中既有犯罪分子的铤而走险，也有国家社会的监管疏漏，还有外部环境的不良诱导，更有市场需求的持续推动，绝非片面的刑罚压制所能根治，否则毒品问题不会在全球蔓延祸患数百年。毒品犯罪被告人并非毒品犯罪的唯一推动者，却成为事实上的唯一答责者，如果再被科以严刑重罚，实有违背比例原则之嫌。"刑罚本身不是一种理想的社会统制手段"，[1] 各国实践已经反复证明严刑重罚绝非治理毒品犯罪的最佳方法，即便将刑罚模式上升为战争模式也依然收益有限，而片面压制的副作用远超我们的想象。2019年1月30日，上任伊始的墨西哥总统洛佩斯·奥夫拉多尔便承认始于2006年的"墨西哥毒品战争"并未取得显著成效，正式宣布以军事手段打击毒品犯罪的"毒品战争"就此终结，政府将转而关注毒品犯罪背后的原因，并制订相关的社会发展计划，[2] 这是压制模式在毒品犯罪治理上的又一次失败。2016年，杜特尔特以"禁毒为执政要务"的口号当选菲律宾第18届总统，承诺在3—6个月内解决其国内的毒品问题，上任后旋即推行铁腕扫毒运动，对贩毒者、吸毒者发出勒令自首的最后通牒，允许警察对抗拒抓捕的毒品犯罪分子就地正法，并对枪杀毒枭、毒贩的执法人员给予政府奖励，[3] 2016年6月30日至8月1日即有465名毒贩被处决。[4] 由于毒品犯罪的复杂性，杜特尔特自知难以兑现3—6个月的禁毒承诺，于2016年9月公开宣布将一直进行扫毒运动，直到其任期届满。[5] 2019年9月，菲律宾警方表示已击毙6700余名拒捕的贩毒嫌疑人，[6] 取得了显著的短期压制效果，但同时也对人权保障、法治秩序造成了严重冲击，在国外被批评为

---

[1] 张明楷：《刑法格言的展开》，北京大学出版社2013年版，第491页。
[2] 至秦：《墨西哥"毒品战争"正式结束》，载《检察风云》2019年第7期。
[3] 杨静林：《菲律宾的毒品安全问题与杜特尔特政府禁毒运动研究》，载《中国–东盟研究》2018年第1期。
[4] 蒋天：《杜特尔特铁腕禁毒遭非议》，载《中国青年报》2016年8月6日。
[5] 袁廿一：《菲律宾人民的健康与杜特尔特的雄心》，载《世界知识》2018年第24期。
[6] 王卓一：《杜特尔特铁腕扫毒获压倒性支持》，载《文汇报》2019年10月1日。

针对公民的"系统性谋杀",在国内受到不同意见者的强烈质疑,被指责缺乏治理的根本性。副总统罗布雷多甚至公开宣称杜特尔特的禁毒工作已彻底失败。① 从长远看,菲律宾的"铁腕扫毒模式"成效实难乐观。前车可鉴,如果我们将从严治毒刑事政策理解为片面的刑罚压制,一味强调对毒品犯罪分子的从严惩处,忽视综合治理与人权保障,那么必将陷入刑罚低能、治理低效的泥沼,并造成有限社会资源的投放错位,这绝非政策的初衷。

二、治理的根本性

传统的压制模式存在重大的功能缺陷,过于迷信和依赖刑罚对犯罪人的惩治、威慑作用,毒品犯罪治理首先被限缩为法律治理,法律治理又被再度浓缩为刑法治理,刑法被动、被迫成为治理毒品犯罪的主要手段,刑法在"覆盖面"不足的情况下,只能向"纵深度"发展,最终形成从严惩处的压制模式。在从严惩处的压制模式中,社会综合治理措施没有发挥应有的基础性作用,遑论与刑罚形成合力。过度压制将部分犯罪人彻底推向社会的对立面,所造成的危害甚至超过了犯罪本身。单向的压制模式忽视了国家、社会对犯罪生成的责任,淡化了国家、社会善待犯罪人的义务,着眼于短期性的治标而忽略了长期性的治本,刑罚没有融入"六全毒品治理体系"② 与"四禁并举方针"③,是一种孤立的、前现代的浅表型治理模式。

解决毒品犯罪问题仅靠从严惩处来压制犯罪人是不可能成功的,滋生毒品犯罪的土壤与环境若不得到基本治理,毒品犯罪问题难以好转。从严治毒刑事政策的提出,正是基于压制有余、治理不足的现实,强调"转制为治",将刑罚作为治理手段之一来运用,让其回归到本然的位置,理性地参与毒品犯罪治理。相较于片面机械的刑罚压制,科学理性、以人为本、多措并举的综合治理模式才是解决毒品犯罪的根本出路。压制是单向的,国家作为施压者、国民作为受压者,国家以刑罚为后盾命令国民不得实施毒品犯罪,严惩已然、威慑未然,以此实现毒品犯罪的暂时性控制;治理是双向的,国家与犯罪人之间通过刑罚等措施进行互动,既推动社会治理的改善,又追求犯罪

---

① 《菲副总统被解除扫毒职务》,载《环球时报》2019 年 11 月 25 日。
② "六全毒品治理体系":全覆盖毒品预防教育、全环节管控吸毒人员、全链条打击毒品犯罪、全要素监管制毒物品、全方位监测毒情态势、全球化禁毒国际合作。
③ 禁毒法第 4 条第 1 款规定:"禁毒工作实行预防为主,综合治理,禁种、禁制、禁贩、禁吸并举的方针。"

人的矫治，国家与犯罪人之间不再是单纯的压制与被压制的关系，而是一种相向而行的互利关系，以实现毒品犯罪的深层次治理为基本目标。在综合治理模式中，刑罚将蜕下严刑重罚的外衣，不再成为治理体系的绝对主角，与其他综治措施实现深度融合，全覆盖毒品预防教育、全环节管控吸毒人员、全链条打击毒品犯罪、全要素监管制毒物品、全方位监测毒情态势、全球化禁毒国际合作"六全毒品治理体系"并行，禁种、禁制、禁贩、禁吸"四禁"并举，这才是对从严治毒刑事政策中"治"的正确解读。

三、共治的必要性

在现代社会，极少有犯罪如同毒品犯罪一般，被上升到人类命运共同体的高度，并跨越国情差异取得罕见的国际高度共识；很少有犯罪同时涉及国家安全、社会秩序、伦理道德、国民健康等重大问题；甚少有犯罪对上下游犯罪具有如此强烈的诱发作用。毒品犯罪的复杂性、长期性远超我们的预期，其背后的生成机理、运行机制、利益链条、市场规律、自我修复功能等深层次因素，共同决定了综合治理的必要性。刑事政策也是治国之道，是国家和社会为了解决犯罪这一公共问题而制定实施的战略，[①]战略必然包括各种战术措施，包括刑罚在内的各类治理手段都是战术的一种。从严治毒刑事政策要求刑罚与其他治理措施相互配合、深度融合、有效聚合，在刑法内部，刑罚要与专门矫治教育、强制医疗、禁止令、职业禁止、缓刑监督、假释监督、没收追缴、驱逐出境等非刑罚处遇措施相衔接；在刑法外部，刑罚要与社区矫正、康复治疗、技能培训、心理干预、道德重塑等综治措施相契合，共同促进犯罪人的社会复归，用多元的方法解决复杂的社会问题，"治"的核心要义在于综合治理。

"木桶理论"提出，一只木桶的最大盛水量并不是由最长的木板决定的，而是由最短的木板决定的，强调发现与补足团队组织中的"短板"，提升团队的整体效能。经过不断地研究与实验，"木桶理论"又衍生出"长板无用理论""新木桶理论""斜木桶理论"和"木桶底板理论"等新学说。

"长板无用理论"认为，一只木桶中最长的那一块木板几乎是无用的，因为缺乏其他木板的跟进，最长木板多出的部分既消耗资源，又缺乏实际功用。在目前的毒品犯罪治理体系中，刑罚恰恰是最长的那一块木板，在各种因素

[①] 卢建平：《作为"治道"的刑事政策》，载《华东政法大学学报》2005年第4期。

的交织作用下,刑罚时常以"运动式"执法的面孔出现,从重从快从严地持续运转,形成了刑罚单兵突进、综治措施望尘莫及的"凸"字型样态。从严治毒刑事政策提倡以综治替代压制,正是要防止司法实践中刑罚木板的过分加长,特别要求我们重视各种综治措施所对应的木板齐头并进,既要防止部分措施固步不前的"凹"字型样态,更要防止刑罚过于强势的"凸"字型样态,促使各块木板形成接近于"一"字型的木桶上沿,综合推进毒品犯罪的根本治理。

"新木桶理论"认为,一只木桶的盛水量除了要考虑最短木板以外,还要受到各块木板之间缝隙的影响,缝隙将引发漏水并导致木桶的松动。在毒品犯罪的综合治理中,除了刑罚过度凸显之外,还存在各种治理措施之间关联松散、各自为战的情况,措施之间过大的缝隙降低了治理的整体水平,为毒品犯罪的滋生蔓延留下了可乘之机。从严治毒刑事政策所提倡的综合治理模式,其中一个重要内容就是要尽力弥合各种治理措施之间的缝隙,实现刑罚与非刑罚处遇措施的紧密配合,激发出"1+1＞2"的治理效果。

"木桶底板理论"指出,相较于短板、缝隙等负面因素,木桶底板的漏洞才是最致命的,将导致整个木桶滴水不剩。毒品需求既是毒品犯罪的根源,也是毒品犯罪治理中木桶底板上的漏洞,如果毒品需求得不到有效遏制并持续扩大,那么毒品犯罪必将变得难以控制,最终导致治理的彻底失败。基于我国的刑事立法,刑罚在控制毒品需求上是无能为力的,必须充分发挥宣传教育、心理干预、医疗救助、毒瘾戒治等综合措施的积极作用,最大限度地降低毒品需求,填补、闭合木桶底板上的漏洞,避免毒品犯罪的失控、治理体系的失能。

综上,在"治"的维度,从严治毒刑事政策首先强调从压制到治理的现代转型,从政策上纠正一段时期以来片面追求刑罚压制的历史惯性;其次凸显治理的根本性,让刑罚回归到本然位置,将抗制毒品犯罪的主要责任交给社会治理;最后注重社会治理的综合性,包括刑罚在内的众多治理措施必须形成配合、融合与整合,共同聚合出治理毒品犯罪的最强合力、最佳效果。当刑罚卸下压制毒品犯罪的沉重负担,并成为综合治理体系的普通一环后,整体性的从重从严自无存续之必要,轻缓化、非监禁化、人性化将成为刑罚适用的主要特征。

第三节 从感性回归理性

较长时期以来，我国的毒品犯罪治理模式在客观上带有某种程度的感性色彩，接续不断的运动执法、凌厉周密的宣传攻势、恐毒厌毒的社会情绪等，共同营造出从严治毒、以刑抗毒的社会环境。在从严治毒刑事政策的理解与贯彻上，这种感性色彩主要体现在禁毒目标设定过高、运动执法过于频繁、治理观念转变迟缓等方面。刑事政策是牵动刑事法体系的反犯罪政策，涉及国家最严厉的刑罚手段，[①]制定者与执行者都必须保持理性，尤其要坚守人权保障的基本价值，牢记刑罚不是感性的复仇，而是理性的报应，绝大部分毒品犯罪人不是我们的"敌人"，而是暂时脱序的社会成员，将他们拉回社会主流价值体系才是禁毒政策的最终追求。

一、政策目标：由禁绝到控制

政策目标具有极强的导向功能，现实可行的目标会引导执行者允执厥中、循序渐进，而脱离实际的目标则会导致执行者激进冒失、急功近利。如何理解从严治毒刑事政策所蕴含的目标，对于刑罚适用具有重大的影响作用。政策目标的设定绝非来源于主观的臆想与激情，而必须遵循毒品犯罪的客观规律与我国当前的毒情形势。传统观念将禁绝毒品作为从严治毒刑事政策的目标，并在高目标、高追求下不断推动刑罚强度的升级，通过对刑事立法的多次修正，在部分罪名中允许以彻底消灭毒品犯罪人的方式来追求禁绝毒品的宏伟目标。本书认为，禁绝毒品是带有全局性的宏观布局和远景设想，而非从严治毒刑事政策的现实目标，立足于目前的客观实际，实现对毒品犯罪的基本控制才是现阶段的理性目标。

第一，毒品犯罪是刑事犯罪的表现形式之一，而刑事犯罪是人类社会的必然现象。犯罪本质上是一种严重侵害法益的行为，当通过正常手段无法满足人的欲求，而人又无法控制自己的欲求时，就会激发犯罪行为。人的欲求、

[①] 林东茂：《一个知识论上的刑法学思考》，中国人民大学出版社2009年版，第268页。

人的行为，都是个人素质和社会环境的必然产物。①因此，犯罪与犯罪人也具有迫不得已性和必然性，已经伴随人类社会存续了几千年，并成为人类社会运行中的固定一环。要彻底解决犯罪，必须依赖于三个条件的同时满足。其一是高度发达的生产力，在资源供给层面足以满足全体社会成员的正常需求；其二是高度合理的生产关系，在资源分配环节公平公正，足以保证全体社会成员自愿接受分配结果；其三是高度完善的国民素质，足以确保社会个体克制在资源供给、资源分配中的不满情绪，转而通过合法途径提出权利请求。以人类社会目前的发展水平，短期内要达到消灭犯罪的程度还太过于遥远，现阶段就将禁绝毒品作为从严治毒刑事政策的目标，显然是超现实、跨时代的乌托邦之梦，还会导致刑罚适用的急功近利，人为拔高刑罚处罚的强度。

第二，毒品犯罪具有庞大的市场需求作为支撑，相较于其他犯罪更难以治愈。毒品犯罪是一种异常的互动式犯罪，供应方与需求方之间没有利害冲突，反而形成相互需要、彼此依赖的畸形关系，对于供应方的打击只能是浅表式治标，对于需求方的削弱才是深层次治本。对需求规模的治理，需要从控制增量、减少存量两个方面着手，一方面预防出现新的毒品滥用者，另一方面通过医疗戒治减少滥用者对毒品的需求，甚至是完全戒除毒瘾。但这是一个异常庞大、十分复杂的长期性社会综合工程，在全体毒品滥用者戒除毒瘾之前，毒品犯罪不可能禁绝。因此，传统观念将禁绝毒品作为从严治毒刑事政策的当前目标，不符合毒品犯罪的生成机理和发展规律，无论刑罚如何加力，都不可能减少毒品需求，更不可能通过打击毒品犯罪的方式实现禁绝毒品。

第三，毒品问题具有世界性，任何一个国家都不可能单独实现禁绝毒品。在全球一体化的进程中，毒品问题随之蔓延至全球二百多个国家和地区，世界各国概莫能幸免，吸毒总人口已达到两亿多人。毒品的种植、制造、运输、消费已形成全球性产业链，跨地区的毒品生产和贸易不断扩大，全球性的毒品制贩网络正在形成，②毒品问题全球化进一步加大了我国毒品问题治理的难度。毒品市场没有国界，境内境外的市场供应和市场需求同样可以形成彼此交织、互相支撑的关系，周边国家的毒品输入链条若得不到有效扼制，国内的毒品贩运必然会长时间持续。在当前的国际形势下，几乎没有一个国家能

---

① ［日］西原春夫：《刑法的根基与哲学》，顾肖荣等译，中国法制出版社2017年版，第162页。

② 夏国美、杨秀石：《社会学视野下的新型毒品》，上海社会科学院出版社2017年版。

够完全杜绝境外毒品的输入，治毒于国门之内注定是不切实际的，禁绝毒品更是遥不可及的浪漫幻想。

综上，毒品犯罪是人类社会发展到一定阶段的必然产物，并且将在全球范围内长期存在，在短时间内根治毒品犯罪是无法实现的过高追求，基本控制毒品犯罪才是从严治毒刑事政策的理性目标。基于历史深处的民族伤痛以及改革开放后汹涌来袭的域外毒潮，我国将毒品犯罪列为最严重的刑事犯罪，相当一部分司法人员将带有宣示意义的"禁绝毒品"作为从严治毒刑事政策的目标，导致刑罚适用的目标偏移、宽严失度。40多年来，毒品犯罪已成为我国刑事犯罪的重要组成部分，其具有非常复杂、深刻的社会根源，只有通过长时间、系统性的综合治理，才能取得逐渐好转。首先，毒品本质上是被滥用的精神药品和麻醉药品，既可以用于治病救人，也可以用于自甘堕落，要想从物理上彻底消灭瘾癖性物质是不可能的，只能对其用途严加管控。其次，现代社会的激烈竞争必然出现成功者与失意者，当失意者的负面情绪遭遇不法者的唯利是图，毒品滥用被恶意诱发后，毒品犯罪自然顺势而生。再次，随着制毒技术的日益提高，毒品制造已不再依赖于原植物的栽种、成熟，制毒分子可以在任何时间、任何地点通过人工方式合成毒品，控制毒品生产的难度越来越大。复次，随着新精神活性物质的出现，毒品的瘾癖性以几何倍数跨越式升级，甚至达到一次成瘾的程度，毒瘾的戒断治疗很难立竿见影，滥用者对毒品的持续需求将推动毒品犯罪长期存在。最后，基于我国将长期处于社会主义初级阶段的历史现实，国民的整体素质还远未达到自觉抵制一切毒品的程度，目前尚不具备禁绝毒品的人文基础。因此，我们应当以更加科学的态度、更加理性的思维面对毒品犯罪，不再设置遥不可及的虚幻目标，踏实追求对毒品犯罪的基本控制，降低对刑罚治理效果的期待，一方面通过刑罚处罚减少毒品供应，避免产生大量的新进吸毒人员；另一方面通过综合治理措施减低毒品需求、减轻毒品伤害，将毒品犯罪控制在当前社会可以基本容忍的范围内，为将来的彻底治理创造条件，这才是现阶段从严治毒刑事政策的真正目标。

二、阶段展开：由从严到从平

任何事物的发展与演进都具有阶段性，社会治理更需要一个渐进式的改善过程，不存在一蹴而就的灵丹妙药。从严治毒刑事政策以基本控制毒品犯罪为目标，并在"严"的维度上迫不得已地保留了刑罚严厉性，以作为应对严重毒品犯罪的最后手段。随着治理能力的提高、人权保障的强化、人类文明的进步，刑罚在历史长河中必然不断走向轻缓化，需要展现出严厉性一面的机会将越来越少，终有一天，从严治毒刑事政策只会强调刑罚的必定性，而不再保留刑罚的严厉性，这将是毒品犯罪治理取得基本成功的重要标志，更是人类实现自我尊重、自我关爱的重要表征。本书认为，从严治毒刑事政策中的刑罚严厉性将依次经历"适度从严""理性从平"和"逐渐从宽"三个阶段，最终以轻缓化的样态拥抱刑罚必定性，共同实现毒品犯罪刑罚适用合理化。

第一，"适度从严"已基本完成历史使命。自1982年毒品犯罪引入死刑以来，从严用刑已持续运行40余年，呈现毒品犯罪重刑率远超平均水平、死刑数量位居全部罪名前三位、短期自由刑泛滥、非监禁刑比例过低、矫治康复措施不足等特征，刑罚的裁量与执行占用了社会禁毒资源的大部分乃至于绝大部分，其他治理措施并未跟上刑罚急驰的脚步。20世纪80年代以后的一段时期，基于当时特定的历史条件、治理能力和毒情态势，将从严治毒刑事政策理解为刑罚处罚的适度从严具有一定的合理性，也正是因为适度从严的刑罚在某种程度上压制了毒品犯罪，我们才能取得"国内毒品形势呈现整体向好、持续改观""毒品社会危害明显减轻"的阶段性治理成果。[①] 但是，刑罚的自然属性与人道主义的终极追求始终是相悖的，[②] 适度从严在事实上仍然是某种程度的人权让步，在人权保障已成为刑法首要价值目标的今天，我们必须立足客观的毒情态势，全面考量刑罚的运行成本、适用范围、严厉程度和价值追求，重新审视适度从严的刑罚模式是否还有继续存在的必要。"刑罚对犯罪虽有多方面的预防功能，但却无法消除犯罪"，[③] 这种先天性的功能缺陷是无法通过后天的强度升级来弥补的。据《2018年中国毒品形势报告》显示，2018年我国首次出现登记吸毒人口与毒品犯罪人数"双降"的可喜现象，我国的毒品供应与毒品需求取得同步好转，前一阶段"适度从严"的用刑策略已基本实现既定目标，现阶段出现毒品犯罪系统性失控的可能性极低，毒情态势持续恶化的情况已得到初步控制。当前，毒品问题治理已进入重点控制需求的新阶段，更多的社会资源将被投射到刑罚之外，适度从严的用刑策略将逐渐淡化，刑罚强度应当与从严治毒刑事政策最后保留的刑罚严厉性保

---

① 国家禁毒办：《2018年中国毒品形势报告》，载《中国禁毒报》2019年6月18日。
② 赵秉志、金翼翔：《论刑罚轻缓化的世界背景与中国实践》，载《法律适用》2012年第6期。
③ 邱兴隆：《撩开刑罚的面纱》，载《法学研究》1998年第6期。

持相当，除此之外的严厉都将是多余的，更是无意义、无价值的。

第二，"理性从平"是刑罚的当前要求。随着国家治理体系和治理能力的现代化，刑法已不再是毒品犯罪治理的主要手段，刑罚强度也应当回归正常状态。自 20 世纪 70 年代末以来，我国的人口分布出现大范围转移、思维意识发生大跨度转变、开放程度实现大幅度提高，以"户籍档案制度""城乡二元结构"等为基础的传统社会管理模式出现较大程度的松动，加之毒品滥用、毒品犯罪的持续升级，刑法被推向禁毒斗争的最前线，成为攻克毒品犯罪邪恶堡垒的排头兵，从严惩处也随之成为刑法最有力的武器。改革开放 40 多年来，我国的社会治理能力取得了长足进步，治理理念不断完善、治理资源不断充实、治理措施不断丰富、治理模式不断优化，已经初步建立起适应社会发展的现代化治理体系，刑法不再是犯罪治理的主要手段，而是一种重要的辅助手段。在刑法回归犯罪治理辅助手段的同时，刑罚也应当自觉消除感性与仇恨，走向理性与平和。刑罚对于毒品犯罪治理的参与，应当建立在尊重和保障人权的基础之上，普遍性的适度从严策略已不符合人权保障的时代精神，必定性才是刑罚对毒品犯罪治理的最大贡献。基于我国特定的历史背景，毒品犯罪刑罚适用由"从严"到"从平"的转变尤为重要，毒品犯罪被告人也是社会成员，应当被刑事司法平等以待、同等关怀，任何人都只需为自己的罪行承担责任，而无须为历史记忆、国民情绪、刑事政策付出额外的代价。现阶段，面对毒情态势的严峻复杂，刑罚适用更应当保持理性和克制，彻底摆脱对"重刑治毒"的迷信，以"从平"的标准来衡量每一起案件，在刑罚适用中剔除非刑法的影响因素，在人权保障的轨道内追求犯罪治理。

第三，"逐渐从宽"是刑罚的未来方向。毒品犯罪毕竟是贪利型的非暴力犯罪，就其社会危害性而言并不属于"最严重罪行"的范畴，[1] 非暴力犯罪的刑罚轻缓化已成为国际主流。毒品滥用者在毒品犯罪中具有不可推卸的责任，毒品犯罪被告人往往兼具刑事违法者与毒品被害人的双重身份，相较于刑罚所带来的痛苦与威慑，社区矫正、医疗戒治以及保安处分等非刑罚处遇措施更能实现犯罪预防。从报应的角度来说，由于毒品犯罪是受害人自愿参与的犯罪，犯罪行为并不直接损害社会成员的生命健康，必须通过吸食这一"中介行为"才能实现对人体的损害，因此，对毒品犯罪的处罚不能过度，刑罚的报应机能应当受到严格限制，这是罪责刑相适应原则的基本要求。从预防

---

[1] 何荣功、莫洪宪:《毒品犯罪死刑的国际考察及其对我国的借鉴》，载《华中科技大学学报（社会科学版）》2012 年第 2 期。

的角度而言，毒品滥用者由于受到毒品"生理＋心理"的双重控制，其实施"以贩养吸"等毒品犯罪也有不得已的一面，在实施合法行为的期待可能性上亦有值得宽恕的一面，虽然这种不得已是由自身行为所导致的。现阶段，适度从严仍然是我国毒品犯罪的主导性刑罚理念，要跨越时空地追求从宽处罚，并不符合当前的客观实际，在短时间内也难以被国民普遍接受，但是，逐渐从宽必然是实现理性从平之后的下一个发展方向。

三、观念转变：由仇恨到接纳

在从严治毒刑事政策的理解与贯彻过程中，如何看待毒品犯罪、如何对待毒品犯罪人，是涉及刑罚适用的基础性问题，将在很大程度上影响刑罚适用的范围、强度以及执行方式。自 1950 年代初期，新中国以"人民战争"的形式全面肃清烟毒以来，"敌我思维"在毒品问题治理中便已深入人心，毒品犯罪被告人被置于主流社会的对立面，被认为是危害国家安全、破坏社会秩序、败坏伦理道德、侵蚀国民身体的"敌人"，从严治毒、以刑抗毒成为社会的绝对共识，"以严苛主义为特征的敌人刑法化唱响了我国毒品犯罪刑事治理的主旋律"。[①] 正如毒品政策全球委员会执行主任哈立德·蒂纳斯蒂教授指出，"毒品政策的惩罚性措施严重破坏了世界各地的人权——侵蚀公民的自由和公正的审判标准，导致个人和团体被污名化，以及施加不相称的惩罚"，[②] 把毒品犯罪被告人"敌人化"是一个全球性的普遍问题。

对从严治毒刑事政策的正确理解，必须以理性平和、客观公正的立场为基础，如果继续以仇恨心态、敌我思维来看待毒品犯罪被告人，那么必将导致刑罚严苛主义的滋生蔓延。近现代刑法建立在预设的"社会契约"基础之上，每个社会成员为了确保自己的自由、安全与发展，都自愿让渡一部分个人权利给国家，国家将所有个人权利汇聚成公权力，对社会进行管理、对秩序破坏者进行惩戒，刑罚权便是公权力的一种重要表现形式。司法机关的刑罚权源自于公民个人权利的让渡，这其中当然也包括犯罪人的个人权利，如果将犯罪人视为邪恶的社会敌人，那么刑罚权自身也有一部分是非正义的，这显然是一种自我否定的逻辑悖论。易言之，既然刑罚权来源于犯罪人的个

---

① 罗钢：《毒品犯罪刑事治理去敌人刑法化》，载《政法论丛》2018 年第 1 期。
② ［瑞士］哈立德·蒂纳斯蒂：《实现可持续发展的毒品管制政策——毒品政策全球委员会的视角》，乔晶花译，载张勇安主编：《国际禁毒研究报告（2019）》，社会科学文献出版社 2019 年版，第 30 页。

人权利，而犯罪人不可能自我仇恨、自我敌视，也不会同意自己的权利被用于敌视自己，因此，刑罚权以仇恨、敌视的心态对犯罪人发动复仇是缺乏正当性根据的。仇恨会强化罪犯与社会之间的对立与冲突，为法秩序埋下危险的定时炸弹，[1]那些不能摆脱怨恨情绪的人，也在为他们自己的社区种下被痛恨的种子。[2]

  毒品是跨越国界、超越种族的全人类公害，毒品犯罪也是全世界公认的严重犯罪，毒品犯罪的治理成效事关国家安全、民族复兴，从严治毒是攸关国计民生的重要刑事政策，但是，我们不能据此认定毒品犯罪被告人是主流社会的"敌人"，刑事法治也不能被历史伤痛、国民情绪所主宰，建立在罪刑法定基石之上的刑法永远是刑事政策不可逾越的藩篱。虽然在短时间内社会公众对毒品犯罪的仇恨难以彻底淡化，但是刑事司法应当首先放下敌视，自觉遵守适用刑法人人平等原则，以"去敌人刑法化"的态度理解和贯彻从严治毒刑事政策，将毒品犯罪被告人的人权保障视为毒品犯罪刑事治理的重要任务，以"忍受→承受→接受"的路径，逐步实现对毒品犯罪被告人的接纳。从严治毒刑事政策的本意绝不是要唤醒历史记忆、激发社会对抗，现代法治国家没有任何一项刑事政策会以仇恨为出发点，其目的是要倡导现代法治精神，在法治的轨道内追求报应与预防，弥合社会裂痕，促进共同幸福。只有将毒品犯罪被告人"去敌人化"，并将其接纳为主流社会不容放弃的一员时，广大司法人员对从严治毒刑事政策的理解与贯彻才能更加理性。在毒品犯罪中，刑法所保护的法益是国民生命健康以及社会管理秩序，"更大范围的感情保护不可能是刑法的任务"，[3]因此，社会公众对毒品犯罪的仇恨情绪不能进入具体案件的刑罚适用，适当报应、有效预防、平等保护、促进复归的刑罚模式才是对从严治毒刑事政策的正确贯彻。

  综上，从严治毒是国家经过全面研判、深入思考、长远规划后提出的符合毒情态势、契合犯罪规律、整合各项措施、弥合社会裂痕的专门性禁毒刑事政策，具有丰富多元的政策内涵，首先强调刑罚的必定性，其次保留刑罚的严厉性，同时重视综合治理的根本性、倡导政策目标的现实性、提倡刑罚

---

[1] 高艳东：《从仇恨到接纳罪犯：个人与社会立场间的刑法抉择》，载《环球法学评论》2006年第3期。
[2] ［英］瑞格比：《暴力之后的正义与和解》，刘成译，译林出版社2003年版，第14页。
[3] ［德］克劳斯·罗克辛：《刑法的任务不是法益保护吗？》，樊文译，载《刑事法评论》2006年第2期。

强度的阶段性、坚持刑罚适用的平等性,将在未来相当长的一段时期内,继续作为我国毒品犯罪刑事治理的主导性刑事政策。当前,毒品犯罪刑事治理出现了一定程度的功效欠佳问题,但是,这并非由于从严治毒刑事政策的导向失误,而恰好是源自于对从严治毒刑事政策的误解,部分司法人员将政策内涵片面解读为强调刑罚严厉性,既导致了刑罚的高能耗、低能效运转,又造成了综合治理措施的大量闲置,还引发了各界人士对政策合理性的质疑,政策归正已刻不容缓。宽严相济是我国的基本刑事政策,相较于具体刑事政策而言,对各种犯罪和犯罪人都能适用,[1]毒品犯罪与毒品犯罪人概莫能外。从严治毒作为一项专门性的具体刑事政策,其运作过程必须被置于宽严相济基本刑事政策的总体框架之下,片面提倡刑罚的严厉性会与宽严相济产生不可调和的根本性冲突。司法实践中我们并不缺少"严",宽严相济的主要意义在于突出"以宽济严",[2]从严治毒的根本任务在于推动刑罚从严厉性向必定性转型,司法机关应当在严密刑事法网的同时,在个案中更加重视罪刑相适、宽严有别,在两项政策的综合指导下推进毒品犯罪刑事治理。

---

[1] 马克昌:《论宽严相济刑事政策的定位》,载《中国法学》2007年第4期。
[2] 刘仁文:《宽严相济的刑事政策研究》,载《当代法学》2008年第1期。

第五章
毒品犯罪刑罚适用的制度规正

毒品犯罪刑事治理既是一个复杂的法律问题，也是一项系统的社会工程，刑罚适用合理化一方面要建立在理论修正、政策归正的基础上，另一方面也有赖于现代法制的有力保障。当前，刑事司法在毒品分级、纯度鉴定与诱惑侦查等方面，虽有零星规定，但尚未形成体系，欠缺科学化、系统化和刚性化的制度构建，导致刑罚适用较长时间偏重于毒品数量，淡化了毒品种类、毒品纯度等因素的影响作用，在一些案件中对犯罪行为的社会危害性评价出现失准、刑罚裁量出现失衡。同时，诱惑侦查手段缺乏制度性的严格约束，在部分案件中出现了发动条件随意、适用对象任意、刑罚裁量执意等问题，也加剧了刑罚适用的泛滥和严厉化。因此，有必要系统性地对毒品分级、纯度鉴定以及诱惑侦查等制度进行规正，为毒品犯罪刑罚适用合理化提供统一、刚性和有力的制度保障。

第一节 建立毒品分级制度

毒品是被滥用的精神药品与麻醉药品，既是社会科学维度的法律概念，也是自然科学维度的医学概念，毒品犯罪的社会危害性主要是由涉案毒品的药理性所决定的。我国《刑法》第 357 条第 1 款对毒品采用"列举＋概括"的定义方式,[1]使刑法意义上的毒品概念兼具刚性和弹性,以适应复杂多变的社会生活事实,并先后公布《麻醉药品品种目录》(2013 年版)、《精神药品品质目录》(2013 年版)以及《非药用类麻醉药品和精神药品管制品种增补目录》,截至 2019 年 5 月 1 日[2]已对 419 种麻醉药品、精神药品进行列管,与刑法第 357 条第 1 款关于毒品的定义形成对接。同时,最高人民检察院《关于〈非药用类麻醉药品和精神药品管制品种增补目录〉能否作为认定毒品依据的批复》也及时肯定了增补目录在毒品认定上的合法性,目前,对毒品性质的认定已形成较为成熟明确的标准。然而,与毒品定性明确化相对应,毒品分类却呈现出模糊化的特征,刑事司法至今未对毒品进行正式分级,导致刑罚适用区别性不足、针对性不强、靶向性不明,不同类别毒品在毒害性、瘾癖性上的巨大差异未能在刑罚适用中得到充分体现,罪责刑相适应基本原则有被司法弱化的危险,司法分级已刻不容缓。

一、毒品分级的现实需要

违法性、毒害性和瘾癖性是毒品的三大特征,违法性是对毒品的法律评价,毒害性与瘾癖性是对毒品的医学评价,所有被国家列管的毒品在违法性上并无差异,毒品分级与违法性没有太多关联;毒品之间的差别主要体现在毒害性与瘾癖性上,不同毒品对人体生命健康所造成的伤害可谓是千差万别,毒品分级的现实依据也在于此。犯罪的本质是侵害法益,毒品犯罪所侵害的是国民生命健康和社会管理秩序的二元法益,法益受损程度的差异不在于社会管理秩序,而在于国民的生命健康,如果不进行毒品的司法分级,生命健康法益的受损程度就难以准确评价,而社会秩序法益的受损程度又无量定标准,那么,横跨五大主刑的毒品犯罪其刑罚适用合理化的依据将从何谈起?

我国《刑法》第 347 条第 1 款"无论数量多少"采用的是"定性"入罪模式,实乃我国"定性＋定量"入罪模式的例外,在某种程度上形成了定罪阶段考察违法性、量刑阶段考察毒害性与瘾癖性的司法现状。在同等数量的情况下,涉案毒品的毒害性、瘾癖性在很大程度上决定了不法行为的社会危

---

[1] 刑法第 357 条第 1 款规定:"本法所称的毒品,是指鸦片、海洛因、甲基苯丙胺(冰毒)、吗啡、大麻、可卡因以及国家规定管制的其他能够使人形成瘾癖的麻醉药品和精神药品。"
[2] 2019 年 4 月,公安部、国家卫生健康委员会、国家药监局联合发布《关于将芬太尼类物质列入〈非药用类麻醉药品和精神药品管制品种增补目录〉》,自 2019 年 5 月 1 日施行。

害性，并对刑罚适用具有十分重要的影响作用。只有科学全面地对各种毒品进行司法分级，根据毒害性、瘾癖性和药用价值合理地分门别类，形成清晰有序的毒品层级，才能为司法实践提供明确的判断依据，推动刑罚适用走向合理化。在毒品种类不断增加、毒品外观不断变化的今天，毒品司法分级已势在必行。

二、毒品分级的世界潮流

一般认为，根据毒品的成分来源与药理属性，可以将毒品分为三类——天然毒品、合成毒品与新精神活性物质。天然毒品是以毒品原植物为原料提炼制作的毒品，主要包括大麻、可卡因、鸦片、吗啡和海洛因等；合成毒品是指用化学方法人工有机合成的毒品，主要包括兴奋剂、抑制剂和致幻剂等，以甲基苯丙胺（冰毒）为主要代表；新精神活性物质是犯罪分子为逃避司法打击，恶意人为改变毒品化学分子结构，从而创造出的毒品类似物，直接破坏神经元的稳定性，滥用会对公共健康安全造成现实危害或潜在威胁，[①]以氯胺酮为典型代表。根据涉案毒品的毒害性与瘾癖性实行分别处遇，是目前世界各国和地区的主流做法，有利于实现人权保障与罪刑均衡。

（一）英国：三级分类

1971年《毒品滥用惩治法》是目前英国毒品问题治理的主要依据，该法将毒品分为三类，甲类是海洛因等硬性毒品，乙类是大麻等软性毒品，丙类是苯非他命等精神药物，[②]大麻曾短时间被归入丙类，但又被迅速恢复至乙类并延续至今。分类的依据是毒品的危害程度，甲、乙、丙三类毒品依顺序减轻对其犯罪行为的处罚，[③]1997年《刑事审判法》进一步贯彻了毒品犯罪分级处遇的政策导向，同时引入了"三振出局法"的司法理念，对于第三次走私甲级毒品的犯罪人至少判处七年有期徒刑。[④]

（二）荷兰：两类分级

荷兰是欧洲地区毒品政策最为开放的国家，在1970年代即开始了"大麻

[①] 姜宇、王雪、陈帅峰：《论我国新精神活性物质管制模式的完善》，载《中国药物滥用防治杂志》2019年第2期。
[②] 艾明：《香港与内地毒品犯罪量刑比较研究》，载《政法学刊》2006年第3期。
[③] 徐宏、李春雷：《毒品犯罪研究》，知识产权出版社2016年版，第21页。
[④] 包涵：《英国毒品政策："伤害最小化"之下的困惑》，载《中国禁毒报》2017年6月9日。

合法化"的讨论，并于《1976 鸦片法案》中依据毒品对人体的危害程度，将毒品分为第一类硬性毒品（鸦片、可卡因、安非他命等）和第二类软性毒品（大麻、镇静剂、巴比妥酸盐等），第一类毒品被认为具有不可接受的危害性，第二类毒品具有相对较小的危害性与成瘾性，涉及第一类毒品的犯罪其量刑远高于第二类毒品。[①]荷兰将毒品视为社会的负担而不是道德问题，[②]十分注重对毒品滥用者的戒治康复，经过 40 多年的嬗变形成了"硬性毒品坚决打击，软性毒品可以在一定范围内出售"的治毒理念，[③]毒品犯罪分级处遇的司法特征十分明显，涉及硬性毒品的犯罪最高刑罚为十二年监禁，涉及软性毒品的犯罪最高刑罚为四年监禁，近年来取得了较为显著的控毒成效，硬性毒品成瘾者的人口占比在欧洲国家中相对较低。

（三）美国：五类分级

美国是目前世界第一毒品消费大国，联邦和各州都制定了相应的毒品管制法规，形成了严密的禁毒法律体系。1970 年尼克松总统执政时期，国会制定的《全面预防和控制滥用毒品法》将毒品分为五类。Ⅰ类是极易被滥用、具有极大危害且医学上无用的毒品（海洛因等）；Ⅱ类是极易被滥用但医学上有用的药品（鸦片等）；Ⅲ类是不易被滥用且在医学上有用的药品（安非他明等）；Ⅳ类是指被滥用的危险较Ⅲ类更小，药物依赖性有限且医学上有用的药品（巴比妥等）；Ⅴ类是指比Ⅳ类药物更少被滥用，药物依赖性有限的药物（例如 200mg/100ml 的可卡因），[④]涉Ⅰ、Ⅱ类毒品的犯罪最高处 30 年监禁，涉及Ⅲ类毒品的犯罪最高处 10 年监禁，涉及Ⅳ类毒品的犯罪最高处 6 年监禁，涉及Ⅴ类毒品的犯罪最高处 2 年监禁。里根总统执政时期，国会通过《1986 反毒品滥用法》，要求法官必须按照法律规定的毒品种类、数量和与之对应的最低量刑标准去适用刑罚，将毒品犯罪分级处遇进一步推向深入。

（四）我国台湾地区：四类分级

我国台湾地区通过"刑法""毒品危害防制条例""肃清烟毒条例""管制药品管理条例"和"海陆空军刑法"等，形成了较为完备的管制体系。根

[①] 刘建宏主编：《外国禁毒法律概览（新禁毒全书）》，人民出版社 2015 年版，第 32 页。
[②] 张勇安：《荷兰禁毒政策的源起与流变》，载《欧洲研究》2006 年第 2 期。
[③] 夏雨：《荷兰当前的软性毒品规制》，载《中国社会科学报》2017 年 1 月 11 日。
[④] 徐宏、李春雷：《毒品犯罪研究》，知识产权出版社 2016 年版。

据成瘾性、滥用性和对社会的危害性，我国台湾地区将毒品分为四级：第一级包括鸦片、吗啡、海洛因等；第二级包括大麻、罂粟、古柯、安非他明等；第三级包括西可巴比妥、异戊巴比妥、纳洛芬等；第四级包括二丙烯基巴比妥、阿普唑他及其他相类制品。毒品的毒害性、成瘾性从第一级到第四级渐次降低。"刑法"和"毒品危害防制条例"对涉及不同级别毒品的犯罪行为设置轻重程度不同的刑罚，[1]与毒品分级形成严密对应，以制造、运输、贩卖毒品罪为例，涉及第一级至第四级毒品，刑罚幅度分别为死刑或无期徒刑、七年以上有期徒刑、五年以上有期徒刑、三年以上十年以下有期徒刑。

三、毒品分级的对策建议

当前，毒品犯罪分级处遇既是世界刑事司法的主流趋势，也是刑罚适用合理化的必然要求，基于我国刑事立法一元化、法典化的历史传统，主张在刑法条文中对毒品进行分级且分别配置相应刑罚并不适宜，会造成刑法分则中毒品犯罪的章节过于臃肿，并且与其他分则条文失衡、失调，"在法律中，过于精密并不可取"。[2]因此，本书认为，在维护刑法的安定性、保持刑法的抽象性的同时，在刑事司法的层面对毒品进行科学分级，进而在刑罚适用过程中合理调控涉及不同毒品的犯罪行为的刑罚区间，是符合我国目前实际且具有可操作性的妥当选择。

（一）数量折算的现行规定

我国虽未制定关于毒品分级的专门性法律法规，但最高人民法院、国家禁毒委员会、国家药品监督管理局等部门先后出台了多个毒品数量折算标准，为量刑提供了相应依据，形成了"准分级"的司法样态。

2004年9月，国家食品药品监督管理局发布《关于麻醉药品精神药品品种归类和分级意见的复函》，按照药理学原理以附件《非法药物折算表》的形式对麻醉药品、精神药品进行了分类，主要分为：(1) 药物依赖性很强且医疗上不准许使用的品种；(2) 精神依赖性很强且医疗上不准使用的品种；(3) 精神依赖性强尚有医疗用途的品种；(4) 精神依赖性相对较弱有医疗用途的品种；(5) 药物依赖性很强，但医疗上广泛使用的品种；(6) 药物依赖性

---

[1] 刘湘廉：《祖国大陆与我国台湾地区的毒品犯罪立法比较》，载《西南政法大学学报》2009年第3期。

[2] 孙笑侠：《西方法谚精选》，法律出版社2005年版，第4页。

相对较弱，且医疗上广泛使用的品种。同时，《非法药物折算表》以海洛因为参照物，明确了上述 6 类 156 种毒品的数量折算标准，为刑事司法实务提供了相关毒品犯罪的定罪量刑参考标准。

2006 年 8 月，最高人民法院刑一庭印发《关于审理若干新型毒品案件定罪量刑的指导意见》，规定了 10 种新类型毒品与海洛因的数量折算标准，例如"1 克海洛因 =20 克氯胺酮、1 克海洛因 =10 克替甲基苯丙胺（俗称摇头丸）、1 克海洛因 =1000 克三唑仑、1 克海洛因 =10000 克地西泮"等。

2016 年 4 月 6 日，最高人民法院印发《关于审理毒品犯罪案件适用法律若干问题的解释》（法释〔2016〕8 号），规定了 31 种毒品与海洛因的数量折算标准，包括"1 克可卡因 =1 克海洛因、1 克吗啡 =0.5 克海洛因、1 克芬太尼 =0.4 克海洛因、1 克氯胺酮 =0.1 克海洛因、1 克曲马多 =0.025 克海洛因"等。

2016 年 6 月 24 日，国家禁毒委员会印发《104 种非药用类麻醉品和精神药品管制品种依赖性折算表》（禁毒办通〔2016〕38 号），对《非药用类麻醉药品和精神药品列管办法》列管的 104 种非药用类麻醉药品和精神药品与海洛因或甲基苯丙胺的折算标准进行确定，例如"1 克 3- 氯甲卡西酮 =0.3 克甲基苯丙胺、1 克乙基去甲氯胺酮 =0.025 克海洛因"等。

（二）数量折算的功能局限

目前，我国已经形成较为完备的毒品数量折算标准，各类毒品被折算为海洛因或甲基苯丙胺后，可直接对应《刑法》第 347 条所设置的不同刑罚幅度，有利于刑罚适用的具体展开。但是，数量折算与毒品分级并非同一概念，数量折算只是"量"上的算法，当其他毒品折算成海洛因或甲基苯丙胺后，如果数量超过 50 克，行为人依然可能面临死刑判决。例如最高人民法院发布的毒品犯罪典型案例——王某庆等贩卖、运输、制造毒品案，王某庆等人贩卖、运输、制造氯胺酮共计约 160 千克，折算成海洛因约 16 千克，王某庆作为主犯被判处死刑，并经最高人民法院核准后执行。这一案例在形式上满足了死刑适用的全部条件，却面临合理性、相当性的质疑。160 千克氯胺酮虽然在"量"上可以折算为 16 千克海洛因，但其毒害性与瘾癖性却远低于 16 千克海洛因，其药理成分难以对滥用者的生命健康造成"极其严重"的损害，死刑的正当性依据并不充分。

毒品分级是"质"上的区分，依据药理属性对不同毒品进行划分，以毒品本身的毒害性和瘾癖性作为处罚依据，"量之聚集"并不必然带来"质之升级",折算成海洛因（或甲基苯丙胺）之后的数量不能被对等适用，仅能作为刑罚适用的参考。例如，根据《最高人民法院关于审理毒品犯罪案件适用法律若干问题的解释》确立的折算标准，3000 克大麻叶＝1 克海洛因，如果进行简单的"量之折算"，那么走私、贩卖、运输大麻叶数量特别巨大的行为人，也可能面临无期徒刑甚至是死刑，这显然是缺乏社会相当性的。2007 年，全球医学权威杂志《柳叶刀》曾刊发一篇研究文章，该文认为大麻的伤害性、成瘾性非常有限，且远低于香烟和酒精。[①]大麻叶被折算成海洛因之后，其对应数量只是为了便于确定刑罚的基本幅度，并不代表二者的药理作用具有同等性，刑罚适用必须立足于对大麻叶药理作用的实质判断，基于较为有限的毒害性、瘾癖性，在有期徒刑范围内处罚行为人更为适宜。申言之，数量折算只能实现形式意义上的刑罚适用合理化，司法分级才能促成实质意义上的刑罚适用合理化，毒品数量的物理叠加一般不会改变其化学成分，更不会升级其毒害性和瘾癖性，数量折算模式的局限性、简单对应方式的失当性已显而易见。当前，毒品司法分级已成为刑罚适用合理化的重要前提，传统简单的"量之折算"模式必须走向现代精密的"质之对应"模式。

（三）司法分级的初步构想

毒品司法分级应当首先考虑毒品的毒害性、瘾癖性，同时综合考量毒品的滥用情况、获取难度、市场价格、药用价值等因素，最终形成一套符合毒品的法学、医学和经济学特征的分类标准。《非法药物折算表》将麻醉药品、精神药品分为六类，这一分类方法兼具科学性与合理性，且已行之有年、成效卓著，基于法秩序平稳性的考量，毒品司法分级应当以此为基础渐次展开，在分级初期不宜求全求细。

本书认为，毒品司法分级可以作如下三级设置：(1) 第一类"药物依赖性很强且医疗上不准许使用的品种"与第二类"精神依赖性很强且医疗上不准使用的品种"可以整合为 A 级毒品，A 级毒品对人体具有很强的伤害性，且不具备医疗价值，可谓是有百害而无一利，属于应当禁绝的对象，理应成为刑事打击的最重点；(2) 第三类"精神依赖性强尚有医疗用途的品种"与第五类"药物依赖性很强，但医疗上广泛使用的品种"可以整合为 B 级毒品，B 级毒品是一体两面的麻醉药品和精神药品，关键在于如何管控其用途，正如枪既可以成为捍卫主权的武器，也可以成为滥杀无辜的凶器，问题不在

[①] 高英东：《大麻合法化对美国及国际社会的影响》，载《河北法学》2015 年第 12 期。

枪而在枪的使用者；(3)第四类"精神依赖性相对较弱有医疗用途的品种"与第六类"药物依赖性相对较弱，且医疗上广泛使用的品种"可以整合为C级毒品，C级毒品天使的面孔更胜于魔鬼的脸庞，具有广泛普遍的医疗价值，其社会危害性相对较弱，刑罚适用应当以宽缓为基调，一般情况下宜将最高刑限定在有期徒刑范围内。

最高人民法院可以考虑出台相关司法解释，对毒品等级作如上划分，同时修订有关的量刑指导意见，根据毒品等级设定各类毒品犯罪的量刑指导幅度，以实现更高程度的罪刑均衡。在走私、贩卖、运输、制造毒品罪中，涉及A级毒品的犯罪行为，以死刑为最高刑；涉及B级毒品的犯罪行为，以无期徒刑为最高刑；涉及C级毒品的犯罪行为，以有期徒刑十五年为最高刑。通过毒品司法分级的方式调控刑罚强度，可以强化犯罪行为的社会危害性——特别是对国民生命健康法益的侵害程度——在刑罚适用中的基础性地位，切实提升刑罚适用的合理化水平，避免出现"轻毒重罚"的刑罚失调。同时，这种分级处罚的初步设想是宏观、抽象和框架性的，具体案件的刑罚适用还要受到人身危险性、刑事责任能力、共同犯罪的责任分配等因素的影响，刑罚将围绕社会危害性这一中心直线上下浮动，最终形成波浪式的曲线图景。

第二节　健全纯度鉴定制度

毒品通常包含纯质和杂质，毒性成分（即纯质）是危害人体的关键要素，杂质一般不具有毒害性、瘾癖性，是行为人为了改善外观、提升香味、利于伪装、增加重量等非法目的而人为添加的香料、染色剂、面粉等物质。杂质被掺入毒品后，大多还要经过后期的物理混同、化学加工，最终与纯质部分混为一体、合而为一，很难再进行人工分离。终端消费市场中的各类毒品，存在纯度上的极大差别，但不含杂质的纯毒品几乎是不存在的。从法益侵害的角度而言，一方面，杂质对国民生命健康不具有实质危害性，至少不会产生毒品维度的损害；另一方面，杂质重量被计入毒品交易的总数，行为人因此获得了相应的不法利益，对社会管理秩序造成了一定程度的损害。因此，杂质是一种无害于生命健康、有损于社会秩序的特殊物质，具有复杂的法学、医学属性，对刑法第 357 条第 2 款"不以纯度折算"的理解与适用，既要考评立法之目的，也要考量法益之侵害，还要考察毒品之特征、考虑司法之成本，在社会保护与人权保障、理想状态与现实条件、从严治毒与宽严相济之间寻求"最大公约数"，有序推进毒品纯度鉴定的全面覆盖。

一、纯度鉴定的规范导览

目前，刑法第 357 条第 2 款"不以纯度折算"的立法规定，在司法实践中已被相对"突破"，罪刑相适、人权保障取得了较大进步。最高人民法院通过出台司法解释、指导意见、座谈会纪要等规范性文件的方式，要求在特定毒品犯罪案件中必须进行含量鉴定，将刑事司法活动由"概括计数"推进至"精确计量"，有效推动了毒品犯罪刑事司法的现代转型。21 世纪以来，毒品犯罪纯度鉴定的范围正在不断扩大。

2000 年，最高人民法院印发《南宁会议纪要》，第 2 条第 4 项对涉案毒品的纯度鉴定问题作出初步规定，"但对于查获的毒品有证据证明大量掺假，经鉴定查明毒品含量极少，确有大量掺假成分的，在处刑时应酌情考虑"。

2006 年，最高人民法院刑一庭印发《关于审理若干新型毒品案件定罪量刑的指导意见》，第 2 条规定："对新型毒品要做含量鉴定，确定单一型毒品还是混合型毒品；如果是混合型毒品，要鉴定主要毒品成分及比例。"

2007 年，最高人民法院、最高人民检察院、公安部联合印发《办理毒品犯罪案件适用法律若干问题的意见》（公通字〔2007〕84 号），第 4 规定："可能判处死刑的毒品犯罪案件，应有含量的鉴定。"

2008 年，最高人民法院印发《大连会议纪要》，除了可能判处死刑的案件之外，第 5 条还要求"对涉案毒品可能大量掺假或者系成分复杂的新类型毒品的，亦应当作出毒品含量鉴定。"

2016 年，最高人民法院、最高人民检察院、公安部联合制定《办理毒品犯罪案件毒品提取、扣押、称量、取样和送检程序若干问题的规定》（公禁毒〔2016〕511 号），第 33 条将应当进行含量鉴定的情形设定为五种，在《大连会议纪要》的基础上增加了"毒品形态""司法机关要求"两种情形。

2019 年，最高人民法院、最高人民检察院、公安部联合制定《关于办理毒品犯罪案件收集与审查证据若干问题的意见》（法发〔2019〕13 号），第 11 条特别强调对查获毒品的含量鉴定，按照《办理毒品犯罪案件毒品提取、扣押、称量、取样和送检程序若干问题的规定》第 33 条执行。

近 20 年来，毒品犯罪纯度鉴定的范围已由 21 世纪初的一种情形扩大到目前的五种情形，在这些特定的毒品犯罪案件中，司法机关将"不以纯度折算"置于刑法体系之中，接受刑法第 5 条"罪责刑相适应"、第 13 条"犯罪概念"、第 37 条"非刑罚性处罚措施"、第 48 条"死刑、死缓的适用对象及核准程序"等总则条文的制约，个别化地推动毒品纯度鉴定，在一定程度上控制了重刑特别是死刑的适用。

二、纯度鉴定的扩大必要

随着人类文明的进步，人权保障已成为现代刑法的首要任务，为刑罚处罚大开方便之门的"无论数量多少"和"不以纯度折算"等刚性条文并不符合世界潮流，也有违刑法的人本主义精神，是一种前现代的刑法家长主义立法模式。但是，这一立法模式又具有雄厚的民意基础、深厚的历史惯性、浓厚的宣示意义，短期之内难以根本性修正。因此，在刑事司法层面逐步扩大毒品纯度鉴定的范围，是现阶段最为理性、妥当的选择，既能维护刑法的安定性，又能推动刑罚的合理化。

第一，扩大纯度鉴定是降低重刑率的必要方法。一段时期以来，重刑率偏高是毒品犯罪案件的显著特征，受到了刑法学界的强烈质疑与猛烈诘问，在非暴力性犯罪中如此大范围、高比例地适用重刑甚至是极刑，确有违背罪责刑相适应基本原则之虞，其中，纯度鉴定缺位是导致重刑率偏高的重要原因。重刑率是衡量刑罚轻重的主要标尺，也是刑罚文明程度的重要表征。近年来，毒品犯罪重刑率持续偏高已是公认的事实：2019 年 1—5 月全国毒品犯罪刑事案件重刑率为 26.38%，2018 年为 24.11%；[①] 2018 年山东省毒品犯罪刑事案件重刑率为 29.66%，[②] 浙江省为 21.4%；[③] 2017 年江西省毒品犯罪刑事案件重刑率为 27.48%，[④] 云南省为 62.26%，[⑤] 四川省为 19.24%；[⑥] 2016

[①] 孙航：《今年前五个月上万毒品犯罪分子被判重刑》，载《人民法院报》2019 年 6 月 26 日。
[②] 闫继勇、段格林：《山东：毒品犯罪案件数呈现下降趋势》，载《人民法院报》2019 年 6 月 26 日。
[③] 余建华、宋朵云：《浙江：毒品犯罪非监禁刑适用率仅为 6.8%》，载《人民法院报》2019 年 6 月 26 日。
[④] 王洁瑜等：《全国法院严厉打击毒品犯罪》，载《人民法院报》2018 年 6 月 26 日。
[⑤] 茶莹、杨帆：《云南持续高压打击毒品犯罪》，载《人民法院报》2018 年 6 月 25 日。
[⑥] 姜郑勇、吴茜：《四川拓展毒品审判司法影响力》，载《人民法院报》2018 年 6 月 25 日。

年云南省毒品犯罪刑事案件重刑率为 59.11%，[①] 黑龙江省为 32.14%，[②] 河南省为 27.18%；[③] 2015 年黑龙江省毒品犯罪刑事案件重刑率为 32.94%，江西省为 19.7%，青海省为 32.91%。[④] 司法实践中，走私、贩卖、运输、制造毒品罪与非法持有毒品罪是毒品犯罪的主要类型，二者都将毒品数量与刑罚幅度进行对应，在"不以纯度折算"的情况下，当涉案毒品达到法定数量后，重刑判决难以避免。海洛因、甲基苯丙胺与氯胺酮是当前消费市场中的主要毒品，一般情况下，海洛因的纯度为 5%—60%，甲基苯丙胺晶体的纯度为 50%—99%，甲基苯丙胺片剂的纯度为 5%—30%，氯胺酮的纯度为 60%—99%，[⑤] 如果在量刑过程中剔除涉案毒品的杂质重量，那么相当一部分被科处的重刑的案件将回归五年以下有期徒刑的本来位置。申言之，由于纯毒品在市场中几乎不存在，因此，只要进行毒品纯度鉴定，那么每一起毒品犯罪案件的毒品数量都可能出现下降，刑罚处罚也会随毒品数量减少而相应减轻，重刑率自然显著降低。

　　第二，扩大纯度鉴定是应对毒品嬗变的必然要求。随着科技水平的进步，当今世界的毒品种类不断增多，形成了传统毒品、合成毒品与新精神活性物质三者并立的局面，毒品的外观形态也被不法分子迅速翻新。其一，大麻类、鸦片类、古柯类等传统毒品继续泛滥，2018 年我国海洛因滥用人数占吸毒人员的 37%；其二，不法分子通过化学方法人工制造多种合成毒品，2018 年我国甲基苯丙胺（冰毒）滥用人数占吸毒人员的 56.1%；其三，不法分子为了规避法律打击，刻意制造在结构上与列管毒品相异但功能相似或更甚的物质，这些新精神活性物质在"合法"外衣下具有较传统毒品更为强烈的药理作用，[⑥] 截至 2018 年 9 月 1 日，我国列管的新精神活性物质已达 170 种，2018 年我国氯胺酮滥用人数占吸毒人员的 2.6%；其四，"神仙水""娜塔莎""0 号胶囊"及"氟胺酮"等新型毒品不断出现，毒品外观也伪装成"开心水""蘑菇""浴盐""邮票"及"阿拉伯茶"等多种样态，给禁毒执法造成极大干扰。当前，面对毒品种类的持续增多、毒品外观的快速变化、毒品混合的日益普

[①] 杨帆：《云南高院通报打击毒品犯罪情况》，载《人民法院报》2017 年 6 月 22 日。
[②] 段春山、邓秋迪：《黑龙江涉毒案重刑率达 32.14%》，载《人民法院报》2017 年 6 月 25 日。
[③] 冀天福、张琦：《河南发布毒品犯罪典型案例》，载《人民法院报》2017 年 6 月 25 日。
[④] 唐凤伟等：《各地法院通报严惩毒品犯罪情况》，载《人民法院报》2016 年 6 月 25 日。
[⑤] 王利荣：《减少直至搁置毒品犯罪死刑的适用——毒品犯罪若干问题的建议》，载《人民法治》2018 年第 12 期。
[⑥] 包涵：《新精神活性物质管制的国际经验和中国路径》，载《公安学研究》2018 年第 3 期。

遍，毒品鉴定（定性及定量）已成为查明案件事实最科学、最有效、最迅捷的方法，甚至是唯一的可靠方法，因此，在刑事司法中扩大纯度鉴定是应对毒品嬗变、提高打击效率的必然要求。

第三，扩大纯度鉴定是实现罪刑均衡的必须选择。首先，刑事立法打击的是毒品，而非毒品添加剂（即无毒物质）。《刑法》第347条采取的是"列举+定量"的立法方式，专门列举了鸦片、海洛因和甲基苯丙胺三种毒品，按照毒品数量设置了相应的刑罚幅度，其所针对的是有毒物质本身，而非被混入的无毒物质，因此，鸦片、海洛因、甲基苯丙胺之外的其他成分不属于刑法规制的范围。无论采用何种教义学解释方法，毒品数量都应当理解为去除杂质之后的纯量，在刑事司法中采用不予区分的整体认定方式，进而简单生硬地适用重刑，实有侵犯公民基本权利之嫌，如果推向极致，在理论上就有可能出现"1克海洛因+49克面粉=死刑"的刑罚方程式。其次，毒品净含量决定了犯罪行为的社会危害性，也决定了刑罚的基本幅度。毒品的社会危害性在于其内部的纯质，而非基于增加重量、逃避查处等原因而添加的杂质，40克纯度为80%的海洛因与100克纯度为30%的海洛因进行社会危害性程度比较，衡量标准不应是整体重量的对比，而应是其中毒品纯量的对比，这也是毒品犯罪二元法益论重构后的必然结论。如果不进行纯度鉴定，就会造成"量刑颠倒"的异常现象，即对毒品净含量更大（40克纯度为80%的海洛因）的犯罪行为处罚更轻，对毒品净含量更小（100克纯度为30%的海洛因）的犯罪行为处罚更重，甚至可能触发死刑判决，从而引发罪刑严重失衡。再次，纯度鉴定是从严打击幕后组织策划者、实际获利者的必然要求。"毒品流通过程中各个环节都要获得不法收益"，[①]末端贩运者手中的毒品往往被层层掺假、环环加价，如果不进行毒品纯度鉴定，就可能导致在同样的毒品净含量的情况下，末端贩运者由于步步累加的非毒品成分而承受比中端贩卖、运输者和顶端走私、制造者更重的刑罚，这显然是一种让人无法接受的刑罚靶向错位，司法资源被用于严惩末端的贩运者，元凶首恶、中坚骨干却被相对地轻缓以待，刑事治理效果必定事倍功半。纯度鉴定能够迅速确定毒品的净含量，在相同净含量的情况下，对中高端走私、制造、贩卖者的处罚一般应当重于末端的贩运者，尤其要严惩隐藏在幕后的组织者、操控者，这样才能实现更高水平的罪刑均衡。最后，纯度鉴定是释缓从严配刑的重要途径。目

---

① ［日］井田良：《毒品犯罪的对策》，金光旭等译，载［日］西原春夫主编：《日本刑事法的重要问题》，法律出版社2000年版，第137页。

前，全世界保留死刑的国家已成为相对少数，而在毒品犯罪中配置死刑的国家更是少数中的少数，主要集中在亚洲地区，如中国、新加坡、马来西亚、泰国以及斯里兰卡等，我国走私、贩卖、运输、制造毒品罪的刑罚配置已经非常严厉，如果再放任"不以纯度折算"的机械适用，那么刑罚必将在立法、司法的双重作用下走向严厉化，但是，我们对此必须保持高度警惕。纯度鉴定能够在客观上降低涉案毒品的数量，有效释缓刑罚配置的严厉性，避免社会保护与人权保障的紧张对立，是现阶段实现罪刑均衡的必由之路。

三、纯度鉴定的普及进路

纯度鉴定全覆盖是毒品犯罪刑事司法的最终目标，也是刑罚适用合理化的必然要求，但是，这一目标的实现有其特定的历史过程，要受到经济发展、司法成本、技术条件以及地区差异等诸多因素的制约，当前径直提出一步到位的全覆盖主张，只是一种脱离实际的理论假设，现阶段更宜在现有规定基础上确立三阶段的纯度鉴定普及进路，逐步推进刑罚适用合理化。

近期，对可能判处十五年有期徒刑、无期徒刑或者死刑的案件进行毒品纯度鉴定。十五年有期徒刑与无期徒刑长期剥夺受刑人的人身自由，造成受刑人持续游离于主流社会之外，"可能导致明显的人格障碍"，[①]是十分严厉的刑事处罚。在我国，由于毒品犯罪死刑判处的客观存在，长期自由刑的严厉性被相对忽视，可能判处十五年有期徒刑、无期徒刑的刑事案件大部分没有进行毒品纯度鉴定，被告人的基本权利没有得到充分保障。《刑法》第347条第2款将十五年有期徒刑、无期徒刑与死刑并列，设置了相同的数量标准与刑罚幅度，因此，在理论上每一起判处十五年有期徒刑、无期徒刑的案件都可能判处死刑（《刑法》第49条规定的被告人除外[②]），本着人权保障的根本价值追求，司法机关应当将"可能判处死刑"理解为法定刑而非宣告刑，切实扩大纯度鉴定的范围。这类案件涉及被告人的长期自由甚至是生命，并且案件数量相对较少，全部进行毒品纯度鉴定，不会引起司法成本的短时间陡增，以目前的经济发展水平已足以支撑，因此，应当尽快推动纯度鉴定在刑法第347条第2款中的全覆盖。

[①] ［德］汉斯·海因里希·耶塞克、托马斯·魏根特：《德国刑法教科书》，徐久生译，中国法制出版社2017年版，第1031页。

[②] 刑法第49条规定："犯罪的时候不满十八周岁的人和审判的时候怀孕的妇女，不适用死刑。审判的时候已满七十五周岁的人，不适用死刑，但以特别残忍手段致人死亡的除外。"

中期，对可能判处七年以上有期徒刑的案件进行毒品纯度鉴定。七年以上有期徒刑属于我国刑事政策意义上的重刑，七年亦是我国毒品犯罪刑罚配置中的一个重要节点，刑法第347条、第348条、第350条都配置有七年以上有期徒刑，《办理毒品犯罪案件毒品提取、扣押、称量、取样和送检程序若干问题的规定》第33条第1款第4项也将"查获的毒品系成分复杂的新类型毒品，且犯罪嫌疑人、被告人可能被判处七年以上有期徒刑"的情形纳入应当进行含量鉴定的范畴。本书认为，在十五年有期徒刑、无期徒刑和死刑案件中实现毒品纯度鉴定全覆盖后，当经济发展、技术保障、人才配备达到更高水平时，最高人民法院可以考虑出台相关司法解释、座谈会纪要，以由重到轻的顺序逐步推开纯度鉴定，首先将可能判处七年以上有期徒刑的案件纳入应当进行纯度鉴定的范围，进一步提高重刑毒品犯罪案件刑罚适用的公正性、合理性。

远期，对所有毒品犯罪案件进行毒品纯度鉴定。一方面，从刑事程序法的角度而言，在缺乏纯度鉴定的情况下，涉案毒品的准确数量是存疑的，有可能出现纯度无限接近于零的情况，此时就存在刑法介入必要性的问题；另一方面，从刑事实体法的角度来说，以毒品的整体重量为量刑依据，会导致刑罚处罚超过罪责程度，被告人将受到不公正的非难，只有毒品纯量才能作为刑罚处罚的正当依据。因此，全面普及毒品纯度鉴定是刑法发展的必然趋势，选择性的纯度鉴定只是基于社会现实的权宜之计，轻刑犯的人权也应当受到同等保障，当经济高度发达、社会高度成熟、技术高度完备之时，毒品纯度鉴定全覆盖必然会随之实现。

第三节　完善诱惑侦查制度

诱惑侦查又称为"侦查陷阱"，其特点一是使用诈术，二是为了达到目的而利用行为人的某种欲望，常被运用于"无被害人的犯罪"中，[1]例如毒品犯罪、假币犯罪和印章犯罪等。毒品犯罪具有组织性、国际性、广泛性、秘密

---

[1] 龙宗智：《欺骗与刑事司法行为的道德界限》，载《法学研究》2002年第4期。

性、潜在性和巧妙性等特征,缉查犯罪组织和犯罪人具有相当大的难度,不仅需要常规侦查方法,必要时还需采取特殊的侦查方法,①因此,诱惑侦查手段成为世界各国打击毒品犯罪的重要措施,甚至于"毒品犯罪成为绝大多数国家秘密侦查手段首屈一指的诱发因素",②其核心问题不在于是否允许运用诱惑侦查,而在于如何控制诱惑侦查。根据美国最高法院规定,警察有权采取"诱骗或计谋"去诱捕罪犯,但是政府用其犯罪设想去引诱无辜之人则是不正当的。③日本《毒品特例法》肯定了作为侦查手段采取监控下交付的方法,让人和物在侦查机关的监控下"浮泳",最终达到侦破药物受让人及其幕后组织中心人物的目的④。我国《刑事诉讼法》第 153 条也授权侦查机关在必要时可依法定程序开展诱惑侦查,并可以对毒品犯罪实施控制下交付。

当前,我国毒品犯罪中诱惑侦查手段的泛化,是造成刑罚适用较多、较滥的重要原因,贩卖毒品罪常年与盗窃罪、危险驾驶罪并列刑事案件发案量前三位。毋庸讳言,诱惑侦查手段在刑罚靶向上存在天然的"功能短板",对于缉拿上层人物的作用极其有限,过度倚重诱惑侦查将造成刑罚处罚浮于表面,大部分刑罚资源被投入惩治毒品犯罪链条末端的贩卖者,幕后的组织者依然稳定地获取着巨额不法利益,并且将这种犯罪"成就"建立在吸食者的健康侵蚀与贩毒者的自由丧失之上。诱惑侦查手段以某种程度的人权让步为代价,与人权保障的现代法治精神终归是相互矛盾的,是国家在特定历史时期内,基于侦查水平、技术能力的客观限制而作出的暂时性选择,绝非惩治毒品犯罪的长久之计,更非治本清源的有效措施,因此,当司法机关迫不得已采用诱惑侦查手段时,必须对其加以最严格的控制,将诱惑侦查对人权的损害程度降到最低。

一、诱惑侦查的启动限制

诱惑侦查,一般分为机会提供型和犯意引诱型。犯意引诱型诱惑侦查已被我国刑事诉讼法所禁止,无须详加讨论,本节关注的诱惑侦查专指机会提

---

① [日]加藤克佳:《毒品犯罪的侦查》,载[日]西原春夫主编:《日本刑事法的重要问题》,金光旭等译,法律出版社 2000 年版,第 146 页。
② 程雷:《秘密侦查在西方国家的兴起》,载《国家检察官学院学报》2009 年第 1 期。
③ 姜敏:《美国刑法纲要》,中国法制出版社 2016 年版,第 229 页。
④ [日]井田良:《毒品犯罪的对策》,载[日]西原春夫主编:《日本刑事法的重要问题》,金光旭等译,法律出版社 2000 年版,第 136 页。

供型诱惑侦查。目前，诱惑侦查手段在毒品犯罪中启动较为随意，尤其是针对小额毒品贩运案件大量采用，由此导致了刑罚适用的泛化。司法实践中，相当一部分诱惑侦查案件的前期证据存在缺失，甚至还有个别案件无法完全排除犯意引诱的可能性，但是，在从严治毒刑事政策的影响下也被定罪处罚，刑罚适用面临正当性、合法性的质疑，诱惑侦查手段的启动亟待制度化的程式控制。

（一）设立前置调查程序

1. 前置调查的设立根据

犯罪嫌疑人前期实施过毒品犯罪行为或者具有毒品犯罪意图，是侦查机关采用诱惑侦查手段的核心根据，也是区分犯意引诱与机会提供的重要依据，相较于主观供述更加客观、更加稳定，并且证明力更强。目前，公安机关主要依靠"线人"的证言来认定犯罪嫌疑人曾经实施过毒品犯罪行为，并在主观上具有实施毒品犯罪的意图，进而证立采用诱惑侦查手段的合法性。但是，现有案件中证明犯罪嫌疑人先前行为的证据较为单薄，绝大多数属于孤立证言，既无犯罪嫌疑人的相应供述，也无相关物证、书证、证人证言以及电子证据等予以印证，据此启动诱惑侦查程序，难以排除对犯意引诱的合理怀疑。"线人"实质上属于侦查机关的辅助人员，并不具备身份上的中立性，在理论上存在为了配合公安机关完成"禁毒任务"而提供虚假证言的可能性，靶向性地编造某一公民前期的毒品犯罪事实，为诱惑侦查手段创设启动条件。当前，公安机关通常将"线人"证言作为启动诱惑侦查程序的依据，不对证言的真实性进行实质查证，在缺乏其他证据予以印证的情况下，犯罪嫌疑人的所谓先前行为完全依赖于"线人"证言，客观上存在被"线人"误导的可能性，将犯意引诱误认为机会提供，从而导致刑罚适用的人为扩张。因此，有必要设立前置调查程序，对"线人"提供的毒品犯罪线索进行有效过滤，防止诱惑侦查程序的随意启动，力求社会保护与人权保障的有机平衡。

2. 前置调查的具体展开

刑事侦查活动应当在立案以后依法展开，对于拟适用诱惑侦查的行为人，由于尚不存在明确具体的犯罪事实，只能进行前期性的初步调查，而不能开展实质性的刑事侦查。在诱惑侦查的启动程序中，可以考虑设置前期调查制度，公安机关对拟诱惑侦查对象的前期行为进行调查，查明行为人是否可能实施过毒品犯罪、是否具有实施毒品犯罪的主观意图，并根据相关事实及证据形成调查报告。前期调查无须达到"犯罪事实清楚，证据确实充分"的程度，只需要达到社会平均水平的"内心确信"、形成合理怀疑即可。前期调查报告需要回答的核心乃至于唯一问题是："没有政府方的引诱，受到指控的公民是否会实施被指控的犯罪行为"，①只有得出确定无疑的肯定答案时，方能启动诱惑侦查程序。

3. 前置调查的证据标准

在前置调查中，除了"线人"的证言之外，公安机关还应当收集与证人证言相关的客观证据，例如在贩卖毒品案件中，应调取物证（购毒者留存的已购毒品、毒品包装）、书证（买卖双方的电话、聊天、转账记录）、鉴定意见（已购毒品的成分、含量鉴定）以及视听资料、电子数据（交易期间的视频监控）等。由于时过境迁、毒品消耗等原因，上述证据的收集很难完全齐备，取证目的也不是为了指控前期事实，因此，只要收集到部分证据与"线人"证言形成框架式的印证即可。框架式印证标准的确立具有重要的甄别筛选、人权保障功能，一方面，拟诱惑侦查对象的先前行为、主观意图不再片面依赖于"线人"证言，还有其他客观证据予以印证，公安机关启动诱惑侦查程序具备合法性、正当性；另一方面，对于无法形成框架式印证的毒品案件，"线人"证言系孤证，孤证既不能定案，也不能证立合理怀疑，全案未达到启动诱惑侦查程序的证据条件，在没有出现其他新证据的情况下，刑事追诉活动应当到此为止，否则就有犯意引诱之嫌。同时，还应当特别注意的是，上述证据虽然与犯罪嫌疑人后续行为的定罪量刑无关，但是关系到诱惑侦查活动的合法性、正当性，涉及犯意引诱、非法证据排除等重大程序问题，是全案证据中不可或缺的重要部分，在刑事诉讼流程中应当同步移送，检察机关与审判机关应当进行实质性的全面审查。

（二）强化检察监督程序

《刑事诉讼法》第153条对启动诱惑侦查设置了严格的内控程序——经公安机关负责人决定，这是强化公安机关内部监督的重要制度设计，对于防止诱惑侦查的随意、泛滥具有重大意义。但是，历史的经验告诉我们，任何一项司法权力都必须受到限制，否则它将肆无忌惮，体系之内的自我监督并不总是可靠和可信，更不是监督制约的首选或优选，源自于体系之外的外部监督不可或缺，内外整合的二元监督才是可靠、稳定和明确的。诱惑侦查手段涉及现代刑事诉讼的根本问题——社会保护与人权保障，因此，引入并强化

---

① 程雷：《诱惑侦查的程序控制》，载《法学研究》2015年第1期。

外部监督实有必要。

　　人民检察院是我国宪法确立的法律监督机关,依法对刑事诉讼活动进行法律监督,侦查活动是刑事诉讼活动的重要组成部分,诱惑侦查是侦查活动的特殊表现形式,当然也属于人民检察院法律监督的范围。在诱惑侦查手段的适用过程中,公安机关的内部审批与检察机关的外部监督并不矛盾,二者有着共同的目标——打击犯罪、保障人权,公安机关的侧重点在于打击犯罪,检察机关的侧重点在于保障人权,二者从不同的侧面共同推动刑事诉讼、推进犯罪治理。检察机关法律监督的介入不是对诱惑侦查的干扰与阻碍,而是对诱惑侦查的匡正与纠偏,防止诱惑侦查手段的滥用、错用,在司法个案中维护公平正义。现阶段,公安机关在诱惑侦查的内部决定程序中,基于打击任务、"线人"保护、侦查效率等原因,基本上排斥了检察机关法律监督的同步介入,封闭式的审批程序导致诱惑侦查缺乏外部监督,不利于被追诉人合法权利的保障,带有强烈的以侦查为中心的传统司法色彩。"以审判为中心"的诉讼制度改革,其核心是统一刑事诉讼的证明标准,在侦查、起诉等刑事诉讼活动中坚持司法审判标准,检察机关对诱惑侦查手段的全程介入,既是对侦查活动合法性的监督,也是对证据收集有效性的引导,具有社会保护与人权保障的双重功能。

　　公安机关对拟诱惑侦查对象进行前期调查后,对于存在定性争议、认识分歧的案件,应当与检察机关的侦查监督部门交换意见,[①]或者邀请检察机关派员提前介入,检察官对调查报告、现有证据等进行全面审查,就案件是否符合诱惑侦查启动条件提出正式意见,并对发现的违法调查行为进行纠正,对后续侦查活动的开展进行引导,充分履行刑事追诉和法律监督的职责,切实做好"侦前过滤",防止诱惑侦查的不当启动。检察机关对采用诱惑侦查提出反对意见时,应当同时说明证据不足的具体原因,以便于公安机关继续查证、强化,在未收集到其他新证据的情形下,公安机关不宜径直启动诱惑侦查程序,否则,可能在批准逮捕、审查起诉阶段面临检察机关的再次否定,从而造成司法资源的严重浪费,并且对被追诉人的合法权利产生不可逆的侵害。

　　综上,在毒品犯罪案件中,应当严格控制诱惑侦查手段的启动,从源头上解决刑罚适用过滥的问题。一方面,设立前置调查程序,确立框架式的印

---

① 陈学权:《程序法视野中的诱惑侦查》,载《国家检察官学院学报》2004年第2期。

证标准，避免诱惑侦查手段的随意启动，尤其杜绝"孤证式"启动，充分保障拟被追诉人的合法权利；另一方面，强化检察机关对诱惑侦查案件的同步监督，根据前置调查情况提出处理意见，防止侦查机关在"禁毒任务"的压力下急功近利，将诱惑侦查的启动限制在必要且无误的最小范围内，宁可错放一千，不可错诱一人。

二、诱惑侦查的对象克制

基于从严治毒刑事政策的总体导向，我国刑事立法并未禁止在毒品犯罪中对盲人、聋哑人、未成年人以及限制责任能力人实施诱惑侦查，在刑事立法的维度，所有针对毒品犯罪的机会提供型诱惑侦查都是合法的，但是，如果放任刑事司法无差别地实施诱惑侦查，那么可能造成社会弱势群体陷入更加不利的困境，被彻底推向社会的对立面，滑向难以自拔的犯罪深渊，有违刑法的谦抑性与以人为本的理念。从法理上讲，诱惑侦查是不可接受的，因为它建立在牺牲人权的基础之上；从实践上看，现阶段诱惑侦查是有必要的，但必须被控制在社会可承受、民众可忍受的范围内，司法机关应秉持"法出于仁"的刑法观念，在面对社会弱势群体时保持理性克制与仁爱宽厚，将诱惑侦查这柄副作用极大的"双刃剑"封入剑鞘。

（一）诱惑侦查不适用于盲人、聋哑人

盲人、聋哑人由于先天疾病或后天不幸，在感官上存在重大缺陷，已经承受了常人无法想象的痛苦，其认知世界的能力、认识世界的水平受到了严重制约，抵御犯罪诱惑的能力也远低于普通民众，他们为了维持正常生活所需要付出的努力远超健全人群，理应受到刑法的特别保护与宽容。人本主义提倡"以人为本"的基本价值取向，主张人是目的而不是手段，[1]法律的终极目的是照料人世生活、顺应世道人心，实现人的充分自由与全面发展。诱惑侦查本身就有将人作为手段之嫌，以此实现毒品犯罪的有效治理，如果说基于毒品犯罪的严重性社会能够勉强承受诱惑侦查，那么我们很难接受将盲人、聋哑人作为诱惑侦查的对象，虽然身体残障不是责任阻却事由，更非违法阻却事由，盲人、聋哑人的犯罪行为亦应当受到刑法的同等规制，但是国家不能提供机会来诱使他们犯罪，因为这些资源更应该被投入对弱势群体的照料当中。适用刑法人人平等基本原则不允许任何人拥有超越法律的特权，对于

---

[1] 袁林：《刑法解释观应从规则主义适度转向人本主义》，载《法商研究》2008年第6期。

盲人、聋哑人的犯罪行为，公安机关也负有查证的义务与职责，但是在查证的方法上应当体现出怜悯与同情，运用诱惑侦查之外的常规手段进行侦查，避免国家"主动"创设机会将盲人、聋哑人送入监狱。

（二）诱惑侦查不适用于未成年人

儿童是灌溉民族的泉源，是社会将来组织的要素，这类犯罪的数目增多，就是将来道德落伍的预兆，[①] 对于任何国家和民族而言，未成年人犯罪的增多都是对未来社会秩序、道德水平的提前破坏。由于身心发育、社会阅历上的天然限制，未成年人在犯罪原因上具有一定的可宽恕性，刑罚适用的效果也容易发生偏离，[②] 世界各国均将教育、关怀和矫治作为未成年人犯罪刑事政策的核心，以促进未成年犯罪人人格的正常发展，使他们适应正常的社会生活，成为一个健全的社会成员，[③] 未成年人利益最大化也已成为我国少年司法的根本宗旨。诱惑侦查与市民人权之间存在尖锐的对立，只强调毒品犯罪的严重性而轻视人权保障是绝对不能允许的，[④] 而牺牲未成年人的人权是更加不可接受的，这不仅是对当前伦理的破坏，更是对未来社会的透支。"国家合法地为未成年人提供犯罪机会，以便于将他们抓获并送入监狱"，这一论调在现代法治国很难证立，推演到极致甚至可以归纳为国家对未来的"自杀"，这绝非刑事司法所追求的目标。

美国学者马茨阿提出的"漂流理论"认为，青少年犯罪人并非完全背离社会合法的价值体系，而是在非法价值体系与合法价值体系之间反复来回"漂流"。未成年人心智发育尚未成熟，对侦查机关提供的"犯罪机会"的认识不同于成年人，其人格上具有较强的可塑性，如果通过机会提供型诱惑侦查予以刑事打击，不利于未成年人向社会合法价值体系靠拢并固定，反而容易将其推至非法价值体系，适用刑罚所期待的特殊预防功能可能会适得其反。青少年"漂流"需要竹筏和水流，竹筏由自身素质、人格状况、家庭教育等

[①] 徐鹏飞编著：《比较刑法纲要》，商务印书馆 2014 年版，第 100 页。
[②] 赵秉志、袁彬：《我国未成年人犯罪刑事立法的发展与完善》，载《中国刑事法杂志》2010 年第 3 期。
[③] ［日］田口守一：《少年审判》，载［日］西原春夫主编：《日本刑事法的重要问题》，金光旭等译，法律出版社 2000 年版，第 170 页。
[④] ［日］加藤克佳：《毒品犯罪的侦查》，载［日］西原春夫主编：《日本刑事法的重要问题》，金光旭等译，法律出版社 2000 年版，第 164 页。

要素组成，水流则是社会环境等影响因素，[1]如果水流是顺流，竹筏也不存在松散，那么青少年会被顺势推向合法的一侧；如果水流是逆流，那么青少年会被推向非法的一侧，当竹筏的自身驱动力不足以抗制逆流的推动力时，青少年很难再重新回到合法的一侧。诱惑侦查手段是外部社会环境的一部分，从提供犯罪机会的角度而言，无疑也是一股披上合法外衣的"社会逆流"，代表着国家对青少年犯罪人的彻底放弃。国家不仅没有为逆向行驶的竹筏注入抗逆力，甚至吝于为竹筏点亮返航的灯塔，通过诱惑侦查手段为社会环境注入关键性的逆向推动力，将青少年推向主流社会的另一面，这种做法绝非少年司法的初衷。申言之，一方面，诱惑侦查具有极强的随机性，潜在的犯罪人是否受到刑事追诉，几乎完全取决于公安机关是否将其列为诱惑侦查的对象，其中的人为因素很难控制，极易滋生选择性执法和变相司法腐败；另一方面，诱惑侦查很容易异化为对特定公民抵御犯罪诱惑能力的检验，[2]将未成年人推入这种不可预测的司法环境，并接受抵御诱惑能力的检验，不符合未成年人利益最大化原则。因此，在刑事司法中应当禁止对未成年人实施诱惑侦查，为他们保留迷途知返的最大可能性，只能采用不具有诱惑性的其他侦查手段，即便付出无法打击的代价，也不能将未成年人引入成年人构筑的犯罪机会之中。

（三）诱惑侦查不适用于限制责任能力人

由于精神疾病等因素的影响，限制责任能力人具有极大的不稳定性，其犯罪行为除了受到外部社会环境的影响之外，在很大程度上源于其自身精神状态的变化，而这种变化又恰好是行为人无法控制的。因此，刑罚对于限制责任能力人的特殊预防作用极其有限，要预测乃至于预防限制责任能力人的犯罪行为是非常困难的，刑罚适用往往陷入顾此失彼的尴尬，即只侧重报应功能，而缺乏预防功效。现阶段，司法机关耗费大量的司法资源，去"主动"追求这种功能不全的刑罚，是不符合法律经济学的成本考量的，我们必须思考"如何以最小的刑法成本投入和最优化的刑法资源配置，来实现最佳的刑罚效益"，[3]因为一方面资源的过度投入，必然导致另一方面资源的供给不足，固定的司法成本应当被投入产出更大的地方，追求更佳的治理效果，这才是

---

[1] 付光兴：《"漂流理论"与青少年犯罪的心理分析及其预防对策》，载《预防青少年犯罪研究》2013年第1期。
[2] 吴宏耀：《论我国诱饵侦查制度的立法建构》，载《人民检察》2001年第2期。
[3] 张建军：《最后手段性：现代刑法的基本理念》，载《光明日报》2014年9月17日。

刑事司法的理性选择。同时，限制责任能力人抵制诱惑的能力很难客观量化，如何区分犯意引诱与机会提供也将成为一道难解的司法方程式，依照疑罪从无的刑事诉讼基本原则，对于这种难以区分的诱惑侦查都应当推定为犯意引诱，作无罪化处理。是故，无论是基于刑罚的特殊预防效果，还是鉴于刑法资源投入与产出的计算，或是出于疑罪从无的现代刑法理念，都不宜对限制责任能力人实施诱惑侦查。

综上，虽然刑事立法并未对诱惑侦查的适用对象进行限制，但是刑事司法应当保持克制，不宜对盲人、聋哑人、未成年人和限制责任能力人等弱势群体实施诱惑侦查，他们要么尚未成年，要么遭遇不幸，抵制诱惑的能力显著低于正常成年人。通过诱惑侦查手段打击弱势群体，对于毒品犯罪治理的正面作用非常有限，但是附带的副作用却异常明显，是一种过分的刑法工具主义化，将导致国家刑罚权的恶性膨胀和公民个人权利与自由的严重萎缩，[①]实不可取。司法机关在诱惑侦查手段的运用过程中，应当自觉排除盲人、聋哑人、未成年人和限制责任能力人等弱势群体，以常规侦查手段应对相关的毒品犯罪，避免刑罚适用范围的人为扩大。

三、诱惑侦查的刑罚节制

刑罚的功能在于报应与预防，报应主要针对行为的社会危害性，预防主要针对行为人的人身危险性，而诱惑侦查所触发的毒品犯罪案件，社会危害性与人身危险性均低于一般毒品犯罪案件，对毒品市场的实际"贡献"作用也几乎为零，司法机关在刑罚适用中应掌握合理的限度，保持刑罚的节制。

（一）基于社会危害性的节制

犯罪的本质是侵害法益，"刑罚的判处不得超过或者低于罪犯所实施的罪行"，[②]犯罪行为的社会危害性是刑罚裁量的主要根据，刑罚制裁的强度应当与法益受损的程度基本相当。在诱惑侦查模式下，公安机关在犯罪结果发生之前即已实质性介入，毒品犯罪行为从诱发到实施再到完成，均处于国家的严密监控之下，涉案毒品几乎不可能流入市场，更不会对国民生命健康产生实质性危害，因此，其社会危害性相对有限，双重法益中仅有社会管理秩序受到一定损害，而并无对国民生命健康的紧迫侵害，所以，立足于罪责刑相适

[①] 谢望原：《谨防刑法过分工具主义化》，载《法学家》2019年第1期。
[②] 王世洲：《现代刑罚目的理论与中国的选择》，载《法学研究》2003年第3期。

应的刑法基本原则,严刑重罚不宜适用于诱惑侦查所引发的毒品犯罪,否则会出现报应过度、刑罚过剩的问题。

(二)基于人身危险性的节制

人身危险性最基本的意涵是指犯罪行为人再次实施犯罪的可能性,[1]刑罚所追求的特殊预防效果,其核心就在于减少乃至于消除犯罪行为人的再犯可能性。人身危险性不会抬高刑罚的上限,但会影响刑罚的下限,社会危害性基本相同的犯罪案件,行为人的人身危险性越低,其所受到的刑罚也应当更轻缓。在诱惑侦查案件中,行为人萌生犯罪意图固然有其自身的原因,但公安机关提供的犯罪机会也是不容忽视的重要因素,相较于普通的"主动型"毒品犯罪,行为人实施毒品犯罪具有一定的被动性,其人身危险性相对更小,特殊预防的必要性也相应更低。人性的弱点是无法否定的客观存在,任何人都有趋利避害的本能,主观上都有或多或少的私心杂念,都有可能基于诱惑而实施违法犯罪行为,完全纯粹、高尚和脱离低级趣味的人是极其罕见的,他们也不是刑事司法所应参照的平均标准。刑法不应当考验人性,也无须进行道德评判,行为人在诱惑之下实施毒品犯罪是正常的社会现象,并不代表行为人道德沦丧、蓄谋已久,恰恰表明行为人的人身危险性相对较小,在公安机关的"合法诱惑"之下实施了毒品犯罪。因此,在通过诱惑侦查手段破获的毒品犯罪案件中,审判机关应当对刑罚强度进行合理节制,将诱惑侦查作为重要的量刑因素,依法作出相对宽缓的判决。

(三)刑罚节制的具体展开

目前,对于诱惑侦查案件的刑罚节制,刑法理论与司法实践均关注不足,特别是在刑罚适用过程中,诱惑侦查这一酌定量刑情节受到了司法机关的相对忽视,仅在毒品犯罪死刑案件中被作为限制死刑立即执行的政策性依据,[2]并未被司法解释明确为准法定的从轻、减轻事由;而在其他毒品犯罪案件中,诱惑侦查几乎没有进入刑罚适用的考量范围,涉案毒品的种类和数量仍然起着举足轻重的决定性作用。刑罚分为主刑和附加刑,主刑包括刑种、刑期和执行方式等要素,附加刑包括种类、期限和数额等要素,刑罚节制需要同时

---

[1] 曲新久:《刑法的精神与立场》,中国政法大学出版社2000年版,第205页。
[2] 《大连会议纪要》第2条规定:"毒品数量达到实际掌握的死刑数量标准,具有下列情形之一的,可以不判处被告人死刑立即执行:……(4)因特情引诱毒品数量才达到实际掌握的死刑数量标准的;……"

关注主刑和附加刑。走私、贩卖、运输、制造毒品罪是刑法中少有的覆盖全部五种主刑、三种附加刑的具体罪名，而且各个刑罚幅度内部的自由裁量空间极大，例如七年以上有期徒刑，十五年以上有期徒刑、无期徒刑和死刑等，在司法层面对刑罚适用进行合理节制很有必要。司法实践中，走私、贩卖、运输、制造毒品罪有超过一半以上的案件是通过诱惑侦查手段破获的，因此，将诱惑侦查作为制度化的酌定量刑情节具有非常广泛的实践价值，对于防止刑罚过严、促进罪刑均衡具有十分重要的积极意义。本书认为，最高人民法院可以考虑将诱惑侦查纳入座谈会纪要和司法解释，逐步确立为一种准法定的程序从宽情节。司法解释在法律渊源体系中占有重要位置，是最高人民法院、最高人民检察院根据《立法法》第104条的授权，对如何运用法律作出的具有普遍司法效力的规范性解释，①是确保全国各级各地司法机关正确理解法律、统一适用法律的重要方式。座谈会纪要是具有普遍指导意义的司法文件，通常是最高人民法院针对某类特定犯罪作出的政策性指导，其目的在于明确法律适用标准、统一刑罚适用尺度，虽然不属于严格意义上的规范性文件，但在司法实践中发挥着准司法解释的作用。诱惑侦查本质上是诉讼程序问题，与坦白、自首以及立功等量刑情节不同，不属于实体从宽的范围，而与认罪认罚相一致，同属于程序从宽的范畴。《刑事诉讼法》第15条确立了认罪认罚从宽制度，程序从宽已被刑事立法正式确认，并在司法实践中广泛适用，因此，将诱惑侦查作为程序从宽情节具备法理依据。目前，刑事立法尚未将诱惑侦查确立为法定从宽情节，为了实现更高程度的罪责刑相适应，切实维护毒品犯罪被告人的合法权利，最高人民法院可以采用两步走的方式，在司法层面逐渐强化诱惑侦查对量刑结果的调节作用。第一阶段，通过出台座谈会纪要的形式，在司法文件中将诱惑侦查设立为政策性的程序从宽情节，在具体案件中有效推动刑罚轻缓化；第二阶段，适时将诱惑侦查纳入司法解释，正式确立为一种准法定的程序从宽情节，全面、明确和统一地介入刑罚适用过程，在司法层面调节刑罚适用的宽度和强度，最终实现刑罚节制的制度化。

综上，在当前和未来较长一段时期内，诱惑侦查手段仍将是打击毒品犯罪的重要乃至必要方式，对其进行程序上的控制、实体上的节制，既是人权保障的必然要求，也是防止刑罚适用泛滥化、严厉化的制度前提，更是避免

---

① 刘风景：《司法解释权限的界定与行使》，载《中国法学》2016年第3期。

从严治毒刑事政策走向片面化的重要举措。诱惑侦查制度在本质上是与人权保障理念相冲突的，由此衍生的刑罚处罚也始终面临合法性、正当性和适当性的质疑，刑事司法应当逐步构建"限制启动程序""克制适用对象"和"节制刑罚强度"三位一体的制约机制，在诱惑侦查案件中将刑罚适用的范围、刑罚处罚的强度控制在必要的最低限度，实现社会保护与人权保障的总体平衡，将人作为犯罪治理的目的，而非犯罪治理的手段，推动毒品犯罪刑事治理更加人性化，进一步促进毒品犯罪刑罚适用合理化。

第六章
毒品犯罪刑罚适用的司法匡正

毒品犯罪刑罚适用合理化，理论修正是前提性基础，政策归正是方向性指引，制度规正是系统性保障，而司法匡正则是关键性展开。刑事司法是理论、政策与制度的出发点与落脚点，缺乏司法层面的具体落实，毒品犯罪刑罚适用合理化只可能是抽象的概念，而不可能成为具象的现实。前文已经分析，当前毒品犯罪呈现出刑罚启动泛化、刑罚裁量整体趋重、缓刑适用过度从紧、罚金执行逐渐改善、保安处分基本虚置五大特征，必须对上述五个问题进行系统性的司法完善，刑罚适用方能走向合理化，才能充分激发出刑罚在惩治、预防毒品犯罪中的正面功效，最大限度地抑制刑罚的副作用。

第一节 刑罚启动合理化

刑罚启动合理化的关键在于入罪有度，刑罚启动是刑罚适用的首要环节，关系到刑罚适用与否的最基本问题，其实质就是不法行为是否值得动用刑罚予以制裁。当前，毒品犯罪出现了刑法边界过度扩张、刑罚适用过于机械的问题，其中既有立法的原因，也有司法的原因，还有刑事政策的原因，但主要是部分司法人员出现了对"无论数量多少"与"不以纯度折算"的误解，忽略了体系解释的教义学方法，以刑法优先原则排斥了禁毒法、治安管理处罚法对毒品违法行为的规制，将刑法边界扩张至极致，导致刑罚不再受到《刑法》第 13 条"情节显著轻微"的限制，呈现出高频率适用样态，司法资源被过度投入"高能耗、低能效"的小额毒品犯罪惩治，造成打击重点失准、资源投入失衡，不利于人权保障与禁毒事业的整体推进。因此，刑事司法有必要对刑罚启动予以限制，将刑罚适用控制在合理范围内。另外，还需要特别注意的是，毒品犯罪侵害的是国民生命健康与社会管理秩序的双重法益，如果不法行为对其中某项法益的侵害可能性为零，那么一般情况下也不宜启动刑罚予以制裁。

一、社会危害性的实质判断

刑事违法性、社会危害性与应受刑罚处罚性是我国《刑法》第 13 条犯罪概念的三大要素，刑事违法性是入罪的基础、社会危害性是入罪的根本、应受刑罚处罚性是入罪的前提。刑法与禁毒法在走私、贩卖、运输、制造毒品的行为表述上存在竞合，同一行为既可能构成刑事犯罪，也可能构成行政违法，区分二者的关键在于行为的社会危害性程度。我国采取行政违法与刑事犯罪的二元处罚体系，犯罪行为应当具备一定程度的社会危害性，否则只成立一般的行政违法，罪量是判断行为从一般行政违法升级至刑事犯罪最重要的考量因素。①换言之，犯罪的认定必须考虑罪量要素，社会危害性达不到罪量要素最低要求的不法行为，只可能成立行政违法。

本书认为，罪量要素分为一般罪量要素与个别罪量要素，《刑法》第 13 条但书"情节显著轻微"是对一般罪量要素的消极规定，各分则条文中"情节严重""情节恶劣""数额较大"与"造成严重后果"等，则是对个别罪量要素的积极规定。基于走私、贩卖、运输、制造毒品罪的严重性、普遍性与反复性，刑法分则以"无论数量多少"与"不以纯度折算"的方式变相取消了该罪名的个别罪量要求，但是，行为仍需符合刑法总则所设定的一般罪量要求。质言之，在走私、贩卖、运输、制造毒品罪中，不法行为的罪量评价已经由分则转向总则，不法行为所造成的社会危害性必须超过情节显著轻微的程度，否则，不能成立刑事犯罪。因此，在走私、贩卖、运输、制造毒品罪的刑事司法中，仍然不能忽视对不法行为的社会危害性的具体判断，应当

---

① 陈少青：《罪量与可罚性》，载《中国刑事法杂志》2017 年第 1 期。

重点考察不法行为对国民生命健康法益的实质损害程度,将损害程度过低、无须刑法介入的不法行为排除在犯罪之外,避免刑罚启动陷入过滥、过频、过多的泥潭。

毒品对人体的损害建立在达到一定净含量的基础上,如果毒品净含量过低,那么无论何种毒品都难以对人体产生刑法意义上的损害,也不会使人形成瘾癖,这些显著轻微的法益损害是无须启动刑罚予以保护的。一方面,毒品种类纷繁复杂、日益演变,各种毒品在毒害性、瘾癖性上存在巨大差异,一些毒品通过较小剂量即能对人体造成严重损害,而另外一些毒品则需要较大剂量方能达到同样的损害程度。另一方面,走私、贩卖、运输、制造毒品罪中,不同的行为类型、行为地点、行为对象所造成的法益损害亦不相同,例如向未成年人贩卖毒品,其罪量要求显然低于针对成年人的贩卖行为。因此,净含量过少的衡量标准是相对的、法学意义的,而不是绝对的、药理学意义的,司法实践中不存在一条泾渭分明的红线来区分罪与非罪,需要法官立足于案件的具体情况,对不法行为的社会危害性作出个别化判断。

(一)毒品数量过少时刑罚启动应慎重

基于毒品危害的严重性、毒品犯罪的顽固性,刑事立法上秉持厉行禁毒的价值取向具有一定的合理性与必需性,"无论数量多少"具有重要的一般预防价值。但是,法律条文只有处于与它有关的所有条文的整体之中才显出其真正的含义,[①]"体系解释的目的在于避免断章取义,以便于刑法整体协调",[②]对《刑法》第347条第1款"无论数量多少"的理解与适用应当符合刑法体系的基本要求,一律入罪是对法条的误解。对于涉案毒品数量过少的案件,可以考虑构建一种以行政处罚为一般、以刑事处罚为特殊的制裁模式,视情形予以区别处理,维护刑法谦抑、实现处罚相当。

1. 一般情况下刑罚不宜启动

涉案毒品换算成海洛因或甲基苯丙胺后,当出现数量趋近于零时,例如万分之一克甚至更低,如果不存在最高人民法院《关于审理毒品犯罪案件适用法律若干问题的解释》(以下简称《毒品犯罪若干解释》)第4条规定的前

---

① [法]亨利·莱维·布律尔:《法律社会学》,许钧译,上海人民出版社1984年版,第243页。

② 张明楷:《罪刑法定与刑法解释》,北京大学出版社2009年版,第144页。

五种加重情形,①那么一般情况下不宜适用刑罚,对不法行为予以治安管理处罚更为适当。一方面,当毒品数量过少时,不法行为对法益的损害并未达到需要刑法介入的程度,适用刑罚不符合比例原则;另一方面,刑法的谦抑可以为禁毒法留下合理的适用空间,激发治安管理处罚法在毒品问题治理中的积极作用,推动行政处罚与刑罚形成递进式的衔接关系,避免刑罚的过度膨胀,提升毒品犯罪治理的实际效果。

第一,《刑法》第347条第1款不能以特殊条款优先为由阻却刑法第13条但书的效力,司法人员在个案中必须从刑事违法性、社会危害性和应受刑罚处罚性三个维度综合判断犯罪的成立与否。当毒品数量所导致的社会危害并不值得动用刑罚予以保护时,作为二次法、保障法的刑法应当保持谦抑,为行政处罚留下合理的空间,否则将会导致禁毒法与治安管理处罚法被架空为"僵尸条款",行政、刑事的二元治毒体系将面临解构的危机,社会保护与人权保障的天平将会失衡。

第二,刑法第347条第1款具有立法上的宣示意义,适用不应绝对化。众所周知,基于沉痛的历史记忆,毒品问题在我国始终牵动着国民敏感的神经,社会主流民意对毒品犯罪抱有根深蒂固的敌视,由此衍生出"惩罚的冲动",毒品犯罪被告人往往受到法律与道德的双重责难,很难取得社会公众的谅解。部分司法人员面对久治难愈的毒品犯罪,在国民情感的推动下出现了一定程度的思维偏差,在具体案件中简单适用"无论数量多少",忽视了"犯罪情节显著轻微"的总体限制。我们必须理性地认识到,1997年刑法新增"无论数量多少"之规定有其特定的意义,一方面彰显我国从严治毒、禁绝毒品的坚定决心,另一方面寄望于以此强化犯罪预防。在司法实践中如果将"微量入刑"推向极致,就会出现毒品数量无限接近于零而入罪的情形,必然受到社会危害性、应受刑罚处罚性的强烈质疑。因此,"无论数量多少"更多具有立法上的宣示意义,"微量入刑"的司法理念看似是对刑法分则条文的坚守,但实则是对罪刑法定基本原则的违背与损害。

---

① 《关于审理毒品犯罪案件适用法律若干问题的解释》第4条规定:"走私、贩卖、运输、制造毒品,具有下列情形之一的,应当认定为刑法第三百四十七条第四款规定的'情节严重':(一)向多人贩卖毒品或者多次走私、贩卖、运输、制造毒品的;(二)在戒毒场所、监管场所贩卖毒品的;(三)向在校学生贩卖毒品的;(四)组织、利用残疾人、严重疾病患者、怀孕或者正在哺乳自己婴儿的妇女走私、贩卖、运输、制造毒品的;(五)国家工作人员走私、贩卖、运输、制造毒品的;(六)其他情节严重的情形。"

第三，司法个案的刑罚适用，应当遵循毒品问题治理的基本规律。毒品犯罪之所以久治不绝、痼疾难除，根本原因在于客观上存在一个非法的地下毒品市场，消费者受制于毒品"心理＋生理"的双重控制，毒品需求稳定且不断增大，在旺盛的市场需求与高额的不法利益面前，毒品犯罪必然会滋生蔓延、久禁不绝。毒品问题需要综合治理，应当从减少供应、减低需求、减轻伤害等方面同时着力，刑法仅能对减少供应起到一定作用，而对于减低需求与减轻伤害是无能为力的。毒品犯罪案件中，尤其是微量毒品犯罪案件，相当比例的犯罪嫌疑人是以贩养吸的吸毒者，他们本身也是毒品的被害人，机械适用"无论数量多少"，会将这部分吸毒者全部转变为犯罪人，在国家、吸毒者、犯罪人的三角关系中，在不必要的情况下将吸毒者推向另一端，不利于禁毒统一战线的形成。因此，在恪守罪刑法定基本原则的前提下，对部分微量毒品案件的犯罪嫌疑人予以出罪化，并综合运用行政处罚、毒瘾戒治、心理干预、社会复归等措施，减轻毒品伤害、减低毒品需求，相较于一律入罪而言，无疑是更符合毒品问题治理规律的理性选择。

2.特殊情形下刑罚应当启动

如果不法行为人存在最高人民法院《毒品犯罪若干解释》第4条所规定的前五种情形，那么，无论数量多少均应当认定为社会危害性相对较大，依法适用刑罚予以制裁。

第一，向多人贩卖毒品或者多次走私、贩卖、运输、制造毒品，无论数量多少均应予以刑事处罚。毒品的社会危害性最终要通过施用者吸食方能实现，而走私、贩卖、运输、制造行为则是从不同的市场环节推动消费的完成，向多人贩卖或者多次走私、贩卖、运输、制造毒品，显然是增加了毒品供应、活跃了市场交易、促进了毒品流通，频繁地推动毒品流向消费终端，即便累计的涉案毒品数量极少，但市场活跃度高、受众人数多，更容易被吸食从而对人体生命健康产生实质危害。因此，对于向多人贩卖或者多次走私、贩卖、运输、制造毒品的行为，无论数量多少均有必要适用刑罚予以打击。

第二，在戒毒场所、监管场所贩卖毒品，无论数量多少均应予以刑事处罚。基于经济学的视角，毒品犯罪行为的本质是市场交换，[①] 毒品犯罪的源动力在于市场需求，戒毒场所与监管场所是断绝毒品供应、强制戒除毒瘾的最后堡垒，通过将施用者与毒品物理隔离的方式，来降低直至消除施用者对毒

---

① 任娇娇:《我国禁毒刑事政策调整依据与路径探讨》，载《政法论丛》2018年第3期，第139页。

品的需求，以此实现毒品犯罪的深层次治理。在戒毒场所与监管场所内贩卖毒品，不仅会让施用者的生命健康继续受到侵蚀，而且会让羁押场所的隔离、戒治措施失去意义，毒品市场的供应、消费链条并未被阻断，羁押场所内的消费行为会持续驱动市场供应，羁押措施也将缺乏实际价值，反而成为一种变相的司法资源浪费。同时，在戒毒场所、监管场所内贩卖毒品，对监管秩序的破坏、司法公信的损害是不言而喻的，如果连高墙之内的羁押场所都不能禁绝毒品，那么我们实在难以期待禁毒斗争的最后胜利。是故，在戒毒场所与监管场所内贩卖毒品，无论涉案毒品的数量多少，罪量要素均已达到刑罚启动的最低要求，一般情况下不宜评价为情节显著轻微，应当适用刑罚予以制裁。

第三，向在校学生贩卖毒品，无论数量多少均应予以刑事处罚。在校学生包括成年学生与未成年学生，向未成年学生贩卖毒品的行为本身属于《刑法》第347条第5款规定的从重情节，是刑法惩治的重点。未成年人的身体发育尚未完成、人格塑造尚未定型，如果吸食毒品不仅会损害自身健康、扩大毒品需求，还可能造就未来的瘾君子、犯罪人，因此，向未成年人贩卖毒品的行为，其社会危害性已非单纯的身体损害所能评价，有必要适用刑罚予以打击。成年学生处于人生的特殊阶段，一方面身体发育基本完成，另一方面社会生活尚未开始，作为社会的预备参与者、将来劳动力，还需要积极正面的教育引导。向成年学生贩卖毒品的社会危害性不容小觑，可能导致购买者道德沦丧、走向歧途、滑向深渊，彻底毁灭前十年、二十年正面教育的成果，因此，刑罚适用不宜受到毒品数量多少的限制。

第四，组织、利用残疾人、严重疾病患者、怀孕或者正在哺乳自己婴儿的妇女走私、贩卖、运输、制造毒品，无论数量多少均应予以刑事处罚。上述人群是社会的特殊群体，对他们的关爱与照顾直接体现出一个国家的文明程度，利用他们实施毒品犯罪，既是对法益的侵害，也是对刑事打击的规避，还是对道德底线的挑战，会造成刑罚适用效果被稀释甚至是抵消。例如，司法实践中存在一些艾滋病晚期患者贩运毒品的案件，时常由于被告人的特殊身体状况而无法收监行刑，造成刑事诉讼程序的无意义空转。在这类案件中，毒品贩运者具有高度的可替代性，基于身体原因而成为被恶意利用的对象，疾病异化为逃避刑罚的"护身符"，刑事司法更应当关注其背后的组织者、指使者，避免刑法资源的投放错位，片面打击被利用者对毒品犯罪治理助益有限。因此，不法行为的责任应主要归咎于组织者、指使者，虽然毒品数量极少，对国民生命健康法益造成的侵害相对不大，但是其恶意规避刑事打击的行为严重侵害了社会管理秩序法益，从二元法益理论的视角，其行为显然不应评价为情节显著轻微。同时，对"残疾人"与"严重疾病患者"应作体系解释，在条文内部保持解释结论的协调，避免文义的不当扩大，从而防止刑罚适用的泛化。最高人民法院在《毒品犯罪若干解释》第4条中将"残疾人""严重疾病患者"和"怀孕或者正在哺乳自己婴儿的妇女"并列，说明上述人员具备某种相当性，而这种相当性就体现在刑罚执行方式上。基于人道主义精神，我国各级、各类立法均不主张对孕妇或者正在哺乳自己婴儿的妇女予以羁押，《刑事诉讼法》第265条第1款第2项规定"怀孕或者正在哺乳自己婴儿的妇女被判处有期徒刑或者拘役，可以暂予监外执行"，《看守所条例》第10条第3项规定"怀孕或者哺乳自己不满一周岁的婴儿的妇女，不予收押"，因此，司法实践中基本上不存在孕妇或者正在哺乳自己婴儿的妇女被羁押的情况，这也造成她们容易成为不法分子恶意利用的对象。《毒品犯罪若干解释》第4条中对"残疾人"与"严重疾病患者"的认定，其身体状况应当达到无法羁押的程度，这样才能与"怀孕或者正在哺乳自己婴儿的妇女"保持相当性，即都会导致自由刑无法实际执行。换言之，如果行为人的残疾和疾病并不影响自由刑的执行，那么就不能评价为《毒品犯罪若干解释》第4条规定的"残疾人"与"严重疾病患者"，否则，就会造成司法解释条文的内部失衡，并引发对组织者、利用者的不恰当宽宥。概言之，被告人组织、利用司法解释规定之外的残疾人、疾病患者实施的数量极少的毒品犯罪行为，一般情况下不宜纳入刑罚处罚的范围，给予行政处罚更为适当。

第五，国家工作人员走私、贩卖、运输、制造毒品，无论数量多少均应予以刑事处罚。在对国民生命健康法益的侵害上，国家工作人员与非国家工作人员实施的毒品犯罪并无二致，二者区别的关键就在于对社会管理秩序法益的侵害程度。毒品犯罪行为对社会管理秩序法益的侵害虽然是同质的，但是在侵害程度上依然存在一定差别。基于职权的便利性、行为的示范性，国家工作人员走私、贩卖、运输、制造毒品显然会对社会管理秩序造成更严重的侵害，一方面查处难度更大、侦查成本更高；另一方面会造成恶劣的负面示范效应，诱发其他毒品犯罪。虽然实施毒品犯罪是国家工作人员的私人行为，但是其身份的特殊性赋予犯罪行为某种意义上的"公共性"，公共罪恶比私人过错更加不可容忍[1]，对禁毒秩序与政府公信的损害不可小觑。因此，基于行为对国民生命健康、社会管理秩序双重法益的侵害，尤其是对国家禁毒秩序的严重破坏，国家工作人员实施的走私、贩卖、运输、制造毒品行为，无论数量多少均应纳入刑法规制，数量极少不能成为阻却刑罚适用的理由。

是故，在走私、贩卖、运输、制造毒品案件中，虽然《刑法》第347条第1款"无论数量多少"取消了数量维度的个别罪量要求，但是《刑法》第13条但书"情节显著轻微"这一一般罪量要求仍然制约着刑罚的启动。一方面，当毒品数量极少以至于对人体健康危害极小时，刑法的介入就缺乏必要性与适当性，一般情况下不宜适用刑罚予以制裁，交由禁毒法与治安管理处罚法调整，给予相应的行政处罚更符合比例原则。另一方面，当存在《毒品犯罪若干解释》第4条规定的前五种情形时，基于行为对国民生命健康法益与社会管理秩序法益的双重侵害，一般情况下均应适用刑罚进行规制。特别需要指出的是，《毒品犯罪若干解释》第4条规定的前五种情形不能在入罪、量刑阶段重复适用。质言之，涉案毒品数量过少时，对国民生命健康法益的侵害尚无须刑法介入，但由于对社会管理秩序法益的侵害较为严重，需要适用刑罚予以制裁，司法解释规定的前五种情形已经作为罪量要素在定罪阶段予以评价，如果再继续进入量刑阶段并成为加重处罚情节，显然是一种重复评价。进言之，《毒品犯罪若干解释》第4条规定的前五种加重处罚情形，是建立在不法行为本身构成犯罪的前提之上的，而在毒品数量过少的案件中，这五种情形就成为补足罪量要素的犯罪情节，不能再将其作为量刑阶段加重处罚的依据。

（二）毒品纯度过低时刑罚启动应慎重

毒品在本质上是被滥用的精神药品与麻醉药品，其药理作用是毒品犯罪社会危害性的基础，也是评价不法行为社会危害性程度的主要依据。由于犯罪形势严峻、毒品成分复杂、药理作用各异、鉴定成本较高等原因，《刑法》第357条通过"不以纯度折算"的立法方式，放宽了对毒品纯度鉴定的要求，但是，毒品纯度（即有毒成分净含量）依然要接受《刑法》第13条但书"情节显著轻微"的制约和检验，当有毒成分净含量并不足以产生刑法意义上的生命健康法益损害时，刑罚不宜简单化启动。

目前，司法机关基于执法成本等方面的考量，仅在可能判处死刑的案件

---

[1] 孙笑侠：《西方法谚精选》，中国法制出版社2005年版，第181页。

中进行毒品定性及含量鉴定，而其他案件一般只进行毒品定性鉴定，《鉴定意见》的检测结论通常表述为：经鉴定，上述毒品含某种成分。由于缺乏对毒品纯度的针对性检测，司法实践中必然会存在涉案毒品纯度极低也被科以刑罚的情形，从而导致刑罚适用的泛化。基于我国法治进程的客观实际，我们必须理性地认识到，现有司法资源并不足以支撑毒品纯度鉴定的全面展开，但是在罪与非罪、生刑与死刑等关键问题上，毒品纯度鉴定不能被忽视，否则刑罚适用可能出现过宽、过严的问题，被追诉人的基本人权将面临被不当侵害的危险。现阶段，如果涉案毒品的纯度明显偏低，例如行为人为了增加牟利而大量掺假、为了逃避打击而人为稀释等，当对毒品净含量的合理怀疑无法排除时，司法机关应当对毒品纯度进行鉴定，计算出毒品净含量的准确数值后，再具体判断对人体可能造成的伤害，评估不法行为是否达到罪量要素的最低要求。经纯度鉴定后毒品净含量过低的案件，由于对国民生命健康法益的侵害显著轻微，一般不宜适用刑罚予以打击。

（三）毒品毒性较弱且数量较少时刑罚启动应慎重

不同种类毒品的毒害性与瘾癖性存在巨大的差别，相同的数量具有迥异的毒性，比如，1克埃托啡（1克埃托啡=40克海洛因）与1克地西泮（1克海洛因=10000克地西泮）相比，二者对人体所造成的危害可谓是天差地别，因此，在罪量要素的判断上应当视毒品的具体种类及数量而论。例如，在三唑仑（1克海洛因=1000克三唑仑）、咖啡因（1克海洛因=4000克咖啡因）、地西泮等换算比值较高的毒品中，如果涉案毒品的数量较少，存在罪量要素的疑问时，那么应当先进行纯度鉴定，然后将净含量换算成海洛因或甲基苯丙胺，再根据具体数量来判断是否达到罪量要素的最低要求。同时，应当注意的是，虽然司法解释要求将地西泮、咖啡因、三唑仑等毒品换算成相应数量的海洛因或甲基苯丙胺，但是基于毒性本身的限制，这些地西泮、咖啡因、三唑仑相较于对应数量的海洛因或甲基苯丙胺，其毒害性与瘾癖性显然是更低的。不同种类的毒品之间，决定危害性大小的更多是"质"，而不是"量"，将其他种类毒品换算成海洛因或甲基苯丙胺，是为了量刑的方便以及司法尺度的统一，并不代表被换算的毒品在药理作用上与相应数量的海洛因或甲基苯丙胺相当。因此，在以弱性毒品为犯罪对象的刑事案件中，司法机关在罪量要素的把握上应当更为严格，当毒品数量较少、实际危害极小时，要特别注意防止刑罚适用的泛化。

（四）净含量较少且具有法定免除处罚情节时刑罚不宜启动

我国刑法总则规定的免除处罚情节有 11 种，其中应当免除处罚 1 种，即没有造成损害的中止犯（第 24 条）；应当减轻或免除处罚 4 种，分别是防卫过当（第 20 条）、避险过当（第 21 条）、胁从犯（第 28 条）、自首又有重大立功表现（第 68 条）；可以免除处罚 1 种，即犯罪较轻的自首犯罪分子（第 67 条）；可以减轻或免除处罚 2 种，分别是在领域外犯罪且已受过外国的刑事处罚（第 10 条）、重大立功（第 68 条）；可以从轻、减轻或免除处罚 3 种，分别是聋哑人及盲人（第 19 条）、预备犯（第 22 条）、从犯（第 27 条）。与毒品犯罪相关的免除处罚情节主要有 8 种，即没有造成损害的中止犯、胁从犯、自首又有重大立功表现、犯罪较轻的自首犯罪分子、重大立功、聋哑人及盲人、预备犯、从犯。对聋哑人及盲人的宽宥主要是体现刑法的人道主义精神，对自首又有重大立功表现、犯罪较轻的自首犯罪分子、重大立功 3 种情形免除处罚，主要着眼于行为人人身危险性的考量，而其余 4 种情形则正是基于对不法行为社会危害性程度的考虑。

在毒品数量极少、纯度极低的毒品犯罪中，由于罪量要素存在明显不足，一般情况下可直接阻却刑罚的启动。在毒品数量较小、纯度较低的微量毒品犯罪中，如果同时存在中止犯、胁从犯、预备犯及从犯等情节，那么不法行为对法益所造成的侵害也是有限的，司法机关不能以"无论数量多少"与"不以纯度折算"来一律排斥刑法总则中免除处罚条款的适用，而应当进行具体化的个别判断。

1. 毒品犯罪中没有造成损害的中止犯，不应适用刑罚予以制裁

依照我国刑法总则所确立的一般处罚原则，对于没有造成损害的中止犯应当免除处罚，因此，在司法实践中如何界定"没有造成损害"，就成为具体案件能否免除处罚的关键。本书认为，毒品犯罪是抽象危险犯，侵害的是国民生命健康与社会管理秩序的双重法益，只有当行为人在能够继续实施犯罪的情况下，"基于己意"自动放弃犯罪，并且完全消除对国民生命健康、社会管理秩序所造成的侵害，才可以认定为犯罪中止并免除刑事处罚。在这种情况下，免除处罚有利于鼓励行为人在既遂之前放弃犯罪，积极避免法益侵害结果的发生，彻底"消除其行为在社会中对法律动摇的影响"，[①] 既符合刑法总

---

① ［德］汉斯·海因里希·耶塞克、托马斯·魏根特：《德国刑法教科书》，徐久生译，中国法制出版社 2017 年版，第 723 页。

则的一般性规定,又切合犯罪治理的基本规律,相较于"零容忍"而言,是更理性、更科学的做法。同时,我们还应当注意以下两个问题。其一,对于走私、贩卖、运输、制造毒品罪的中止犯,如果其涉案毒品的数量达到了非法持有毒品罪的刑事追诉标准,那么应当适用这一兜底性罪名予以处罚,免除处罚并不及于本罪之外的其他罪名。其二,"犯罪中止作为奖励性规定,其适用条件不能过低,应该限于比较罕见的情形",[1]只有在行为人完全放弃犯罪、彻底消除危害的情况下,才可以免除处罚,否则,中止犯认定的泛化势必引起毒品犯罪人的恶意利用,不利于刑事打击的有效展开。

2. 微量毒品犯罪中的胁从犯,一般不宜适用刑罚

胁从犯在共同犯罪中处于被强制、被支配的地位,其对法益的侵害具有相当程度的非自愿性,从实施不法行为的角度来说,胁从犯是法律的违反者;从被强制实施不法行为的角度来说,胁从犯是犯罪的被害人、社会的弱势者。胁从犯之所以遭到其他犯罪人的胁迫,国家与社会负有一定的责任,如果国家执法、公共管理与社会福利足够完善,那么就很少有公民会因受制于人而被迫实施犯罪。在微量毒品犯罪中,法益受损的程度相对较低,且主要应当归责于强制者、胁迫者,胁从犯只是在特定的时空环境下成为了被操控者,在形式上造成了法益侵害结果的发生,但是在实质上对法益侵害结果的"加功"作用较为有限,在共同犯罪中起了比从犯更次要的作用,在社会危害性较小的案件中作非罪化处理,更符合罪责刑相适应基本原则。同时,当胁从犯受到外来的人身威胁、精神强制时,对其不实施违法行为的期待可能性应当相对降低,要求胁从犯自行反抗、不受强制或自愿接受来自于胁迫者的恶害,都是脱离实际、违背人性的理论假设。在微量毒品犯罪中,胁从犯在受到胁迫的情况下实施了轻微的不法行为,出于对人性弱点的承认与尊重,这类行为是值得宽宥的,在恶害威胁之下只实施轻微犯罪已是对人性的较高要求,再适用刑罚对胁从犯予以制裁不符合比例原则,也有违期待可能性所蕴含的关照人性、体恤弱者的人文精神[2]。

3. 微量毒品犯罪中的预备犯,不宜适用刑罚

我国刑法确立了预备犯的普遍处罚原则,但受到了不当扩大刑法处罚范围的强烈质疑,目前刑事司法通过刑事政策、但书条款、目的论限缩解释等

---

[1] 周光权:《刑法公开课》,北京大学出版社2019年版,第182页。
[2] 刘艳红:《调节性刑罚恕免事由:期待可能性理论的功能定位》,载《中国法学》2009年第4期。

路径，基本实现了预备犯例外处罚的实践理性。① 虽然我国确立了从严治毒刑事政策，但是对于微量毒品犯罪中的预备犯，仍应坚持预备犯例外处罚的司法原则，除非行为人因持有数量较大的毒品而成立非法持有毒品罪，在尚未造成法益侵害时，一般不宜适用刑罚。目前，部分司法人员由于对从严治毒刑事政策存在理解偏差，在司法实践中时常忽视了"情节显著轻微"对罪量要素的最基本要求，将相当比例的毒品犯罪预备行为定罪科刑，与其他犯罪形成鲜明反差，这种刑罚泛化的异常现象亟须匡正。例如贾某贩卖毒品案②，2015年3月，被告人贾某以贩卖为目的，通过山东省高密市人"坤哥"介绍，电话联系到山东省潍坊市一名男子，准备以240元/克的价格从该男子处购买冰毒用于转卖谋利，但二人尚未就购买冰毒的价格、数量等达成一致。贾某因吸食毒品被公安机关抓获后，主动交代了自己的上述犯罪事实。山东省青岛市城阳区人民法院经审理后认为贾某的行为已构成贩卖毒品罪，系为实施犯罪制造条件，是犯罪预备，同时结合自首、累犯及毒品再犯的法定情节，判处贾某有期徒刑六个月，并处罚金人民币两千元。本书认为，这一判决有不当扩大刑罚适用范围之嫌，贾某仅就购买毒品事宜与上家进行了联络，双方尚未就数量、价格等关键内容达成合意，交易流程还处于初始的"询价"阶段，距离最终完成毒品交易还有很长的过程，且交易随时可能因诸多原因而终止。贾某的行为对国民生命健康法益没有实质性侵害，对社会管理秩序法益的侵害也显著轻微，仅创设了一个可能实施毒品交易的机会，其犯罪进程距离既遂过于遥远，刑罚适用实有不当。进言之，部分司法人员对于毒品犯罪"惩罚的冲动"仍然客观存在，如果贾某是对枪支进行"询价"，依照目前的刑事司法理念，一般也不会因为涉嫌非法买卖枪支罪（预备）而受到刑罚制裁。"当行为符合了构成要件中的基本要素后，并不意味着行为的违法性达到了值得科处刑罚的程度"，③ 必须具体化判断法益侵害的客观程度，对于微量毒品犯罪中的预备犯，仍然应当坚持例外处罚原则。

4. 微量毒品犯罪中的从犯存在出罪可能

基于从严治毒刑事政策，刑事司法对于毒品犯罪中的从犯，大多比照主犯从轻或减轻处罚，鲜有免除处罚者。本书认为，《刑法》第27条第2款对

---

① 梁根林：《预备犯普遍处罚原则的困境与突围——〈刑法〉第22条的解读与重构》，载《中国法学》2011年第2期。
② 山东省青岛市城阳区人民法院：(2015) 城刑初字第608号刑事判决书。
③ 张明楷：《刑法学（第五版）》，法律出版社2016年版，第125页。

于从犯的处罚原则为"应当从轻、减轻处罚或者免除处罚",从语句排序可以得出,从轻、减轻处罚是一般,免除处罚是个别。因此,对于微量毒品犯罪中的从犯,一般情况下应当适用刑罚予以制裁,但是,如果从犯在共同犯罪中作用极小,其不法行为与法益侵害结果之间刑法上的因果关系过于薄弱时,综合考量行为对法益侵害的"加功"作用以及犯罪预防的必要性,刑事司法可以将免除处罚作为选项之一,在司法个案中限缩刑罚适用的范围。

综上,毒品犯罪的本质在于对国民生命健康与社会管理秩序双重法益的侵害,可罚的违法性是刑罚适用的正当性基础,只有违法性达到了刑法规范预设的严重程度,才可以动用刑罚处罚。[①] 犯罪的违法性是"质"与"量"的统一,《刑法》第13条但书是对"量"的一般性消极规定,《刑法》第347条第1款"无论数量多少"与第357条第2款"不以纯度折算"是对"量"的个别性积极规定,但是无论刑法分则条文对具体罪名的罪量要求如何,最终都必须接受但书的检验。因此,当毒品数量过少、纯度过低以及毒性较弱且数量较少时,一般不宜纳入刑罚处罚的范围,进行行政处罚更为适宜。同时,在毒品数量较少的案件中,必须重视与社会危害性相关的法定免除处罚情节,防止以从严治毒之名人为扩张刑罚处罚的范围。在毒品犯罪的刑事治理过程中,司法机关应当对刑罚适用泛化、零门槛化保持高度警惕,罪量要素对刑罚的限制作用不应受到具体罪名的影响,可罚的违法性是刑罚处罚的基本前提,对从严治毒刑事政策的理解与适用必须自觉维护刑法体系的协调。

二、人身危险性的区别对待

人身危险性最基本的内涵是指再犯可能性,其在罪责刑结构中虽然不具有当然的决定作用,但起着一定程度的修正作用,[②] 在某些时候决定了刑罚适用的必要性与合理性。刑罚的目的既包括惩罚犯罪,也包括预防犯罪,"人身危险性是行为人的人身特征,社会危害性是犯罪行为的事实特征",[③] 科学衡量人身危险性的有无和大小,是预防犯罪的应有之义,也是刑罚适用合理化的必然要求。在毒品数量极少的案件中,基于对社会危害性以及罪量因素的实质判断,即可将部分不法行为直接排除在刑罚制裁之外。在不属于数量极少的微量毒品犯罪案件中,除了考虑社会危害性这一决定性因素之外,还应当

---

① 刘士心:《论可罚的违法性》,载《中国刑事法杂志》2009年第3期。
② 游伟、陆建红:《人身危险性在我国刑法中的功能定位》,载《法学研究》2004年第4期。
③ 陈伟:《"人身危险性"与"社会危险性"的纠缠与厘定》,载《法治研究》2016年第3期。

个别化地关注行为人的人身危险性，如果再犯可能性极小，或者几乎不会再犯时，刑罚的启动也应慎重。基于毒品犯罪的严峻态势，现阶段人身危险性对处罚范围的修正应仅限于微量毒品犯罪，对于数量相对较大的其他法定刑在三年以下有期徒刑、拘役或者管制的毒品犯罪，不宜将人身危险性作为限缩刑罚适用的依据。目前，刑法中与人身危险性相关的免除处罚情节主要有《刑法》第67条第1款"犯罪较轻的，可以免除处罚"与《刑法》第68条"有重大立功表现的，可以减轻或者免除处罚"，在司法实践中根据是否同时具有自首、坦白情节，重大立功表现又分为自首且重大立功、坦白且重大立功与不认罪的重大立功。毒品犯罪虽然被视为严重的刑事犯罪，但刑事司法不能以此为由排斥人身危险性对刑罚适用的调节、修正作用，在不属于数量极少的微量毒品犯罪案件中，司法机关应当客观评价上述法定情节，根据人身危险性的具体差别，在一定范围内合理限制刑罚的启动。

（一）自首又有重大立功表现一般不宜适用刑罚

立功是被追诉人实施的可以获得国家刑法奖励的对国家与社会有突出贡献的行为，[1] 立功制度具有国家与被追诉人的双重功利主义，国家通过立功追求惩治犯罪、预防犯罪的最佳效果，被追诉人通过立功获得可预期的利益，[2] 对于国家与被追诉人而言，立功是一种司法双赢。根据最高人民法院于1998年4月17日印发的《关于处理自首和立功具体应用法律若干问题的解释》第7条，重大立功是指协助公安机关抓捕可能被判处无期徒刑以上刑罚的犯罪嫌疑人，以及案件在全国或本省级行政区域内具有较大影响。以海洛因、甲基苯丙胺作为量化基准，毒品犯罪中的重大立功，主要是指行为人协助公安机关抓捕涉案数量超过50克的走私、贩卖、运输、制造毒品的犯罪嫌疑人，这类人员大多是犯罪集团中的首要分子、共同犯罪中的主犯、职业毒枭等毒品犯罪"中坚力量"。因此，行为人的协助行为对于减少毒品供应具有重大意义，给予刑法奖励于法有据、于情有理。基于毒品犯罪的隐蔽特征以及与暴恐黑恶的高度关联性，重大立功对于被追诉人而言具有极大的个人压力，其今后再实施毒品犯罪的客观可能性极小，如果系微量毒品犯罪中的自首人员，一般不宜适用刑罚。

---

[1] 徐科雷：《刑法立功制度若干问题刍议》，载《中国刑事法杂志》2012年第3期。
[2] 蔡永彤：《功利与正义之间：立功制度的价值取向及其改造》，载《政治与法律》2008年第8期。

第一,行为人重大立功后,将基本上被毒品市场集体性排斥。毒品犯罪具有高度的组织性、隐蔽性,公安机关抓获毒品犯罪分子后,往往很难溯及其上线或下线。[①] 尤其是在犯罪分子拒不配合的情况下,很难查获其上线。重大立功意味着打开了毒品暗黑市场的深层窗户,引入国家公权力进行惩治,在毒品犯罪人群体眼中,这不仅是对被检举对象的"出卖",也是对市场共同体的"背叛",揭发毒品市场的中高端成员更会造成市场链条的严重受损,整个毒品市场会对检举人产生强烈的排斥心理,检举人基本上完全失去了毒品市场的信任,今后再次参与毒品犯罪的可能性极低,会被长时间定性为警察"线人",几乎不会再有人与其进行毒品交易。毒品犯罪终究是一种商业化的市场行为,当商业"诚信"彻底破产后,毒品犯罪也很难再继续。

第二,免除处罚,可最大化地激发出重大立功的制度价值。众所周知,毒品犯罪与暴力犯罪如孪生兄弟般相生相伴、如影随形,尤其是在跨国性、集团性、有组织性的毒品犯罪中,体现更为明显。中高层人物往往以暴力、武力作为毒品犯罪的后盾,微量毒品犯罪行为人绝大部分处于犯罪链条的低末端,在市场中处于被支配、被操控的地位,检举可能被判处无期徒刑以上刑罚的中高层人物,就有可能遭到来自于上层的报复与威胁。在利弊得失的权衡中,如果刑法奖励并不足以抵消行为人对人身伤害、恶害威胁的恐惧,那么立功制度将形同虚设。在所有的刑法奖励中,免除处罚居于无可争辩的最高位次,如果关闭了微量毒品犯罪行为人的出罪之路,那么在毒品犯罪中就很难再期待重大立功的出现,立功制度的功利效益将大打折扣。

第三,重大立功一般情况下均符合"以功抵罪"标准。基于自我保全的人性本能以及毒品在市场中的流通性,立功是毒品犯罪中的常见现象,为了统一规范司法实践中立功情节的从宽幅度,最高人民法院在《大连会议纪要》第7条中专门规定了"功罪相抵"原则,特别指出"关于立功从宽处罚的把握,应以功是否足以抵罪为标准。对于从犯、马仔立功,特别是协助抓获毒枭、首要分子、主犯的,应当从轻处罚,直至依法减轻或者免除处罚"。在微量毒品犯罪中,犯罪行为的法定刑为三年以下有期徒刑、拘役或者管制,被追诉人协助公安机关破获可能判处无期徒刑或者死刑的犯罪案件,功显然大于罪。国家以放弃部分轻罪追诉权为代价,换取对重大毒品犯罪的精准打击,既具有立法依据,也符合治毒策略,是当前司法资源相对不足现状下的理性

[①] 赵志华:《立功制度的法律适用》,载《国家检察官学院学报》2003年第4期。

选择。

第四，自首且重大立功，说明行为人再犯的可能性已基本消除。我国的立功制度不考虑行为人的主观恶性与悔罪表现，无论出于什么动机或心理，都不影响立功的认定，[①]因此，虽然重大立功会在客观上降低行为人再犯的可能性，但是并不能证明行为人主观上再犯的意图已被有效控制，不排除行为人将重大立功作为"司法投机"的手段，获得宽缓处理后再继续实施毒品犯罪。质言之，立功只考虑行为的客观功利性，而不考虑行为人的主观悔过性，单纯依据重大立功情节对微量毒品犯罪行为人作非罪化处理，并不具有充分的正当性。进言之，当微量毒品犯罪行为人自首且重大立功时，自首证明行为人主观上的再犯可能性较低，重大立功证明行为人客观上的再犯可能性较低，通过主、客观的双重检验，基本可以得出行为人人身危险性极低的结论。

是故，在行为人自首且重大立功的微量毒品犯罪案件中，一方面犯罪情节相对较轻，另一方面行为人已基本不具备再犯可能性，刑罚已不再是迫不得已的必须选择，其他处罚措施即能实现预防、抗制毒品犯罪的目标。在此情形下，司法机关应当重视人身危险性对刑事处罚范围的修正作用，通过援引总则条文的方式对刑罚适用进行严格限制，既避免刑罚适用范围的过度膨胀，又有效激活立功制度的功利价值，为打击毒品犯罪的中上层人物创设最大可能性。本书主张，对于微量毒品犯罪案件中自首且重大立功的行为人，应当以免除处罚为一般、刑罚制裁为特例，司法实践中只对累犯、毒品再犯以及明显的"司法投机"者保留适用刑罚的可能性。

（二）有重大立功表现应视情形分别处理

立功并不考察行为人的认罪态度与主观动机，只关注立功行为的客观功利价值，即便查明行为人的真实目的就是"司法投机"，刑事司法也不能否定立功的成立，但是，在从宽幅度的掌握上应当与真诚认罪悔罪下的立功有所区别。在不具有自首情节的微量毒品犯罪中，当行为人有重大立功表现时，司法机关应重点查明行为人的认罪态度、悔过意识，根据认罪悔罪的真实性、再犯罪的可能性作出区别化处理。

1. 行为人不具有坦白情节的，无论立功多么重大，均不宜免除处罚。行为人如实供述自己的罪行是认罪悔罪的前提条件，也是衡量人身危险性大小

[①] 高铭暄、彭凤莲：《论立功的成立条件》，载《北京师范大学学报（社会科学版）》2006年第5期。

的重要指标，只有在再犯罪可能性极小的前提下，以行政处罚替代刑罚才不至于产生严重的社会风险。如果行为人一方面具有重大立功表现，另一方面又拒不供述自己的犯罪事实，那么其主观上的犯罪意图并未削弱，人身危险性仍然较大，这种情形下依照《刑法》第68条减轻处罚是更适当的选择，[①]而且减轻的幅度不宜过大。

2. 同时具有重大立功、坦白情节的盲人、聋哑人、未成年人和限制行为能力人，可以不纳入刑罚适用的范围。相较于自首，仅具有坦白情节的行为人的人身危险性显然更大，由于其归案具有被动性，再犯的可能性更高，因此，一般不宜免除处罚，否则可能出现放纵犯罪、宽缓过度的问题。在这类案件中，司法机关应当重点关注行为人认罪悔罪的真实性与彻底性以及"功"与"罪"的比较情况，当立功对社会的贡献远大于犯罪对社会的损害时，在排除"司法投机"的合理怀疑后，可以对部分认罪悔罪的盲人、聋哑人、未成年人和限制行为能力人免除处罚，适度控制刑罚适用的范围。

3. 同时具有重大立功、坦白情节的累犯、毒品再犯及前科人员，一般不宜免除处罚。虽然微量毒品犯罪的社会危害性相对较小，重大立功对于犯罪治理具有极大的促进作用，坦白情节也说明行为人的认罪悔罪态度较好，但是前科劣迹与再次犯罪表明行为人的人身危险性并未得到有效控制，犯罪预防并未取得理想的效果。在此情形下，再犯罪已经不是抽象的主观可能，而是具象的客观实在，"为预防一个犯罪，抑制动机的力量必须超过诱惑动机"[②]，因此，刑罚是必要且适当的，否则不足以阻止行为人的再一次犯罪，减轻处罚更为适宜。

（三）仅具有自首情节一般不宜免除处罚

从形式上看，具有自首情节的微量毒品犯罪符合《刑法》第67条第1款"犯罪较轻的，可以免除处罚"的相关规定，但是，刑法对自首的犯罪分子以"可以从轻或者减轻处罚"为一般原则，"免除处罚"这一例外原则的设置是为了在个别特殊案件中调和情理法的冲突，以非刑罚处罚来促进社会矛盾的化解。例如，发生在近亲属之间的过失致人重伤案件，行为人自首并取得谅

---

① 《刑法》第68条规定："犯罪分子有揭发他人犯罪行为，查证属实的，或者提供重要线索，从而得以侦破其他案件等立功表现的，可以从轻或者减轻处罚；有重大立功表现的，可以减轻或者免除处罚。"

② [英]杰里米·边沁：《立法理论》，李贵芳等译，中国人民公安大学出版社1993年版，第68页。

解的，如果严格按照刑法条文对其定罪量刑，那么势必带来刑罚适用与伦理道德、人情观念的激烈冲突，刑罚适用不仅难以取得预期中的报应、预防效果，反而会引发社会观念的强烈反弹，破坏社会的安宁与稳定，这种情形下援引自首中的免除处罚条款是最恰当的选择。但是，我们必须理性地认识到，这种例外的免除处罚情形应当严格掌握，否则会造成刑罚适用范围的人为限缩，罪责刑相适应基本原则将会受到严重冲击，大量的犯罪得不到有效打击，自首条款也可能被犯罪嫌疑人恶意利用为"司法投机"的工具。

第一，毒品犯罪态势不允许免除处罚的过度扩大。改革开放40多年来，毒品犯罪呈现出严峻复杂的总体趋势，已成为我国刑事犯罪的主要罪名之一，刑法虽然不是治理毒品犯罪的最优选择，却是不可或缺的最严厉手段，发挥着对毒品犯罪的最后控制作用。现阶段，如果在刑事司法中过度限缩刑罚的适用范围，将《刑法》第67条第1款"犯罪较轻的，可以免除处罚"泛化适用，那么在其他治理措施尚未成熟完善的现状下，可能导致对毒品犯罪的管控不力，不利于毒品问题的有效治理。

第二，社会主流观念难以接受免除处罚的过多适用。当前，毒品依然被民众视为诱发违法犯罪、引发社会无序的罪恶之源，"重刑治毒"的朴素刑罚观念仍然存在，在毒品犯罪的刑事治理中并不存在情理法的冲突，反而形成了以刑抗毒的高度共识，因此，以自首免除处罚条款来调和情理法冲突的事实基础并不存在。法律深植于文化背景，在毒品犯罪的刑事治理中必须考虑社会的接受程度，现阶段将自首作为对微量毒品犯罪从轻或减轻处罚的依据，更符合大多数民众对法治的期待，有利于凝聚禁毒合力、提升治毒效果，免除处罚在目前尚不具备普遍适用的客观条件与民意基础。本书认为，当毒品犯罪得到基本控制、毒情态势得以有效扭转后，刑罚适用总基调也将随之更加缓和，此时，在微量毒品犯罪中可以逐步扩大对自首犯罪分子免除处罚的适用，进一步发挥自首制度在犯罪预防中的独特作用。

第三，对具有自首情节的微量毒品犯罪分子一般性地免除处罚，可能导致刑罚体系的内部冲突。自首又有重大立功表现、重大立功、犯罪较轻的自首犯罪分子，这三类情形虽然都可以作为免除处罚的依据，但三者之间并不具有相当性，在刑法奖励的幅度上理应有所区别。如果对犯罪较轻的自首犯罪分子一般性地免除处罚，那么在更加应当受到刑法奖励的自首又有重大立功表现、重大立功等情形中，刑法将无从体现出奖励幅度上的差别，当更容易实现的自首情节即能获得免除处罚，我们很难再期待重大立功的出现，从这个角度来说，适当控制免除处罚的适用范围是有必要的，否则，重大立功等更有利于打击毒品犯罪的情节将被自首所淹没。正如废除死刑的一个重要理由——死刑只适用于最严重的犯罪，但我们无法确证哪种犯罪才是最严重的犯罪，任何一种犯罪在理论上都有升级、恶化的可能性，如果对当前的被告人科以极刑，那么未来在面对罪行更严重的被告人时，刑罚将无法体现出差别。换言之，在微量毒品犯罪的刑事治理中，对免除处罚条款的适用要注意体现出区别，对于自首的犯罪分子一般情况下从轻或减轻处罚，为自首且重大立功、重大立功等情形留下更大的刑法奖励空间，一方面实现刑罚内部的体系平衡，另一方面通过立功制度最大限度地挖出幕后的组织者、指使者，推动毒品犯罪的深层次治理。

综上，在毒品犯罪的刑事治理过程中，人身危险性对刑罚启动起着重要的调节和修正作用，"如果刑罚是必要的，那就不应该被减少；如果刑罚是不必要的，那就不应该对罪犯适用"，[①]当涉案毒品数量较少、再犯可能性极低时，刑罚适用就可能是非必要的，一律给予刑罚处罚看似符合从严治毒刑事政策，实则有违毒品犯罪治理的功利价值，容易导致治理策略的错位。司法人员应当更加重视对人身危险性的个别判断，进一步摆脱对以刑治毒的过分倚重与习惯性迷恋，理性适用刑法总则中与人身危险性相关的免除处罚条款，在微量毒品犯罪案件中合理限制刑罚的启动，将无须刑法介入的不法行为交由行政法处理。毒品犯罪的刑事治理，既可以通过刑法打击来完成，也可以借助刑法奖励来实现，打击与奖励虽然路径不同，但是目的一致，免除处罚的目的不是宽纵毒品犯罪，而是更加科学地治理毒品犯罪。在毒品犯罪刑事治理体系中，刑罚不是越多越好，也不是越少越好，最恰当的是与犯罪规模相适应。在刑罚适用较多、较滥的司法现状下，将部分人身危险性极低的微量毒品犯罪行为人排除在刑罚之外，更符合毒品犯罪治理的基本规律，也更能推动毒品犯罪治理的可持续发展。

三、二元法益论的双重检视

毒品犯罪侵害的是国民生命健康与社会管理秩序的二元法益，其中国民生命健康是主要法益，社会管理秩序是次要法益，当不法行为仅侵害了社会

[①] 王志亮：《刑罚学研究——欧美刑罚观、监狱观的演变》，苏州大学出版社2016年版，第104页。

管理秩序法益，对国民生命健康法益不具有实质侵害时，一般不宜纳入刑罚适用的范围，予以行政处罚更符合比例原则。目前，部分司法人员过分重视对社会管理秩序法益的刑法保护，将一些对国民生命健康法益完全不具有危害性的不法行为也评价为毒品犯罪，导致了刑罚适用的泛化。本书认为，不法行为必须同时侵害国民生命健康法益与社会管理秩序法益，并且均超过"情节显著轻微"的程度，司法机关方可适用刑罚予以制裁。

较长时间以来，司法实践中一直存在相当数量的贩卖假毒品案件，20世纪90年代初，最高人民法院刑事审判部门为统一处理原则，根据行为人的主观明知状态确立了区别处理的司法标准：行为人以假充真或明知是假毒品而贩卖的，以诈骗罪论处；行为人不知道是假毒品，误认为是真毒品而贩卖的，以贩卖毒品罪（未遂）论处，比照既遂从轻或减轻处罚[1]。为平息司法实践中的争议，最高人民法院刑一庭不仅在《关于十二省自治区法院审理毒品犯罪案件工作会议纪要》第8条中提出了上述处理原则，还专门阐明了认定的理由："行为人虽然卖出的是假毒品，但他主观上具有贩卖毒品的故意，故应定为贩卖毒品罪（未遂）。"这一审判理念对司法实践产生了深远的影响，将"误假为真"的贩卖毒品行为以未遂论处的做法一直延续至今，行为人主观上的犯罪故意成为刑罚处罚的主要依据，虽然契合了从严治毒刑事政策，但是在客观上也造成了刑罚适用范围的扩大。本书认为，司法机关将"知假卖假"的贩卖毒品行为认定为诈骗罪具备合理性，但将"误假为真"的贩卖毒品行为以贩卖毒品罪未遂论处欠缺妥当性，导致刑罚适用的泛化，应及时予以纠正。

（一）"知假卖假"的贩卖毒品行为构成诈骗罪

诈骗罪的实质在于虚构事实、隐瞒真相，使被害人陷入错误认识后自愿交付财物，错误认识的对象既可以是合法的（例如黄金），也可以是非法的（例如枪支），在财产犯罪的维度上，"违禁品能够成为刑法上的财物"[2]。毒品只是犯罪分子实施诈骗犯罪的介质与载体，诈骗罪的成立并不受到毒品非法性的影响，只受到毒品真假与主观明知的影响，行为人基于非法占有的目的，以假毒品冒充真毒品骗取他人财物，如果所骗财物的价值达到《刑法》第

---

[1] 最高人民法院《关于十二省自治区法院审理毒品犯罪案件工作会议纪要》第8条，1991年12月17日法（刑一）发〔1991〕38号。

[2] 张明楷：《刑法学（第五版）》，中国法制出版社2016年版，第936页。

266 条"数额较大"的刑事立案标准,那么应当以诈骗罪定罪处罚。

(二)"误假为真"的贩卖毒品行为不构成犯罪

其一,"误假为真"的贩卖行为不构成贩卖毒品罪。在二元法益论的理论框架内,"误假为真"的贩卖行为对国民生命健康不具有危害可能性,仅能对社会管理秩序造成相对有限的损害,无法实现完整意义的法益侵害,属于"先在"无危险性,不可能转化为既遂犯,[1] 因此,是一种不可罚的不能犯。一段时期以来,面对"误假为真"的贩卖毒品案件,审判机关在从严治毒刑事政策与不能犯的两难之下,将未遂犯作为"调和剂",在认定行为人构成毒品犯罪的同时给予从宽处罚,既贯彻了从严打击的政策要求,又降低了刑事处罚的实际强度,实现了所谓的"平衡"。事实上,这种折中处理方式是存在弊端的,看似对行为人的处罚强度较既遂犯更轻,却在客观上造成了刑罚适用的泛化。"误假为真"的贩毒行为并未触及真正意义上的毒品,对国民生命健康法益的侵害为零,主张将这种不能犯按照未遂犯处理,不仅是"刑事政策对刑法理论的胜利",[2] 也是刑事政策对刑事司法的过分干预。我国刑事立法主要根据毒品的种类、数量来设置刑罚幅度,如果将贩卖假毒品的行为纳入刑罚处罚的范围,试问审判机关以什么样的客观事实作为量刑依据?未完成犯罪形态对刑事责任的消极影响,必须建立在不法行为本身构成犯罪的基础之上,"误将面粉等当作毒品出售的,属于不能犯,不成立贩卖毒品罪的未遂犯",[3] 既已不构成未遂犯,何来从轻处罚之说?现阶段,司法机关将行为人主观上具有贩卖毒品的故意作为处罚依据是极为不妥的,背离了客观主义刑法的基本立场,有倡导行为人刑法之嫌。"法律关注行为的外部,道德关注人的内心",[4] 如果允许刑法脱离法益侵害而介入人的内心,必将导致现代刑法的基石——罪刑法定基本原则——受到猛烈冲击,还会推衍出一些社会一般观念难以接受的处理结论。例如,既然可以用未遂犯来处理"误假为真"的贩卖毒品行为,那么基于错误认知而持有了假毒品(面粉)的行为,是否也应当评价为非法持有毒品罪未遂?持有面粉的行为对法益究竟有何侵害,法益侵害的程度又该如何量化?"误假为真"地持有了 50 克以上假海洛因(面粉),如果按照未遂犯来处理的话,行为人将面临七年以上有期徒刑或者无期徒刑,

---

[1] 聂长建:《不能犯与未遂犯区分标准研究》,载《法商研究》2018 年第 6 期。
[2] 赵桂玉:《毒品犯罪争议问题研究》,载《政法学刊》2015 年第 6 期。
[3] 张明楷:《刑法学(第五版)》,中国法制出版社 2016 年版,第 359 页。
[4] 张明楷:《刑法格言的展开》,北京大学出版社 2013 年版,第 199 页。

即便是援引《刑法》第23条第2款减轻处罚,[1]在法定刑的下一个幅度内量刑,行为人也将面临较重的刑事处罚,这种处理结果显然违背罪责刑相适应基本原则,也很难为社会一般观念所接受。

其二,"误假为真"的贩毒行为不构成诈骗罪。诈骗罪是指"以非法占有为目的,使用欺骗方法,骗取数额较大的公私财物的行为",[2]要求行为人主观上必须具有非法占有公私财物的目的。在"误假为真"的贩卖假毒品案件中,行为人主观上并不具有以假毒品冒充真毒品来骗取他人财物的故意,被害人财产损失的结果也不在行为人的犯罪意图之内,根据主客观相一致的罪责原则,不能认定为诈骗罪而科处刑罚。

因此,对于"误假为真"的贩卖假毒品行为,既不应认定为贩卖毒品罪,也不能评价为诈骗罪,司法机关以贩卖毒品罪(未遂)论处的做法缺乏合理性,将仅侵害了社会管理秩序法益的不法行为纳入刑事犯罪,忽视了国民生命健康法益的主体性,人为扩大了刑罚适用的范围,不利于毒品犯罪刑事治理的科学化、合理化。

第二节 刑罚裁量合理化

刑罚裁量合理化的关键在于量刑有节,将刑罚处罚的强度控制在报应与预防所必需的最低限度,寻求刑罚和犯罪接近于价值上的等同,[3]进一步实现刑罚裁量从政策主导模式向罪刑相适模式的现代转型。在毒品犯罪刑罚适用合理化的改造过程中,刑罚启动合理化是基础,刑罚裁量合理化是关键,执行方式合理化是保障,附加刑、非刑罚处罚措施合理化是必要配套,其中刑罚裁量是刑罚适用的主体部分,也是关键的核心部分。目前审判机关在毒品犯罪案件中存在一定的量刑过重问题,起点刑较高、短期自由刑较多是主要表现,毒品犯罪被告人不仅为犯罪行为承担相应的刑事责任,还要为刑事政策、社会观念、历史记忆等非刑法因素付出额外的代价,在某种程度上成为

---

[1] 刑法第23条第2款规定:"对于未遂犯,可以比照既遂犯从轻或者减轻处罚。"
[2] 张明楷:《刑法学(第五版)》,中国法制出版社2016年版,第1000页。
[3] [德]黑格尔:《法哲学原理》,商务印书馆2007年版,第103页。

社会情绪的出口、一般预防的工具，罪责刑相适应基本原则受到严重冲击。从严惩处的司法理念贯穿于刑罚裁量的始终，导致社会保护与人权保障的天平出现一定程度的失衡，刑罚处罚替代综合措施成为毒品犯罪治理的主要手段，过多的司法资源被投入减少供应这个单一侧面，而减低需求与减轻伤害这两个重要侧面却被相对忽视，刑罚裁量在治标不治本的循环往复中高位运行。然而，40年多来，毒品犯罪却持续呈现出严峻复杂的总体趋势，从严治毒、以刑抗毒并未取得预想中的理想效果。"毒品犯罪原因是一个复杂综合因素的集合"，[1] 刑罚裁量既要考虑涉案毒品的种类、数量与纯度，也要考察犯罪行为对毒品市场的"贡献"作用，还要考量社会保护与人权保障的合理平衡，亦要考评被告人的社会复归与犯罪预防，过分从严和过度从宽都不是理性的最佳选择，尤其是迷信重刑的震慑效果更不可取。在毒品犯罪的刑事治理过程中，刑罚既要维持一定的强度，也要保持一定的温度，迄今为止世界上没有任何一个国家可以仅靠严刑重罚来根治毒品犯罪，我国也不例外。现阶段，毒品犯罪刑罚裁量合理化的关键在于量刑有度，司法机关应当将从严治毒具体刑事政策置于宽严相济基本刑事政策的整体框架之下，改变长久以来从重从严的惯性思维，科学设定量刑起点、区别对待四类行为、理性运用量刑因素、扩大适用非监禁刑、合理分隔有期徒刑、从严控制死刑适用，从整体上适当降低刑罚处罚的强度，将节省的司法资源用于增强刑罚的必定性、提升法网的严密性，推动从严治毒刑事政策回归正轨。

一、科学设定量刑起点

当前，在量刑规范化、人工智能化的推动下，最高人民法院及各地方高级人民法院相继出台量刑指导意见、实施细则等司法文件，对走私、贩卖、运输、制造毒品罪等常见罪名的量刑计算标准进行细化，部分地区法院还引入智能化的量刑辅助系统，在输入具体案件的相关情节后，人工智能将通过预先设定的算法得出一个初步的量刑结果，以供法官参考。刑罚必须保持责任内容与刑度的适当比例关系，刑罚过高或过低都应当是被禁止的，[2] 在这种带有数字运算特征的量刑模式中，量刑起点的设定尤为重要，直接关系到量

---

[1] 刘建宏主编：《全球化视角下的毒品问题（新禁毒全书）》，人民出版社2014年版，第169页。

[2] [德]汉斯·海因里希·耶塞克、托马斯·魏根特：《德国刑法教科书》，徐久生译，中国法制出版社2017年版，第35页。

刑结果的高低。目前,最高人民法院以及中国大陆各地省级高级人民法院,在发布的量刑指导意见和相关实施细则中,基本上排除了走私、贩卖、运输、制造毒品罪适用管制刑的空间,还有多个省级实施细则将有期徒刑作为量刑起点,譬如浙江省将有期徒刑六个月至一年作为量刑起点,这种做法变相架空了刑事立法关于管制、拘役的刑罚配置,直接导致毒品犯罪刑罚处罚的整体升级,与罪责刑相适应的刑法基本原则出现背离,亟待予以修正。刑罚种类的多样性是刑法典完善的重要标志,[①]也是刑事司法迈向理性、走向成熟的重要表征,量刑起点的设定应当尊重刑事立法的基本构架。

第一,毒品犯罪本质上是非暴力性犯罪,量刑起点不宜过高。从医学的角度来说,毒品是被滥用的药品;从经济学的角度来说,毒品是一种特殊的商品,走私、贩卖、运输、制造毒品是一种不被允许的商业活动。这种不法的商业活动在行为模式上是和平的,并不会直接造成吸毒人员的伤亡,相较于故意伤害、强制猥亵、抢劫等暴力性犯罪而言,行为人对国民生命健康法益的侵害具有间接性与滞后性,且必须介入吸毒人员的吸食行为才能实现,从罪刑均衡的角度出发,一律以监禁刑作为量刑起点确有不妥。在基本犯的范畴,走私、贩卖、运输、制造毒品罪与故意伤害罪的主刑配置都是三年以下有期徒刑、拘役或者管制,从犯罪的社会危害性分析,故意伤害罪对人体的伤害显然更直接,但是在部分量刑指导文件中,走私、贩卖、运输、制造毒品罪的量刑起点却高于故意伤害罪。例如,(1)最高人民法院、最高人民检察院《关于常见犯罪的量刑指导意见(试行)》(法发〔2021〕21号)规定,故意伤害致一人轻伤的,在二年以下有期徒刑、拘役幅度内确定量刑起点,走私、贩卖、运输、制造少量毒品的,在三年以下有期徒刑、拘役幅度内确定量刑起点;(2)重庆市高级人民法院、重庆市人民检察院《〈关于常见犯罪的量刑指导意见(试行)〉实施细则》(渝高法〔2021〕126号)规定,故意伤害致一人轻伤的,在六个月拘役至二年有期徒刑幅度内确定量刑起点,走私、贩卖、运输、制造少量毒品的,量刑起点为有期徒刑六个月;(3)广东省高级人民法院《〈关于常见犯罪的量刑指导意见〉实施细则》(粤高法〔2017〕6号)规定,故意伤害致一人轻伤的,在二年以下有期徒刑、拘役幅度内确定量刑起点,走私、贩卖、运输、制造少量毒品的,在三年以下有期徒刑、拘役幅度内确定量刑起点;等等。在相同的主刑幅度内,非暴力性犯

---

① 杰里米·边沁:《立法理论》,李贵芳等译,中国人民公安大学出版社1993年版,第85页。

罪的量刑起点高于暴力性犯罪的量刑起点,这种设定方式有待商榷,与刑法的人本主义精神存在一定程度的背离,被一些学者认为缺乏对"人"的自我尊重、自我关怀,是刑罚适用刑事政策化的典型表现,不符合罪刑均衡的量刑原则。

第二,绝大部分少量毒品犯罪被告人处于社会的底层,一味的严刑重罚并不会起到良好的矫治、预防作用。犯罪不是孤立的现象,而是由一定的社会形态与社会结构所决定的社会现象,[①]毒品犯罪更是如此,是一定时期社会矛盾、社会问题的集中体现。法定刑在三年以下有期徒刑、拘役或者管制幅度内的毒品犯罪,总体上属于轻罪的范畴,绝大多数行为人处于毒品犯罪链条的末端,自身也深受毒品之害,经济状况普遍较为窘困,贩运毒品的主要目的是筹措维系吸毒的资金,并没有牟取到社会传统观念中的暴利。相较于抽象的刑事立法,具象的刑事司法是鲜活而复杂的,即便是按照传统观点将毒品犯罪视为严重的罪行,也不能否认具体案件中存在相对轻微的情形,采用"一刀切"的方式排除某种主刑是不恰当的。"零包"贩运毒品的行为人既需要接受刑罚处罚,更需要社会的关怀与帮助,他们并非毒品犯罪的幕后主导者、利益攫取者,一律科以监禁刑不利于教育挽救和分化瓦解。在毒品犯罪治理体系中,"罚"是手段、"治"是目的,刑罚适用应当具体化、差别化、多样化,在量刑起点的设定上为司法者保留采用一切刑罚手段的可能性,这才是符合犯罪治理规律的科学做法。

第三,在走私、贩卖、运输、制造毒品罪的基本犯中,建议将量刑起点设定为"一年以下有期徒刑、拘役或者管制幅度内",由司法者根据案件情况具体掌握。影响毒品犯罪量刑的关键因素主要有毒品种类、数量、纯度、犯罪形态及行为人的主观恶性、前科情况、刑事责任能力等,这些因素在不同案件中各有特点,直接关系到主刑种类的选择。例如,在贩运少量大麻的案件中,基于大麻在毒害性上的天然限制,通常情况下将管制刑作为量刑起点显然更为适宜,如果将量刑起点抬高至拘役甚至是有期徒刑,则很可能导致罪责刑不相适应的判决结果。再如,在未成年人贩运少量毒品的案件中,短期自由刑的弊端会被放大,交叉感染、标签效应、复归障碍等副作用在未成年人身上表现更为突出,将量刑起点下调至管制刑,可以为刑罚轻缓化保留最大的空间,再辅以综合矫治措施,将一时失足的未成年人尽可能拉回社会

---

① [法]迪尔凯姆:《社会学方法的准则》,狄玉明译,商务印书馆1995年版,第83页。

主流群体。

　　第四，降低量刑起点，并不会导致对毒品犯罪的打击不力。当前，全国各地法院在毒品犯罪中对于量刑起点设定普遍偏高，很大原因就在于对打击不力的担忧，担心出现毒品犯罪失管失控的不利局面。首先，刑罚对犯罪的控制力不在于严厉性，而在于不可避免性，真正能够震撼毒品犯罪分子心灵的只能是疏而不漏的刑事法网，严刑重罚对于毒品犯罪的抑制作用远低于我们的预期。如果犯罪后可以不受刑罚处罚，其他人就会争相效仿[①]，再严厉的刑罚也难以压制毒品犯罪的蔓延。其次，毒品犯罪与毒品滥用之间呈现密切的正比例关系，毒品滥用的程度决定了毒品犯罪的数量，控制毒品犯罪的关键在于对毒品滥用的预防与削减。无差别地对少量毒品犯罪分子科处自由刑，对于毒品犯罪的治理作用十分有限，还会耗费大量的司法资源、制造大量的社会矛盾。在量刑指导文件中以一年以下有期徒刑、拘役或者管制作为量刑起点，有利于将司法资源从轻刑案件中节约出来，集中投入提高破案比例、防控毒品滥用上，不仅不存在打击不力的问题，还能对毒品犯罪产生实质性的根治作用。最后，降低量刑起点，并不等于降低量刑结果。降低量刑起点，是为了使量刑活动不再受到人为的限制，使量刑结果更符合罪责刑相适应基本原则的要求，并非是提倡所有少量毒品犯罪案件均以管制刑作为量刑起点。毒品犯罪的刑罚适用，既要遵循从严治毒的具体刑事政策，也要遵守宽严相济的基本刑事政策，调整后的量刑起点更有利于实现该宽则宽、当严则严、宽严相济、罚当其罪。例如，在一年以下有期徒刑、拘役或者管制的量刑起点幅度内，对于社会危害性大、人身危险性高的毒品犯罪案件，法官可以选取有期徒刑作为量刑起点，再对量刑情节进行全面考量，最终作出适当的判决。

　　综上，在毒品犯罪案件中，量刑起点设定不科学是导致刑罚适用不合理的重要因素，以量刑指导文件的方式排除某一两种主刑的适用，会导致刑罚处罚的整体升级，既不符合罪责刑相适应基本原则，也不利于毒品犯罪的有效治理。量刑起点的设定应当以犯罪的社会危害性为基础，刑事政策可以作为量刑的参考因素，但不宜作为量刑起点的设定依据，司法机关必须对刑罚适用的刑事政策化保持高度警惕。在走私、贩卖、运输、制造毒品罪的基本犯中，将量刑起点设定为一年以下有期徒刑、拘役或者管制更为科学，人民

[①] 张明楷：《责任刑与预防刑》，北京大学出版社2015年版，第70页。

法院可以根据不同案件的具体情况，分别在有期徒刑、拘役或者管制的幅度
内量刑，将刑罚控制在最有利于防卫社会免遭犯罪侵害和最有利于犯罪人回
归社会的程度，①除此之外的刑罚都将是多余的，既是对司法资源的浪费，也
是对被告人基本权利的侵犯。

二、区别处罚四类行为

选择性罪名，是指刑法将两种及以上既有独立意义，又有紧密联系的犯
罪行为规定在一起而形成的罪名，其最大的优点在于控制刑法体例，避免条
文重复。②走私、贩卖、运输、制造毒品罪是典型的选择性罪名，同一条款
包含了四种不同的行为类型，虽然刑法条文采取了并排列举的立法方式，使
四种行为在"罪质"上具有同等性，但四种行为在"罪量"上仍然存在客观
上的差异，对毒品市场的"加功"作用也截然不同。基于社会危害性的差别，
审判机关不能把走私、贩卖、运输、制造四种行为等量齐观，在司法个案的
刑罚裁量中理应有所区别。目前，最高人民法院及各地方高级人民法院在量
刑指导文件中均未对行为类型加以区分，都是整体性地针对走私、贩卖、运
输、制造毒品罪设定量刑指导幅度，导致在毒品种类、数量及纯度等常规因
素基本一致的情况下，刑事判决对四种行为的量刑大致相同。基于刑法教义
学的基本立场，我们不能轻易地去质疑刑法条文的适当性，更不宜简单地得
出走私、贩卖、运输、制造四种行为并列不当的结论，正确的处理方式是一
方面尊重刑法条文的权威性，预设四种行为并列的合理性；另一方面通过法
律解释的方法，在条文内部对四种行为进行社会危害性程度的科学分级，并
在刑罚适用中予以贯彻，实现更高层面、更深层次的罪刑均衡。

（一）从严处罚走私制造

毒品犯罪侵犯的是国民生命健康与社会管理秩序的双重法益，其中国民
生命健康是居于优先位次的主要法益，衡量具体犯罪行为的社会危害性大小，
一定要立足于其对国民生命健康的损害程度，进行实质化的个别判断。在走
私、贩卖、运输、制造毒品罪中，走私、制造是源头性环节，无论经历多少
回合的买卖、多长距离的运输，最终被吸食的毒品始终是源自于走私、制造

---

① 谢望原：《实然的刑罚目的与应然的选择》，载《浙江社会科学》2000年第5期。
② 胡云腾：《论社会发展与罪名变迁——兼论选择性罪名的文书引用》，载《东方法学》2008
年第2期。

环节。在毒品犯罪的治理体系中，刑法的作用主要在于减少毒品供应，而压制走私、制造则是减少毒品供应的首要之举，否则在毒品存量充盈的大环境下，我们很难去阻止后续的运输、交易行为，毒品通过暗黑通道最终仍然会流转至吸食者手中。在毒品市场的运转过程中，毒品生成、毒品转移、毒品交易、毒品消费是最主要的四个环节，毒品生成（走私、制造毒品罪）之后，除了会引发下游的毒品转移（运输毒品罪）、毒品交易（贩卖毒品罪）之外，还可能诱发非法持有毒品罪、容留他人吸毒罪等相关犯罪，最终对吸毒者的生命健康造成实际损害。在走私、贩卖、运输、制造毒品罪内部，走私、制造行为增加了国内的毒品供应量，运输行为促进了国内的毒品流通，贩卖行为造成了毒品流向消费终端，就对国民生命健康法益的侵害而言，走私、制造行为无疑是"罪魁祸首"，没有毒品的生成也就不可能有流通与交易，更不会有对吸毒者生命健康的侵蚀。是故，在走私、贩卖、运输、制造毒品罪中，当其他犯罪情节大致相同时，审判机关应当对走私、制造毒品罪的被告人科处相对更严厉的刑罚，积极发挥刑罚对毒品供应的阻截作用。

在司法实践中，走私、制造毒品罪的总体特点是案件数量最少但社会危害性最大，绝大部分以集团犯罪、共同犯罪、跨国犯罪的形式出现，并与暴恐集团、黑恶势力的勾连最为紧密。在制毒技术日益翻新、禁毒执法日趋严密的今天，走私、制造毒品的成本之高、环节之多、风险之大已远非个人可以承受，这类犯罪的背后往往隐藏着庞大的犯罪组织，而这些犯罪组织正是刑法严厉打击的重点。因此，在走私、制造毒品犯罪案件中，刑罚应当展现出适当的严厉性，在罪责刑相适应基本原则的框架下，比照贩卖、运输行为适度从严处罚，在罪名内部形成刑罚强度的阶梯化，实现不同行为类型的区别化处理，让刑罚适用更加合理。

（二）从平处罚贩卖行为

从平，即平常、正常之意，从平处罚要求既不从重、也不从轻，正常适用刑罚。站在毒品犯罪分子的角度，贩卖行为是实现不法利益的关键一环；站在吸毒者的角度，购买行为是实现毒品消费的前提条件，毒品交易对供需双方至关重要，对市场运行必不可少，所以，有效打击毒品交易是刑法的重要任务。在走私、贩卖、运输、制造毒品罪的四种行为类型中，贩卖行为是毒品供应链条的最后一环，最直接地接触毒品消费者，最赤裸地牟取不法利益，给社会大众留下了最直观的负面印象，也因此成为从严治毒的首要目标。由于走私、制造毒品的犯罪手段更为隐秘、案件数量相对较少，社会大众将注意力集中在更可见的贩卖行为上,司法机关将惩治重点聚焦在更常见的贩卖毒品罪上,多年来的实践数据表明,在同等条件下审判机关对贩卖毒品罪的量刑并不低于走私、制造毒品罪,三类行为在社会危害性上的差别并未实际体现在刑罚适用当中。

在司法实践中,贩卖毒品罪的总体特点是案件数量最多,同等条件下的社会危害性一般小于走私、制造行为,但大于运输行为。走私、制造毒品是犯罪分子的单方行为,而贩卖毒品则需要购买者的参与才能完成,从这个意义上说,走私、制造者应当承担毒品生成的全部责任,但是将毒品交易的全部责任归咎于贩卖者则是不合理的,购买者的行为同样侵害了社会管理秩序法益与国民生命健康法益——购毒自吸者损害了本人的生命健康权益、购毒转卖者损害了他人的生命健康权益——虽然刑法并未将购毒行为规定为犯罪,但是购毒者在毒品交易中的责任是毋庸置疑的。因此,在犯罪情节相同但行为类型不同的毒品犯罪案件中,由于被告人所应承担的责任份额不同——走私、制造行为承担全部责任、贩卖行为承担部分责任——审判机关对贩卖毒品罪的量刑应当适度轻于走私、制造毒品罪,不能简单地依照刑法条文与量刑指导意见作出机械一致的判决。片面地追求《刑法》第347条内部四种行为类型的量刑趋同化,反而会造成实质意义上的量刑失衡。如果说刑罚在走私、制造毒品罪中需要展现出一定的严厉性,那么在贩卖毒品罪中就应当侧重于提高自身的必定性,在处罚强度上保持从平的状态即已足够,对于贩卖毒品这种普遍存在的贪利型犯罪,再严厉的刑事处罚都不如疏而不漏的法网更让人畏惧,刑罚的威慑作用不在于严酷,而在于不可避免。[①]

(三)从宽处罚运输行为

运输毒品是毒品犯罪链条的中端环节,是连接前端的走私、制造行为与后端的贩卖行为的必经通道,促使毒品从生产环节进入销售环节,由于运输通道的稳定、畅通与否直接关系到下游销售活动的货源问题,所以阻断毒品运输对于遏制毒品犯罪意义重大。与此同时,我们也应当理性地承认,纯正的运输毒品犯罪与走私、贩卖、制造毒品犯罪相比,其社会危害性在客观上相对更低,走私、制造行为是毒品犯罪的源头,贩卖行为将毒品扩散至社会,而运输行为则仅仅是促使毒品发生物理位置上的转移,为走私、贩卖创造条

---

① 马克昌:《刑罚通论》,武汉大学出版社1995年版,第64页。

件,因此,运输毒品具有高度的从属性、辅助性,[①]行为人在同等条件下所应承担的罪责不应高于走私、贩卖、制造毒品。

在司法实践中,运输毒品罪案件数量仅次于贩卖毒品罪,社会危害性在走私、贩卖、运输、制造毒品罪中通常最小,但行为人的刑事风险相对最高,且受雇佣者占据极大比例。毒品在运输过程中势必发生物理意义上的位移,运输者也必然会与交付者、接收者产生接触或联系,这些都为侦查机关提供了极佳的破案机会。毒品犯罪幕后操控者热衷于雇佣穷困人员从事毒品运输。审判机关在运输毒品案件的审判中,应将运输行为放入毒品市场的全链条、全环节中进行考量,充分重视运输行为的从属性、辅助性,在刑罚适用中体现出罪量上的实质性差异,让运输毒品罪的整体刑罚强度适当低于走私、贩卖、制造毒品罪。

综上,在走私、贩卖、运输、制造毒品罪的刑罚适用过程中,审判人员应当尽速调整"等值量刑"的惯性思维,逐步树立"阶梯量刑"的现代理念,以行为类型的社会危害性作为区分标准,将四种行为类型划分为三个梯度,在其他犯罪情节基本一致的情况下,从严处罚走私、制造行为,从平处罚贩卖行为,从宽处罚运输行为,在法条内部形成差序化的量刑格局,实现更高水平的罪刑均衡、罚当其罪。特别需要注意的是,这里的从严、从平、从宽是针对《刑法》第 347 条内部的四种行为类型而言,并非基于和条文外部其他罪名的横向比较。各级审判机关应当尽快修正相关的量刑指导文件,根据行为类型对走私、贩卖、运输、制造毒品罪制定个别化、阶梯化的量刑指导意见,改变粗放式的笼统评价方法,在宏观层面推动刑罚适用合理化。

三、理性运用量刑因素

量刑因素,又称为量刑影响因素,即在犯罪中对刑罚宣告的最终结果具有一定影响作用的各种要素的统称,包括刑事政策、司法理念、社会危害性、人身危险性、犯罪形态、责任分配等。根据影响力的涵摄范围,量刑影响因素大致分为一般影响因素和个别影响因素,一般影响因素是指对各类刑事案件的量刑具有普遍影响力的因素,如宽严相济的刑事政策;个别影响因素是指对某类刑事案件的量刑具有特定影响力的因素,如刑法分则中唯一针对专门犯罪的从重处罚情节——毒品再犯。在毒品犯罪的刑事治理过程中,由于

[①] 马岩、李静然:《毒品犯罪审判中的几个法律适用问题》,载《法律适用》2015 年第 9 期。

从严惩处司法理念的长期影响,刑罚适用呈现出较为明显的"严而不厉"模态,难以估量的犯罪黑数支撑着毒品市场的日常运转,每一个吸毒人员背后都隐藏着与其毒瘾需求规模相当的毒品犯罪,每一克被滥用的毒品都源自于刑事法网的某次疏漏。一方面,常规侦查手段对破获毒品犯罪这类隐蔽型犯罪作用相对有限,而技术侦查手段、诱惑侦查手段又必须受到最严格的程序控制;另一方面,司法资源投入的幅度必须与社会经济发展的速度保持基本平衡,短期内追求司法资源投入的几何级数增长是不切实际的,在司法资源总投入只能逐年算术级数增长的现实条件下,除了"运动式"禁毒执法之外,鲜有其他手段能够在短时间内大幅提升刑罚的必定性。在这种情况下,刑罚的严厉性被异化为贯彻从严治毒刑事政策的"最佳"载体,审判机关为了给从严治毒提供法条依据,在犯罪形态、从重情节等量刑影响因素上,采取了有利于从严惩处的总体思路,造成既遂标准过于靠前、累犯再犯重复适用,由此导致刑罚适用出现了宽严失衡的现象。我们必须认识到,量刑影响因素是一种中立性的客观存在,对刑罚的影响作用是双向的,既可能造成刑罚强度的增加,也可能引起刑罚强度的减低,在毒品犯罪中一味朝着预设的严惩目标来运用量刑影响因素,必然导致刑罚适用的不合理,这种情况应当即时予以匡正。

(一)既遂认定不宜过于靠前

犯罪形态分为预备、中止、未遂与既遂四种形态,其中既遂被称为完成的犯罪形态、标准的犯罪形态,预备、中止与未遂统称为未完成的犯罪形态、特殊的犯罪形态。刑法不仅处罚犯罪既遂,也有条件地处罚犯罪预备、犯罪中止与犯罪未遂,"形态关乎量刑,形态标准关系着刑法正义价值的实现",[①]在未完成的犯罪形态中,犯罪由于某种原因而终局性的停止,不可能再继续向前发展,[②]其所造成的社会危害显然不及犯罪既遂,即便是达到了值得科处刑罚的程度,也应当比照犯罪既遂从轻或者减轻处罚。当前,在从严治毒理念的推动下,司法机关将既遂标准不断前移,走私、贩卖、运输、制造毒品罪有嬗变为"准举动犯"的趋势,在人民生命健康法益尚未面临被侵害的紧迫危险之时,即以犯罪既遂处罚行为人,造成了刑罚的不当加重。现阶段,

---

① 曾粤兴、贾凌:《走私、贩卖、运输、制造毒品罪形态研究》,载《公安大学学报》2002年第2期。

② 张明楷:《刑法学(第五版)》,中国法制出版社2016年版,第330页。

有必要廓清走私、贩卖、运输、制造毒品罪的既遂标准，以便于司法人员准确界分毒品犯罪的完成形态与未完成形态，实现罚当其罪、罪刑均衡。

1. 走私毒品罪

走私毒品或走私制毒物品都是走私行为的一种常见形式，立法者基于毒品的严重危害性而在刑法条文中将两种行为单列，形成了其他10种走私犯罪规定在《刑法》第3章第2节第151—154条，①走私毒品罪、走私制毒物品罪规定在《刑法》第6章第7节第347条、第350条的立法格局。在行为模式上，走私毒品罪与其他走私犯罪并无实质差异，差别只是在于走私的对象不同，即毒品与非毒品。虽然12种走私犯罪所针对的对象各不相同，但是走私行为的既遂标准应当是一致的，否则，在同车、同船、同机走私毒品与其他物品的刑事案件中，会出现走私毒品罪既遂而其他走私犯罪未遂的畸形结论。毒品只会影响走私行为的社会危害性，但不会影响走私行为的犯罪形态，犯罪形态所表现的是犯罪发展进程中所形成的各种状态，②它并不关注犯罪的对象，正如故意杀人罪的既遂标准与被害人是男人还是女人无关，走私犯罪的既遂标准与走私的是毒品还是非毒品无关。审判机关在走私毒品罪的犯罪形态认定中，首先应当去特殊化、去个别化，将既遂标准放在12种走私犯罪的整体框架中去衡量，在司法实践中形成普适、明确的认定标准，既维护法秩序的统一，又防止刑罚被不当加重，有效提高刑罚适用的合理化水平。

走私毒品与走私核材料、走私假币等12种走私犯罪，"走私"是行为方式，"毒品""核材料""假币"等是行为对象，犯罪既遂的关键在于走私行为是否已经实际得逞。遂，即成功、实现之义，既遂则是已经成功、已然实现之义。走私行为成功的标志，就在于行为人逃避国家海关的依法监管，使走私物品非法穿越国（边）境，完成了非法入境或者出境。走私犯罪一般通过运输、携带或邮寄的方式进行，根据走私行为的具体形式又可以分为通关走私、绕关走私、后续走私以及拟制走私四种类型：③①通关走私是指行为人采用瞒报、伪报等方式逃避海关监管，使走私物品从海

---

① 《刑法》第3章第2节"走私罪"规定了10种走私犯罪，即：（1）走私武器、弹药罪，（2）走私核材料罪，（3）走私假币罪，（4）走私文物罪，（5）走私贵重金属罪，（6）走私珍贵动物、珍贵动物制品罪，（7）走私国家禁止进出口的货物、物品罪，（8）走私淫秽物品罪，（9）走私废物罪，（10）走私普通货物、物品罪。

② 吴振兴、邓斌、范德繁：《犯罪形态研究论纲》，载《法制与社会发展》2002年第4期。

③ 陈晖：《走私犯罪未遂形态研究》，载《上海海关学院学报》2013年第6期。

关通道进出国（边）境的行为；②绕关走私是指行为人绕开国家设定的海关，刻意避免海关检查，使走私物品从非海关通道进出国（边）境的行为；③后续走私是指未经海关许可，擅自在我国境内销售保税货物、特定减免税货物，且未缴纳相应税款的行为；④拟制走私又称作准走私，是国家为了维护海关秩序、严密监管体系而特意在海关法第83条中规定将两种关联行为按照走私论处。① 毒品是各国公认的"本体恶"物品，现代文明国家不可能允许其合法出入境，更遑论对其减免税款，因此走私毒品一般不存在后续走私的问题，通常表现为通关走私或绕关走私，也存在一部分拟制走私的情况。最高人民法院、最高人民检察院于2014年9月1日联合印发《关于办理走私刑事案件适用法律若干问题的解释》（以下简称《走私解释》），《走私解释》第20条与海关法第83条、刑法第347条形成对接，明确规定走私毒品罪也可以由拟制走私构成。是故，在司法实践中，审判机关对走私毒品罪既遂标准的把握，主要应当从通关走私、绕关走私与拟制走私三个向度展开。

（1）通关型走私毒品罪的既遂标准

走私毒品与运输毒品都表现为使毒品发生物理意义上的位移，二者区别之关键不在于移动距离的长短，而在于不法行为是否侵害了国家的货物出入境管理秩序，如果只是单纯的位置移动，那么应当认定为运输毒品罪，只有当不法行为涉及国家对毒品出入境的管制时，方可能成立走私毒品罪。目前，在通关型走私毒品罪的既遂认定中，呈现出司法实践过于提前、刑法理论过于延后的分歧样态。例如，有检察官主张行为人在境内为走私而购入毒品即构成既遂，② 有学者提出以毒品摆脱海关监管并跨越国（边）境为既遂，③ 还有学者认为以毒品通关验关或越过国（边）境为既遂。④ 本书认为，通关型走私毒品罪的既遂标准不宜自成一家，而应当与其他走私犯罪保持一致，将《走私解释》第23条作为既遂判断的统一标准，否则在同一时间节点可能出现其

---

① 《海关法》第83条规定："有下列行为之一的，按走私行为论处，依照本法第八十二条的规定处罚：（一）直接向走私人非法收购走私进口的货物、物品的；（二）在内海、领海、界河、界湖，船舶及所载人员运输、收购、贩卖国家禁止或者限制进出境的货物、物品，或者运输、收购、贩卖依法应当缴纳税款的货物，没有合法证明的。"

② 李启新、冯磊：《走私、贩卖、运输、制造毒品罪既未遂问题讨论》，载《中国检察官》2006年第7期。

③ 张洪成：《走私毒品罪相关问题研究》，载《云南大学学报（法学版）》2012年第1期。

④ 李永升：《走私毒品罪若干问题研究》，载《昆明理工大学学报（社会科学版）》2013年第3期。

他走私犯罪构成未遂、走私毒品罪构成既遂的矛盾结论，抑或相反。[①]一方面，既遂标准不应过于靠前。以走私为目的而购入毒品，系典型的走私毒品预备行为，并未对国家的进出口管制秩序造成实质性危害，如果将其认定为走私毒品既遂，不仅会造成刑罚处罚范围的扩大，还会导致毒品后续的出入境成为价值不大的犯罪情节，刑罚在预备形态与既遂形态之间的合理差别难以体现。在司法实践中，对于上述情形一般应当认定为走私毒品罪的预备形态，或者在毒品数量较大的情形下以非法持有毒品罪既遂形态论处，这种处理方式更契合罪责刑相适应基本原则，更符合犯罪的客观进程。另一方面，既遂标准不宜过度延后。虽然"去敌人化"是毒品犯罪刑罚适用合理化的重要前提，但毒品犯罪仍然是当前社会面临的严重威胁之一，走私毒品罪依旧是12种走私犯罪中唯一配置死刑的罪名，以通过海关检验、跨越国（边）境作为既遂标准，会导致通关型走私毒品罪的既遂时间晚于其他通关型走私犯罪，刑罚裁量必然受到一定的影响，不仅会引发12种走私犯罪内部既遂标准的混乱，还将导致刑法对毒品犯罪打击不力。

因此，在通关型走私毒品罪的处理过程中，审判机关应当自觉维护法秩序的统一，将《走私解释》第23条第1项"在海关监管现场被查获的"、第2项"以虚假申报方式走私，申报行为实施完毕的"作为走私毒品罪既遂认定的规范性依据，行为人以走私为目的将毒品运送至海关监管区域即构成既遂，行为人为了掩盖毒品性质而完成了报关行为，即认定为走私毒品罪既遂。这种认定方式将使走私毒品罪的既遂时间与其他走私犯罪保持一致，彻底整合目前司法实践中或提前、或延后的混乱状态，通过对既遂时间的科学界定，合理控制刑罚处罚范围、恰当把握刑罚处罚强度，促进刑罚适用的合理化。

跨境邮寄毒品实际上是通关型走私毒品的一种具体表现形式，邮件、包裹等物品必须经过严格检验后，才能完成出入境程序，其既遂标准与其他通关型走私犯罪并无二致，除了毒品已经通过检验、完成出入境的典型情形之外，邮件、包裹在海关监管场所被查获或者以虚假方式邮寄毒品完成投递的，也应当认定为走私毒品罪既遂。当毒品以邮件、包裹的形式进入海关监管区域或者完成投递手续后，行为人已经实施了自己能力范围内的所有不法行为，

[①]《关于办理走私刑事案件适用法律若干问题的解释》第23条规定："实施走私犯罪，具有下列情形之一的，应当认定为犯罪既遂：（一）在海关监管现场被查获的；（二）以虚假申报方式走私，申报行为实施完毕的；（三）以保税货物或者特定减税、免税进口的货物、物品为对象走私，在境内销售的，或者申请核销行为实施完毕的。"

应视为犯罪行为实行终了，[①]通关检验的后续进程已完全脱离行为人的控制，执法机关在事实上决定了毒品的出入境与否，根据主客观相一致原则，显然不能将是否越过国（边）境作为邮寄型走私毒品罪的既遂标准。

（2）绕关型走私毒品罪的既遂标准

绕关走私刻意绕开国家设立的进出关口，逃避海关、边卡对货物的依法检查，利用未经允许的陆海空通道运送、携带货物入境、离境，严重侵害国家的出入境管制秩序，只要货物非法越过国（边）境，即应当构成既遂。随着执法能力的显著提高，科技水平的大幅提升，"暗度陈仓"式的通关型走私毒品风险极大，一旦被查获将人货两空，并且为侦查机关留下追查幕后主谋者、操控者的重要线索，犯罪分子已较少采用这种带有赌博性质的走私方式。绕关型走私是目前走私毒品犯罪的主要方式，犯罪分子在国家正规关口之外"另辟蹊径"，在未设立海关、边卡的陆地边境、海域边界偷运毒品，以规避执法机关的查处。本书认为，对于绕关型走私毒品，应当以毒品实际进入或脱离国（边）境作为既遂的认定标准，尚未实际越境即被查获的，应当认定为未遂。以空运方式实施绕关型毒品走私的，以飞机着陆为既遂，如果在飞行过程中被执法机关阻截返航、强制着陆的，由于其所运载的毒品已不具有非法越境的可能性，飞机着陆后就会被执法机关依法查扣，认定为未遂更为适宜。

（3）拟制型走私毒品罪的既遂标准

为了加强国家进出口管理，维护国家安全、保护国家税收，海关法第83条对走私行为进行了类型化的扩充，将不直接造成货物出入境的两类行为拟制为走私行为，以立法方式扩张了行政处罚的范围。走私犯罪是典型的行政犯，"犯罪以违反行政法为前提"，[②]为了促进行政法与刑法的衔接、消弭行政处罚与刑事处罚之间的分歧，最高人民法院在《走私解释》第20条中将海关法拟制的两类走私行为引入刑法领域，在司法层面建立起海关法与刑法之间的对应关系，走私犯罪的行为方式也随之扩充。

按照《走私解释》第20条的相关规定，向走私人收购走私入境的毒品，在内海、领海、界河、界湖运输、收购、贩卖毒品，这两类行为均应依照刑法第347条定罪处罚，既遂认定可以适用以下标准。其一，行为人向走私人收购走私入境的毒品，行为性质应当认定为走私毒品，以完成毒品交易、转

[①] 陈明蔚:《邮寄型走私毒品犯罪的既遂标准》，载《人民司法（案例）》2016年第2期。

[②] 张明楷:《行政刑法辨析》，载《中国社会科学》1995年第3期。

移毒品占有作为既遂标准。其二，行为人在内海、领海、界河、界湖收购毒品，行为性质也应认定为走私毒品，同样以完成毒品交易、转移毒品占有作为既遂标准。其三，行为人在内海、领海、界河、界湖运输、贩卖毒品，则不宜认定为走私毒品罪，分别以运输毒品罪、贩卖毒品罪定罪处罚更为适宜，在既遂标准上应当与所认定罪名保持一致。对于上述行为，《走私解释》第20条规定依照刑法第347条的规定定罪处罚，因此走私、贩卖、运输、制造毒品罪中的四种选择性罪名均可以适用，不存在以走私毒品罪统摄所有拟制行为的问题，司法机关应当根据具体的行为样态选择最恰当的罪名。特别需要注意的是，以走私毒品罪论处的两种特定购毒行为，在行为方式上与其他购毒行为并无差异，如果不是由于涉及毒品跨境的严重问题而被拟制为走私毒品罪，一般情况下应根据数量多少适用非法持有毒品罪进行规制。申言之，在拟制型走私毒品罪中，刑罚强度已经伴随着罪名变更而大幅升级，甚至可能触发死刑的适用，司法机关应当从人权保障的角度严格掌握既遂标准，防止刑罚强度的二次升级。

2. 贩卖毒品罪

贩卖毒品罪是走私、贩卖、运输、制造毒品罪中最常见的犯罪形式，同时也是既遂标准最靠前、最纷乱的罪名。司法实践中，审判机关长期坚持从严惩处的司法理念，在贩卖毒品案件中甚少认定犯罪未遂，绝大部分未完成转移占有的贩卖行为均以既遂论处，被告人由此承担了更大的刑事责任，承受了更重的刑罚处罚，既遂认定过宽已成为影响贩卖毒品罪刑罚适用的重要因素。

与物品买卖相关的犯罪是刑法分则中罪状描述最为复杂的犯罪类型，犯罪行为具体表现为"买卖"（非法买卖枪支罪）、"出售"（出售假币罪）、"收买"（收买信用卡信息罪）、"购买"（购买伪造的增值税专用发票罪）、"销售"（销售假冒注册商标的商品罪）、"倒卖"（倒卖文物罪）、"出卖"（擅自出卖国有档案罪）、"收购"（非法收购野生动物罪）以及"贩卖"（贩卖毒品罪）共九种形式，其中"买卖"惩治交易双方，"收买""购买"与"收购"惩治买方，"出售""销售""倒卖""出卖"与"贩卖"惩治卖方。在处罚卖方的五类罪名中，贩卖的概念内涵要大于出售、销售、倒卖以及出卖。按照《说文解字》的释义，"贩，买贱卖贵者"，[①] 即指用低价买进来再用高价卖出去的商

---

① 许慎：《说文解字》，马松源主编，线装书局2016年版，第1246页。

人,延伸指买货出售,因此,贩卖是一个先购入再售出的过程。1994年,最高人民法院在《关于执行〈全国人民代表大会常务委员会关于禁毒的决定〉的若干问题的解释》(以下简称《〈关于禁毒的决定〉的解释》)中,明确规定"贩卖毒品,是指明知是毒品而非法销售或者以贩卖为目的而非法收买毒品的行为",虽然这一司法解释已于2013年废止,但其将特定的收买行为认定为贩卖毒品罪的做法一直延续至今,贩卖毒品罪的既遂判断仍需要从购入与售出两个向度分别展开。

(1)牟利情况不影响既遂的认定

刑法分则中涉及"贩卖"的罪名有两个,即贩卖毒品罪与贩卖淫秽物品牟利罪,前者的构成要件并不包括牟利这一要素,但后者却将牟利作为重要的构成要件要素。由于在"牟利"这一犯罪构成要件上的差异,贩卖毒品罪的处罚范围要大于贩卖淫秽物品牟利罪,而既遂标准则低于贩卖淫秽物品牟利罪。不以牟利为目的的贩卖淫秽物品行为,不构成贩卖淫秽物品牟利罪;未实现不法获利的贩卖淫秽物品行为,也不成立犯罪既遂。贩卖毒品罪的本质在于通过交易的方式实现毒品的流通,从而侵害国民生命健康与社会管理秩序,交易的对价既可以是货币,也可以是物品,还可以是某种可量化的劳务(例如雇主以毒品折价冲抵工资),至于经济上获利、持平或亏损则在所不问,即便是亏本出售亦构成贩卖毒品罪既遂。

(2)销售型贩卖毒品以转移占有为既遂

司法实践中,销售毒品是贩卖毒品罪的主要表现形式,既遂标准存在"契约说""进入交易说""毒品交付说"与"买卖完成说"等多种观点。其一,契约说建立在传统的单一犯罪客体理论之上,认为贩卖毒品罪的犯罪客体是社会管理秩序,只要买卖双方就毒品的种类、数量及价格等基本事项达成一致,毒品具备了客观上的交易可能性,便侵害了贩卖毒品罪所保护的客体——社会管理秩序,达成买卖契约是既遂的标志,至于是否已经交货或者已经付费在所不问。[①]其二,进入交易说是目前司法实务中的通说,同样以传统的单一犯罪客体理论为基础,主张在交易环节中前置贩卖毒品罪的既遂时间,以达到从严惩处毒品犯罪的目的。2008年,时任最高人民法院有关领导在全国部分法院审理毒品犯罪案件工作座谈会上指出,毒品交易双方约定交易地点,尚未见面即在途中被抓获,出卖毒品的行为人构成贩卖毒品罪的

---

① 赵秉志:《疑难刑事问题司法对策(第二辑)》,吉林人民出版社1999年版。

既遂。① 这一观点的主要理由在于，行为人本次贩卖毒品虽未完成，但是其为了出售而购入了毒品，或是通过走私、制造而获得了毒品。其三，毒品交付说是现阶段刑法学界的主流观点，认为"贩卖以毒品实际上转移给买方为既遂，转移毒品后行为人是否已经获取了利益，则不影响既遂的成立"，②只要买卖双方基于交易的合意，完成了毒品的转移占有，就应认定为贩卖毒品罪既遂。③ 这种观点建立在结果无价值论的基础上，将国民生命健康视为贩卖毒品罪所保护的法益，主张贩卖者将毒品转移至购买者占有后，贩卖行为便给国民生命健康造成了高度的抽象危险，从而构成既遂。其四，交易完成说认为，贩卖毒品是一种非法交易的行为，应当以买卖合同的履行完毕作为既遂标准，即买方履行支付对价的义务、行使获得毒品的权利，卖方履行交付毒品的义务、行使获得对价的权利，双方的权利义务关系完全实现后，方可视为买卖合同履约完成，从而成立既遂。

在法理逻辑上，贩卖毒品罪属于抽象危险犯，④其所侵害的是国民生命健康与社会管理秩序的双重法益，在既遂的认定上不能脱离犯罪的本质——行为对法益的不法侵害。第一，契约说过于宽泛。买卖双方就毒品交易达成共识，在尚未进入实际交付阶段时，这种协议行为对国民生命健康不会产生任何实质性的危害，仅对社会管理秩序造成了程度极轻的侵害，由于真正的毒品交易尚未开始，评价为贩卖毒品罪的预备行为更为适宜，一般不宜纳入刑罚处罚的范围，更遑论以既遂论处。契约说不仅造成刑罚处罚强度的加重，更带来刑罚处罚范围的扩大，不符合刑法人权保障的根本价值追求，带有浓厚的刑法工具主义色彩。司法实践中，毒品交易（特别是"零包"贩毒）大多系口头约定，在缺乏客观证据的情况下，很难界定达成契约的确切时间，既遂判断存在模糊化的问题，尤其是在采用警察"线人"的诱惑侦查案件中，契约说极易"助攻"侦查机关完成打击任务，异化为一种侵犯人权的危险学说。第二，进入交易说过于提前。现阶段，司法机关将毒品进入交易流程作为既遂的标准，以凸显对毒品犯罪的从严惩治，大量尚未完成交付的案件均

---

① 张军：《在全国部分法院审理毒品犯罪案件工作座谈会上的讲话（节选）》，载最高人民法院刑事审判第一至五庭编：《刑事审判参考（总第 67 期）》，法律出版社 2009 年版，第 212 页。
② 张明楷：《刑法学（第五版）》，法律出版社 2016 年版，第 1147 页。
③ 魏东：《毒品犯罪的解释性疑难问题》，载《政法论丛》2017 年第 2 期。
④ 王利荣、马党库：《"毒品未流入社会"的从轻依据——兼谈贩卖毒品罪既遂标准》，载《法律适用》2016 年第 12 期。

以既遂论处,客观上造成了刑罚处罚的加重。贩卖毒品的社会危害性,本质上在于其通过交易的方式促进了毒品流通,在侵害国民生命健康的同时,也破坏了国家对毒品的管制秩序。毒品进入交易环节后,在物理距离、事理逻辑上不断迫近购毒者,直至完成交付、转移占有,最终将国民生命健康置于高度的抽象危险之中。在交付之前,毒品仍然属于贩卖者所有,整个交易中的最关键环节——毒品交付——并未实际完成,此时就认定贩卖毒品罪的构成要件要素已齐备实有不妥。毒品未交付何来销售完成?犯罪行为未实行完毕何以构成既遂?当前,进入交易说主导了刑事司法,贩卖毒品罪的既遂标准没有根据行为本身的完成形态来确立,[①] 而是受到了从严治毒刑事政策的过度影响,司法机关跨越了"罪刑法定是刑事政策不可逾越的藩篱"的李斯特鸿沟,在既未遂存在争议时一般认定为既遂,犯罪形态判断带有浓厚的刑法工具主义色彩,既遂标准相较于刑法分则中的同类型罪名严重提前,不仅有损于刑法内部法秩序的统一,而且不利于刑法社会保护机能与人权保障机能的平衡,应即时予以纠正。第三,交易完成说过于滞后。交易完成说将贩卖毒品中的毒品交付、对价支付视为一个整体,认为民事上的销售、购买行为完成后,出售方的贩卖行为才构成既遂。这种观点忽视了刑事立法的本意,贩卖毒品罪主要处罚销售毒品的行为,并不处罚单纯的购买行为,销售行为的核心在于交付毒品,购买行为的要旨在于支付对价,收取对价并不是贩卖毒品罪的构成要件要素,购毒者支付对价的行为也不在贩毒者的控制范围内,根据主客观相一致的刑法原则,显然不能以购毒行为来延迟贩毒行为的既遂时间,否则将造成罪责承担的混乱。

本书认为,应当以"行为人为获取对价而转移毒品的占有"作为贩卖毒品罪的既遂标准,将尚未完成交付的贩卖行为认定为犯罪未遂,比照犯罪既遂从轻或减轻处罚,尤其是在诱惑侦查案件中,毒品交付的完成与否完全取决于侦查机关的抓捕时间,应当在刑罚处罚中给予被告人更大的从宽幅度。这种观点大体上属于毒品交付说,但更加强调贩卖者交付毒品的目的——获取对价,类似于《刑法》第389条第1款"为谋取不正当利益,给予国家工作人员以财物的,是行贿罪"之规定,行贿罪只要求行贿人具有牟取不正当利益的目的,贩卖毒品罪也只要求贩卖者具有获取对价的目的,至于不正当利益、对价的实现与否,不影响行贿罪、贩卖毒品罪的既遂认定。特别需要

---

① 胡海:《对贩卖毒品罪既遂标准之从严刑事政策的审视与重构》,载《学术界》2016年第2期。

注意的是，与域外大部分国家和地区不同，我国刑法不处罚无偿的提供毒品行为，如果行为人交付毒品时并不具有获取对价的目的，例如赠送、归还等情况，那么这种交付行为就不是贩卖毒品罪意义上的"交付"，当然也就不存在贩卖既未遂的问题，一般只能根据毒品数量考虑适用非法持有毒品罪这一兜底性罪名。

（3）购入型贩卖毒品以转卖交付为既遂

将以贩卖为目的非法购入毒品的行为认定为贩卖毒品罪，是刑法介入早期化的典型事例，也是预备行为实行化的重要代表，虽然通过司法解释的方式在司法实务中形成了共识，但在刑法理论上的争议却从未平息，且有日趋激烈之势。例如有学者指出，以贩卖行为的标准来惩罚为卖而买的行为，看似表达了对毒品交易零容忍的坚定立场，实则不符合和刑法的精神和要求；[①]还有学者主张行为人为了贩卖而购入毒品后，进一步实施了贩卖行为且已完成毒品交付，才构成贩卖毒品罪既遂。[②]贩卖毒品罪中的"贩卖"是一个偏正词组，"贩"主要表示前期的购入行为，"卖"重点强调后期的售出行为，贩卖毒品罪的关键在于"卖"，行为人为了出售而购入毒品，距离贩毒行为实行终了尚有很远的距离，以行为人完成购毒行为来认定贩卖毒品罪既遂，实有以偏概全之嫌。为了贩卖而购入毒品，在本质上是贩卖毒品的预备行为，行为人贩卖的毒品除了祖传和自制等极少数情形外，绝大部分来源于之前的购入，如果延续《〈关于禁毒的决定〉的解释》所确立的司法理念，为卖而买的贩卖毒品行为在购买之时即已既遂，那么后期的毒品交付将成为不可罚的事后行为，这显然是一种悖逆事理逻辑、违背社会常识的结论。立足于证据法的视角，行为人在购买之时是否以贩卖为目的，在很大程度上依赖于其主观供述，除非有相关的物证、书证、证人证言或视听资料等予以印证，否则依照孤证不能定案的证据法基本原则，应当推定其主观上不具有贩卖的意图，依法不构成贩卖毒品罪。申言之，行为人的主观意图是动态的，在其将购入的毒品实际卖出之前，毒品的流向随时可能发生变化，既可能无偿赠予，也可能有偿销售，或可能留存自吸，还可能出现行为人主动将毒品销毁或送交公安机关等情况，一概以行为人最先购买时的出售意图来证立犯罪既遂，显然不符合主客观相一致的刑法原则，将造成刑罚处罚的严重失当。本书认为，

[①] 王利荣、马党库：《"毒品未流入社会"的从轻依据——兼谈贩卖毒品既遂标准》，载《法律适用》2016年第12期。

[②] 张建、俞小海：《贩卖毒品罪未遂标准的正本清源》，载《法学》2011年第3期。

行为人购入毒品并以贩卖为目的完成交付后，构成贩卖毒品既遂；为了贩卖而购入毒品的行为一般应认定为犯罪预备，在进入交付环节前被查获的，如果毒品数量达到了非法持有毒品罪的最低数量标准，以非法持有毒品罪（既遂）定罪处罚，未达到的不以犯罪论处；进入交付环节后被查获的，如果交付行为尚未完成，以贩卖毒品罪（未遂）定罪处罚，交付行为已完成的以既遂形态处罚。

3. 运输毒品罪

起运说是目前司法实践中的通说，行为人明知是毒品而进行运输，只要从起运地点出发上路，不论实际移动距离的远近，均认定为运输毒品罪既遂[1]。有学者提出了到达目的地说，主张将毒品达到预设的目的地作为既遂的标志[2]；还有学者提出了个别判断说，认为运输毒品罪不可能形成统一的既遂标准，应当交由司法者根据个案情况具体掌握[3]。本书认为，上述三种观点均存在一定缺陷，难以妥善解决司法实践中运输毒品罪的既遂认定问题。第一，起运说缺乏理论根据。在刑法理论上，运输毒品罪属于行为犯[4]，只有当实行行为达到某种特定的程度时，才能过渡到既遂状态[5]，即便是将行为犯再次划分为举动犯和过程犯[6]，举动犯也有其行为发展的客观过程，并非是一着手旋即构成既遂。起运说是基于从严治毒的功利性需要而发展出的一种司法认定方式，其本身的理论基础并不牢固、逻辑论证也不周延，会造成处于不同阶段的运输行为在犯罪形态评价上出现混同、在刑罚适用上出现趋同，罪责刑相适应的刑法基本原则将受到严重冲击。第二，到达目的地说脱离实际。到达目的地说，理论上最大的缺陷在于将行为完成作为行为犯的既遂标准，实务中最大的难题在于"目的地"的认定与证明。司法实践中，运输毒品的目的地随时可能发生变更，所谓的目的地也大多源自于主观言词证据，如果固守到达预设目的地的僵化标准，在运输途中被抓获的行为人都可以采取"幽灵抗辩"的策略，编造无法查证的其他目的地，以此来阻却既遂的成立，最终运输毒品罪将异化为一种几乎不存在既遂形态的犯罪。到达目的地说看似

---

[1] 黄祥青：《浅析贩卖、运输毒品罪的既遂和未遂》，载《政治与法律》1999年第3期。
[2] 高格：《定罪与量刑》，中国方正出版社1999年版，第325页。
[3] 林亚刚：《运输毒品罪的若干问题研究》，载《法学评论》2011年第3期。
[4] 李永升：《运输毒品罪立法与司法研究》，载《刑法论丛》2012年第4卷。
[5] 马克昌主编：《犯罪通论》，武汉大学出版社1999年版，第499页。
[6] 姜伟：《犯罪形态通论》，法律出版社1994年版，第115页。

符合社会大众对"运输"行为的通常理解,并与《中华人民共和国民法典》第 809 条关于运输合同的规定相契合,① 实则是一种不具有可操作性的理论假设。基于毒品价格的波动、禁毒执法的压力、交易事项的变化等原因,起运时所设定的目的地并非就是最终的目的地。例如,毒品从 A 地起运,在送往 B 地的途中,毒品所有人得知 C 地的销售价格更高,要求运输者在达到 B 地后,将毒品送往 C 地,毒品在由 B 地运往 C 地过程中被查获,这种情况下究竟 B 地是目的地,还是 C 地是目的地?再对案例略作改动,毒品到达 C 地后被查获,运输者辩称 D 地才是真正的目的地,司法机关又该如何应对?上述问题很难通过到达目的地说予以妥善解决。第三,个案判断说过于笼统。由于运输毒品罪的既遂标准难以形成共识,有学者主张由司法者在个案中具体掌握,这种观点会带来极大的实务风险,如果缺乏抽象的、类型化的既遂认定标准,刑事判决必将陷入纷乱无序的状态,最终造成标准各异、同案异判的混乱局面,实不足取。

在未被查获的情况下,毒品一般要经历从种植、收获、提炼(制造)、走私(运输)、贩卖到吸食的全过程,运输是其中一个独立的环节,毒品到达目的地并完成交付是运输环节结束的象征,但并不是运输行为构成既遂的标志。本书主张参照放火罪中"独立燃烧说"的观点,在运输毒品罪中构建"行为独立说"的既遂标准,即不考虑运输行为是否实现犯罪目的,只要运输行为能够在上游行为与下游行为之间独立存在,使涉案毒品具备了被扩散的危险,就应当认定为既遂。例如,甲受雇将毒品从 A 地送往 B 地,当运输行为向前推进到一定程度,在事理上符合独立存在的标准时,无须到达目的地也可以评价为既遂。运输行为的独立价值,应综合考虑运输的方式、目的、距离和时间等因素,并接受社会相当性理论的检验,最终得出符合常识常理常情的结论。运输毒品罪的处罚根据在于使毒品发生了流通②,如果处于流通过程中的毒品已具备扩散的危险,那么运输行为就具备了相对的独立性,认定为既遂更符合行为犯的本质。对于运输毒品这种"线型"的行为犯,完整"线条"或者其中的部分"线段"都可以构成既遂,强求"线条"完整性是错把行为犯当作结果犯的表现。

邮寄运输,毒品被封缄交递后就具备了被扩散的现实危险,行为人完成

---

① 民法典第 809 条:"运输合同是承运人将旅客或者货物从起运地点运输到约定地点,旅客、托运人或者收货人支付票款或者运输费用的合同。"
② 刘凌梅:《运输毒品罪司法适用争议问题探讨》,载《法律适用》2015 年第 7 期。

投递即构成既遂,是否到达邮寄目的地在所不问。随身携带运输,毒品依附于行为人而发生物理位移,当行为人已经完全脱离运输的初始状态,进入平稳行进的阶段时,无论最终的目的地是否发生改变,只要在途毒品在行为人的支配下进入可能交付的状态,就应当构成既遂。雇佣他人运输,雇佣者应参照邮寄运输的认定标准,以交付毒品、发出起运指令为既遂;运输者应参照随身携带运输的认定标准,以毒品进入平稳运输状态、具备扩散可能性为既遂。利用交通工具运输,毒品被行为人置于密闭的空间内(汽车、火车或飞机等),随着交通工具在很短的时间内完成起运,迅速进入持续性的高速位移状态,当交通工具正式进入运行状态后,运输行为就具备了独立性,毒品亦具备了扩散危险,应认定为运输毒品罪既遂。换言之,随身携带运输需要进入平稳的行进状态后方构成既遂,利用交通工具运输只要完成起运阶段即成立既遂。本书之所以一再强调起运阶段,主要原因在于在毒品起运之初,运输行为存在较大的不确定性,可能由于各种原因而被毒品所有者、毒品运输者、毒品接收者终止、暂停或变更,运输行为尚不具备刑法意义上的独立价值,将既遂时间置于起运阶段之后更为适当。本书提出的"行为独立说",既避免了起运说过于提前、过于严厉的问题,又防止了到达目的地说过于滞后、过于僵化的问题,充分尊重运输行为的客观规律、恰当划分运输进程的不同环节、合理兼顾从严治毒的现实需要,能够将部分运输行为排除在运输毒品罪的完成形态之外,激活预备、中止和未遂形态在运输毒品罪中的合理适用,有效降低刑罚处罚的强度,具备一定的实践价值。

4. 制造毒品罪

目前,制造毒品罪的既遂标准存在"开始制造说""制造行为完成说"与"制出成品说"等多种主张,如何确定既遂时间关系着刑罚处罚的具体强度,关乎着社会保护与人权保障的有机平衡。(1)开始制造说与运输毒品罪中的起运说异曲同工,均是在严惩毒品犯罪的功利追求下对既遂时间的过度提前,将制造毒品罪异化为刑法理论上的举动犯,忽视了完成制毒行为客观上的必需时间、必要流程。(2)制造行为完成说,建立在单一的社会管理秩序犯罪客体理论之上,将行为人制造毒品的实行终了作为既遂的标志,[①]不考虑所制出毒品的具体危害,有可能人为扩大刑罚处罚的范围,将某些"以假制假"的制毒行为纳入刑法评价,忽视了毒品的本质特征(毒害性、瘾癖性与

---

① 王太宁:《论制造毒品罪的既遂标准》,载《法学杂志》2011年第4期。

违法性），引发刑罚的无必要、无功效适用。（3）制出成品说将制造毒品罪理解为结果犯，并将化学意义上的制毒成功直接套用为刑法意义上的制毒既遂，导致刑法认定失去独立性，司法人员困囿于超专业的成品与半成品的化学判断，既不利于依法从严打击毒品犯罪，也不利于司法实践中对具体案件的准确把握。

鉴于制造毒品罪中既未遂认定的重大分歧，最高人民法院于2008年在《大连会议纪要》第4条第2款中特别指出，已经制造出粗制毒品或者半成品的以既遂论处，开始着手制造毒品，但尚未制造出粗制毒品或者半成品的以未遂论处，这是迄今为止关于制造毒品罪既未遂标准最为明确的规定。2015年，最高人民法院进一步在《武汉会议纪要》第3条第5款中指出，"毒品成品、半成品的数量应当全部认定为制造毒品的数量，对于无法再加工出成品、半成品的废液、废料则不应计入制造毒品的数量"，经过两份座谈会纪要的接续规定，审判机关已将制造出成品、半成品或粗制毒品作为既遂判断的通行标准。按照《大连会议纪要》第4条第1款的相关规定，刑法意义上的制造毒品主要包括从毒品原植物提炼、化学加工和物理混合三种方式，由于学科背景的差异以及毒品种类、形态本身的复杂性、多样性，从事刑事审判的一线法官很难具体区分成品、半成品与粗制品，而这三种概念在化学上本身也存在互相交叉的模糊地带，将其作为司法标准具有极大的不明确性，容易导致既遂认定的混乱，并引发刑罚处罚的尺度不一。本书认为，制造毒品罪的本质在于行为人非法生产出了具备毒害性、瘾癖性且可供滥用者直接施用的毒品，增加了毒品市场的供给量，至于被制造出来的毒品的完善程度（成品、半成品或粗制品）不影响行为的既遂认定。进言之，司法者不应再纠结于毒品具体属于成品、半成品还是粗制品，而应重点对行为人已经制造出的"类毒品物质"进行实质化判断，只要最终所制成的"类毒品物质"具备毒害性、瘾癖性，且能够被滥用者直接施用，具备了侵害国民生命健康法益的危险，那么就应当认定为制造毒品罪既遂。通过这种判断方法，可基本解决成品、半成品与粗制品的界分难题，在两份座谈会纪要的基础上形成更为明确、更具可操作性的司法标准，将制造出废料、废液、无毒物质以及无法直接施用的含毒物质等行为统一、稳定地排除在既遂之外，推动刑罚适用更加合理。特别需要注意的是，在司法实践中，由于毒品的交易价格与其数量紧密相关，在相当一部分案件中，行为人为了增加毒品重量而在固态毒品中掺入面粉、在液态毒品中加入蒸馏水等，站在保护国民生命健康法益的角度，这些所谓的"制造"行为是缺乏可罚性的,以制造毒品罪定罪处罚会造成严重的罪刑失衡,更遑论认定为犯罪既遂。物理混合型的制造毒品罪应当仅限于"混合升级"的情形,关键在于所掺入的物质能否使毒品的化学效应升高,[①] 如果所添加的物质(毒品、辅料[②]或无害物质等)与毒品既不发生化学反应,也不改变毒品的性状,只是辅助性地改善毒品的外观、气味或增加重量,那么就不宜认定为制造毒品,更不存在犯罪既遂的成立空间,否则会导致制造毒品罪处罚范围的严重泛化,因为在现实生活中几乎不可能购买到百分之百的纯毒品,每一克被交易的毒品都或多或少地掺入了人工添加剂。

综上,在走私、贩卖、运输、制造毒品罪的既遂认定及刑罚适用方面,现阶段的主要问题在于既遂标准过于靠前、刑罚适用过于严厉,司法机关应当高度警惕"契约说""进入交易说""起运说"和"开始制造说"等理论主张,分别依照不同行为类型的自身特征,充分考虑实行行为的演进状态、法益侵害的具体程度,妥当界定既遂的时间节点,逐渐改变刑事政策导向型的既遂认定模式,逐步建立刑法规范主导型的既遂认定模式,在犯罪形态出现争议时秉持人权保障的基本立场,依法作出有利于行为人的认定,依照刑法总则关于犯罪预备、中止和未遂的相关规定作出从宽处理,在犯罪形态的层面推动刑罚适用合理化。

(二)累犯再犯不应重复评价

毒品再犯是刑法分则中唯一与特定刑事犯罪前科有关的法定从重情节,虽然在从重处罚的程度上不及一般累犯,譬如没有"累犯不适用缓刑"与"累犯不得假释"的限制,但是不考虑前后判决间隔的时间、具体的刑度,在行为人再次涉嫌毒品犯罪时均从重处罚,犹如一把高悬于毒品犯罪分子头顶的达摩克利斯之剑,一旦落下旋即对行为人产生现实、明确的负面效果,对于从严惩治、有效预防毒品犯罪具有重要作用。毒品再犯与一般累犯存在明显的竞合、交叉关系,在很多案件中行为人既构成毒品再犯,也构成一般累犯,如何处理两个法定从重情节之间的关系,单独适用或同时适用,一直是刑法理论与司法实务中争论不止的问题。法定从重情节对刑罚处罚具有重要的调节作用,与最终的判决结果密切相关,直接关系到处罚强度与人权保障,

---

① 张洪成:《制造毒品罪疑难问题探析》,载《国家检察官学院学报》2007年第5期。

② 毒品辅料不是毒品,和毒品并不发生化学反应,也不发生复杂的物理反应,不改变毒品的性状,只能辅助改善毒品的外观、气味或者增加毒品的重量,一般包括化工品、食品添加剂、香料、油料、粉末等。

亟待形成科学、合理的适用标准。

最高人民法院在毒品再犯与一般累犯的具体适用上，罕见地在十五年内三次改变指导意见，先后形成了三种处理方式，足见这一问题在司法实践中的重大分歧。2000年最高人民法院在《南宁会议纪要》中指出，同时构成毒品再犯与累犯的，适用《刑法》第356条毒品再犯条款从重处罚，不再援引累犯的相关条款；2008年《大连会议纪要》强调，同时构成毒品再犯与累犯的，应同时援引毒品再犯及累犯条款从重处罚；2015年《武汉会议纪要》规定，对于因同一犯罪前科而同时构成毒品再犯与累犯的被告人，在刑事判决中应同时援引毒品再犯与累犯条款，但在量刑时不得重复从重处罚。《南宁会议纪要》将毒品再犯与累犯理解为法条竞合关系，依照特殊法条优先原则得出了以毒品再犯论处的结论，但无法回答毒品再犯能否适用缓刑、假释的问题，而后被最高人民法院自我否定，已为司法实践所不采。《大连会议纪要》将毒品再犯与累犯理解为实质竞合关系，采用重复评价的方式对行为人双重从重处罚，将从严治毒刑事政策贯彻到司法案件的刑罚适用中，虽然满足了严惩毒品犯罪的现实需要，但与一事不二罚的刑罚基本原则相抵触，有侵犯人权之嫌，从出台之日起即受到刑法学界的猛烈批判，最终也被最高人民法院自行更正。毫无疑问，在毒品再犯与累犯的司法处理上，《武汉会议纪要》相较于先前两份纪要而言取得了明显的进步，修正了之前双重从重的处罚模式，既体现了从严治毒的司法态度，又彰显了人权保障的司法理念，是毒品犯罪刑罚适用去刑事政策化的重要里程碑。然而，《武汉会议纪要》仍未完全解决毒品再犯与累犯的适用争议，仅规定了在量刑时不得重复适用毒品再犯与累犯从重处罚，但并未明确究竟是在毒品再犯的维度从重处罚，还是在累犯的维度从重处罚，由于理解认识上的分歧，全国各级各地人民法院在刑事判决中出现了不一致的情况，具体的从重幅度也各不相同。在理论上厘清毒品再犯与累犯的基本关系，并在司法实践中合理掌握从重幅度，已成为当前刑法理论与刑事司法所共同面临的重要问题。

第一，毒品再犯是对累犯的补充性规定。累犯是刑罚适用中的重要制度，[①]是一种普适性的从重处罚情节；毒品再犯是刑罚适用中的特殊制度，是一种特殊性的从重处罚情节，二者之间不仅存在法条竞合关系，还存在总则与分则之间的制约服从关系。我国刑法中的法条竞合一般可分为特别关系、

---

① 陈伟：《累犯制度的立法变革及带来的启示》，载《法治研究》2015年第5期。

补充关系、吸收关系、择一关系与包容关系五个类型，补充关系主要是指基本法条与辅助法条之间的关系，[①] 毒品再犯与累犯在本质上即属于补充关系。累犯成立的条件相对较高，对前后犯罪间隔的时间、刑罚的种类均有要求，只对特定的再犯罪人员从重处罚，并不适用于所有的毒品犯罪前科人员。基于毒品犯罪的普遍性、顽固性与反复性，全国人大常委会于1990年在《关于禁毒的决定》第11条第2款中首次设置了毒品再犯制度，之后被整体沿用为刑法第356条，其立法初衷主要在于弥补累犯制度的"缺漏"，从严处罚累犯之外的特定毒品再犯，形成从严处罚全覆盖的立法模态，强化刑法打击和预防毒品犯罪的功能。当刑法分则条文之间出现竞合时，一般应遵循特殊法条优先原则，适用特殊法条定罪处罚，例如刑法第266条诈骗罪与刑法第192—198条集资诈骗罪、贷款诈骗罪、票据诈骗罪、信用证诈骗罪、信用卡诈骗罪、有价证券诈骗罪、保险诈骗罪出现竞合的情形。但是，这种处理方式却不宜简单套用至刑法总则与刑法分则出现竞合的情形，不能以特殊规定优先为由一概排斥总则条文的适用，总则条文的基础性地位不容动摇。在依法严惩毒品犯罪分子的过程中，累犯是基础性的主导制度，毒品再犯是补充性的辅助制度，前者更严厉、后者更严密，只有当不符合累犯适用条件时，才能适用毒品再犯这一补充性规定，二者之间不存在相互排斥的对抗关系，也不是重复适用的叠加关系，而是一种主与次、先与后的补充关系，立法目的在于针对毒品犯罪建立起二元衔接的从重处罚制度，强化刑法的惩戒与震慑作用。

第二，行为人同时构成毒品再犯与累犯时，应单独适用累犯条款从重处罚。首先，累犯的法条地位更为优越。累犯是刑法总则中的一般性规定，其效力高于分则中的个别性规定——毒品再犯，当行为人符合累犯适用条件时，毒品再犯应自觉接受总则的统摄，正如"无论数量多少"不能逾越"情节显著轻微"的藩篱。其次，累犯的从重幅度更大。虽然刑法第65条第1款与第356条均表述为"从重处罚"，但是累犯还附加了不得减刑、假释等法律后果，相较于毒品再犯而言无疑是"重法"，倘若适用毒品再犯这一"轻法"，显然不符合严惩再犯罪分子的立法初衷，也与从严治毒刑事政策的基本导向相背离，因此，参照从一重罪处罚的司法理念，以累犯论处更为适当。"两高"《关于常见犯罪的量刑指导意见（试行）》规

[①] 周光权：《法条竞合的特别关系研究——兼与张明楷教授商榷》，载《中国法学》2010年第3期。

定，累犯情节应当增加基准刑的10%—40%，毒品再犯情节可增加基准刑的10%—30%，通过算法量化的方式明确了二者在从重幅度上的差异，也间接印证了适用累犯条款的正当性。最后，毒品累犯已自然涵摄毒品再犯。当行为人因前后两次毒品犯罪而构成毒品累犯时，必然也同时构成毒品再犯，对行为人以毒品累犯论处自然也包含对毒品再犯的评价。第一阶段，行为人在毒品再犯与毒品累犯的竞合幅度内承担从重处罚的不利后果；第二阶段，行为人在毒品累犯超出毒品再犯的从重幅度内承担从重处罚的不利后果，虽然在形式上看似仅以毒品累犯论处，但判决结果在实质上已自然涵摄了毒品再犯的从重幅度，是故，单独适用累犯条款是最妥当、最理性的做法。最高人民法院应即时对《武汉会议纪要》进行完善，明确规定：（1）当毒品再犯与毒品累犯发生竞合时，适用累犯条款从重处罚，不再引用毒品再犯条款；（2）当行为人不构成毒品累犯时，适用毒品再犯条款从重处罚；（3）行为人构成毒品再犯，并因其他刑事犯罪前科构成累犯，应同时适用毒品再犯与累犯条款，分别予以从重处罚。特别需要指出的是，对于毒品再犯与毒品累犯发生竞合的情形，《武汉会议纪要》一方面明确规定同时引用毒品再犯与累犯条款，另一方面又专门强调不得重复从重处罚，这其实是一种自相矛盾、难以自洽的处理方法。既然在实质意义上仅有一项从重处罚情节发挥作用，那么在形式意义上罗列两项从重处罚情节的正当性、必要性何在？站在司法规律的角度，当法官在刑事判决书中同时引用毒品再犯与累犯条款时，其量刑活动很难不受到两个条文的同时影响，潜意识里的思维惯性仍然客观存在，有可能会出现隐型的重复从重判决。因此，在法律适用的层面不再引用毒品再犯条款，是解决累犯与毒品再犯竞合问题最合理的方式，也是促进刑罚适用合理化最有效的方法，最高人民法院可以考虑通过司法解释、座谈会纪要或者量刑指导意见等形式，即时对这一问题予以明确，彻底解决司法实践中的纷扰。

　　第三，未成年人毒品犯罪前科不应作为认定毒品再犯的依据。2011年刑法修正案（八）规定不满十八周岁的人犯罪不作为累犯处理，2012年刑事诉讼法增设未成年人犯罪前科封存制度，立法机关对未成年人刑事犯罪前科的效力进行了严格限制，充分体现出"教育、感化、挽救"的未成年人保护总体方针。在刑事诉讼法上，被判处五年以下有期徒刑刑罚的未成年人毒品犯罪前科属于应当封存的范畴；在刑法上，立法条文已经规定上述犯罪前科不能作为认定累犯的依据，但并未涉及毒品再犯的认定问题，由此引发了司法实务中的认识分歧，出现了两种截然不同的处理方式。有法官认为，未成年人犯罪记录封存后，不得再作为认定毒品再犯的依据，在刑法的空白之处可以适用刑事诉讼法的相关规定予以补充。[1]有检察官认为，累犯与毒品再犯的法律属性不同，未成年人前科封存制度并不免除行为人在刑事诉讼中的前科报告义务，不能根据累犯条款推演出不构成毒品再犯的结论。[2]

毒品再犯是毒品犯罪案件中既常见又重要的量刑影响因素，不仅关系到刑罚裁量的轻重问题，还涉及缓刑、减刑及假释等刑罚执行问题，[3]绝非只是刑期的简单变化，对被告人的基本权利将造成十分重大的影响。本书认为，未成年人的毒品犯罪记录封存后，既不能作为认定累犯的依据，也不能作为认定毒品再犯的依据，其成年之后的毒品犯罪在量刑上应当单独评价。首先，根据当然解释的解释方法，既然未成年人不构成毒品累犯，那么理所当然也不应构成毒品再犯。当然解释以刑法没有明确规定为前提，将事理当然与逻辑当然作为解释的依据[4]，举重以明轻针对出罪、从轻处罚而言，举轻以明重针对入罪、从重处罚而言[5]，最终得出符合罪刑法定原则、契合国民普遍情感的解释结论。前科封存属于从轻处罚的范畴，应遵循举重以明轻的解释规则，既然立法规定被告人因为前科封存而不适用处罚更重的累犯条款，那么处罚更轻的毒品再犯条款当然也不能适用，否则就会与通常的事理逻辑相违背。其次，按照儿童利益最大化原则，未成年时期的犯罪记录不应影响成年后刑事犯罪的定罪量刑。《联合国未成年人司法最低限度》（即《北京规则》）第21条第2款规定："少年罪犯的档案不得在其后的成人诉讼案中加以引用"，我国先后建立未成年人累犯排除制度、前科封存制度，既是对儿童利益最大化原则的具体化，也是贯彻联合国相关文件精神的重要体现。我国虽未建立典型的未成年人犯罪记录消灭制度，而是规定对部分未成年人犯罪记录进行

---

[1] 胡红军、王彪：《未成年人毒品犯罪记录不能作为毒品再犯的依据》，载《人民司法（案例）》2014年第12期。

[2] 乔梅、高蕴嶙：《未成年人毒品犯罪前科应作为认定毒品再犯的依据》，载《人民检察》2016年第7期。

[3] 《武汉会议纪要》第5条第1款规定："对于毒品再犯，一般不得适用缓刑"；第5款规定："对于具有毒枭、职业毒犯、累犯、毒品再犯等情节的毒品罪犯，应当从严掌握减刑条件，适当延长减刑起始时间、间隔时间，严格控制减刑幅度，延长实际执行刑期。对于刑法未禁止假释的前述毒品罪犯，应当严格掌握假释条件。"

[4] 李翔：《论我国刑法中的当然解释及其限度》，载《法学》2014年第5期。

[5] 张明楷：《刑法学中的当然解释》，载《现代法学》2012年第4期。

封存[①]，并将全部未成年人犯罪记录排除在累犯认定之外，其精神实质与《北京规则》是相同的，即排除未成年人犯罪记录在成年诉讼中的适用。在定罪阶段，未成年人犯罪记录不能作为盗窃罪、抢夺罪及敲诈勒索罪中"数额较大"标准下调50%的依据；在量刑阶段，未成年人犯罪记录不能作为认定毒品再犯的依据。最后，无论采用何种教义学解释方法，"查询"的文义射程均不可能涵盖"适用"。目前，司法实践中的分歧主要源自对刑事诉讼法第286条第2款"查询"的理解不同。有学者主张从刑法第356条的规定来看，毒品再犯的主体包括未成年人[②]，得出这一结论一方面是由于忽略了当然解释的教义学方法，另一方面就在于忽视了刑事诉讼法第286条第2款对利用未成年人犯罪记录的限制。基于维护公共利益、打击违法犯罪的需要，立法授权司法机关和有关单位基于法定事由、依照法定程序可以查询已封存的未成年人犯罪记录，根据现代汉语的基本文义，"查询"主要是指通过调查、询问等方式对特定事项进行了解，并不包括对查明事项的后续运用，因此，司法机关查询未成年人犯罪记录，主要作用在于发现线索、掌握前科，[③] 以利于更清楚地查明案件事实、更全面地掌握行为人的人身危险性与犯罪特点，[④] 并非是为了增加被查询人的罪责。将未成年人毒品犯罪记录作为认定毒品再犯的依据，等于是将"查询"的文义扩大为调查、了解及适用，这显然已经超出了"查询"的最大文义射程，不符合罪刑法定原则的基本要求。

因此，毒品再犯这一法定从重情节只适用于不构成毒品累犯的被告人，既不能排斥毒品累犯而单独适用，也不能与毒品累犯同时适用，更不能将未成年人犯罪记录作为成立依据。最高人民法院应尽速修正《武汉会议纪要》第6条"在裁判文书中应当同时引用刑法关于累犯和毒品再犯的条款"的相关规定，进一步明确累犯和毒品再犯的具体适用范围，从根本上解决司法实务中的混乱，防止被告人受到隐形的双重从重处罚，避免成年被告人因为未成年阶段的毒品犯罪记录而受到从重处罚，形成科学、统一的司法标准，推动刑罚适用合理化。

---

① 张军、姜伟、田文昌：《新控辩审三人谈》，北京大学出版社2014年版，第345页。
② 李岚林：《我国毒品再犯制度之反思与重构》，载《河南财经政法大学学报》2014年第2期。
③ 孙茂利主编：《新刑事诉讼法释义与公安实务指南》，中国人民公安大学出版社2012年版，第550页。
④ 陈光中主编：《〈中华人民共和国刑事诉讼法〉修改条文释义与点评》，人民法院出版社2012年版，第413—414页。

四、扩大适用非监禁刑

管制是对受刑人不予关押，限制其一定自由，由公安机关执行和人民群众监督改造的刑罚方法，是我国独有的一种轻刑，[1] 也是自由刑中唯一的非监禁刑，既能起到一定的惩戒作用，又能有效防止短期自由刑的弊端，还能避免受刑人与正常社会的完全脱节，在处罚某些轻微犯罪时具有独特的功效。针对涉案数量较少的毒品犯罪，刑事立法配置了有期徒刑、拘役和管制三种主刑，但刑事司法却在客观上淡化了管制刑的立法价值。现阶段，在从严治毒刑事政策的深刻影响下，管制在毒品犯罪中适用极为有限，甚至被部分司法人员视为打击不力、宽缓不当的表现。本书认为，在法定刑为三年以下有期徒刑、拘役或者管制的走私、贩卖、运输、制造毒品犯罪中，审判机关应当依照罪责刑相适应基本原则，合理适用有期徒刑、拘役和管制，不宜刻意将某类刑罚从司法实践中一般性地予以排除，尤其是在微量毒品犯罪中应当逐步摆脱对监禁刑的过度依赖，有效激发管制刑的特殊作用，促进罪刑关系更加均衡，积极推动受刑人的教育矫治与犯罪预防。

（一）管制刑与从严治毒刑事政策并不冲突

管制刑具有多方面的积极意义，体现了刑罚的人道主义精神，[2] 符合刑罚轻缓化、非监禁化的现代潮流，对于惩罚、矫治轻微犯罪人具有十分积极的作用。目前，司法机关在微量毒品犯罪中极少适用管制刑，主要原因在于对从严治毒刑事政策出现了理解偏差，片面强调刑罚的严厉性：一是认为毒品犯罪无论数量多少都是严重犯罪，非监禁化的管制刑无法实现等价报应；二是认为毒品犯罪人难以矫治，必须入监进行系统彻底的教育改造，方能实现特殊预防；三是认为刑罚适用具有重要的示范效应，宽缓化的刑罚不利于毒品犯罪的一般预防。较长时间以来，由于相当一部分司法人员将从严治毒刑事政策的内涵片面理解为刑罚的严厉性，忽视了"严"的核心内涵——刑罚的必定性（即严密性），所以普遍地认为管制刑不符合"从严"的要求，从而推衍出从严治毒与管制刑难以兼容的结论，导致了如今管制刑被多地高级人民法院一般性排斥的局面。

如前所述，从严治毒刑事政策具有丰富而深刻的内涵，首先强调刑罚的必定性，其次保留刑罚的严厉性，主张以治理来替代压制，片面强调刑罚严

---

[1] 黎宏：《刑法学总论（第二版）》，法律出版社2016年版，第340页。
[2] 王志祥、敦宁：《刑罚配置结构调整论纲》，载《法商研究》2011年第1期。

厉性的观点是对政策原意的严重误读。在从严治毒刑事政策的框架内,一方面,管制刑并不影响刑罚的必定性,同样以定罪作为处罚的前提,相较于执行成本高昂的监禁刑,管制刑还可以节省大量的司法资源,有利于司法机关进一步提高刑罚的必定性;另一方面,管制刑对应的是情节较轻的毒品犯罪,一般也不存在需要保留刑罚严厉性的问题。因此,无论是在刑罚必定性的维度,还是在刑罚严厉性的维度,管制刑与从严治毒刑事政策都不存在本源性冲突,以从严治毒来排斥管制刑既缺乏法律根据,也缺少政策依据,甚至有违背罪责刑相适应基本原则之嫌,应当及时予以匡正。

(二)管制刑符合毒品犯罪治理的客观规律

毒品犯罪的生成、滋长与衰亡都依托于毒品市场,刑罚适用如果背离了毒品市场的基本规律,必将无法取得理想的预期效果,刑罚的宽与严都应当放入毒品市场进行考量。第一,涉案数量较少的毒品犯罪不是毒品市场的主要推动者,也不是刑法打击的重点。《刑法》第347条第4款"三年以下有期徒刑、拘役或者管制"的刑罚配置,本身就说明涉案数量较少的毒品犯罪并不具有严重的社会危害性,如果适用管制即能实现报应与预防,那么刑罚就无须更加严厉。可能判处管制的被告人,绝大多数处于毒品市场链条的最末端,承担最大的风险、分配最低的利润,具有高度的"可替代性",对于毒品市场的运转不具有主导作用,一律科以监禁刑对毒品犯罪态势的好转作用有限,反而会导致司法资源的分配失衡、打击重点的靶向失准。第二,在涉案数量较少的毒品犯罪案件中,以贩养吸现象普遍,刑罚在等价报应的同时,更应当关注犯罪预防。涉案数量较少的毒品犯罪(尤其是微量毒品犯罪)大多属于街头犯罪,大部分被告人兼具"毒品受害者"与"毒品犯罪实施者"的双重身份,有学者认为"在零星贩卖毒品案件中以贩养吸的比例保守估计在70%"。[①] 这类被告人在生理和心理上受到毒品的双重控制,基于难以克制的毒品消费需求,必须通过各种手段寻求经济支撑,其实施毒品犯罪也是一种迫不得已,具有令人同情的一面,一律判处监禁刑会导致报应过度、预防不足。一方面,由于涉案毒品数量较少,监禁刑所带来的痛苦可能超过了受刑人实施毒品犯罪所获得的快感,不符合比例原则的基本要求;另一方面,试图通过监禁刑来实现受刑人的特殊预防,是不具有可行性的,难以抑制的毒品需求将会驱使吸毒者循环往复地走进毒品犯罪的深渊。因此,基于毒品

---

① 胡剑:《北京市青少年毒品犯罪对策分析》,载《北京青年研究》2018年第1期。

犯罪的生成规律，适当对部分被告人判处管制刑更有利于犯罪预防，同时进行康复治疗、技能培训和道德重塑，促使其戒除毒瘾后回归社会主流价值体系，这样才能实现真正意义上的犯罪预防。第三，管制刑符合法经济学的基本逻辑。从法经济学"成本—收益"的维度分析，国家为一个罪刑不大的行为耗费巨大的惩罚成本是不符合经济逻辑的，[①] 对部分以贩养吸的微量毒品犯罪分子适用管制，并辅以各项综合治理措施促使其戒断毒瘾、彻底转化，可以起到事半功倍的治理效果——既消除了一个毒品消费者，又减少了一个毒品供应者，对毒品市场的治理效果显而易见。第四，管制刑符合禁毒总体策略，有助于分化犯罪分子、强化统一战线。毒品犯罪治理不仅需要国家、社会和广大民众的共同参与，还需要吸毒人员的自愿配合、积极悔改，这样才能凝聚出最强的禁毒合力、取得最佳的治理效果。在国家、犯罪分子、吸毒人员与普通民众的四方关系中，科学的治理策略应当是惩治犯罪分子（减少供应）、帮助吸毒人员（减低需求、减轻伤害）、教育普通民众，一是尽力强化刑罚的必定性，提高毒品犯罪的风险成本，压制毒品供应；二是全力促使吸毒人员戒断毒瘾，回归正常的生活状态，最大化地萎缩毒品犯罪赖以生存的市场需求；三是做好教育预防，使每年的新增吸毒人数少于戒断人数，把毒品总需求引入稳步下降的良性轨道。以贩养吸的毒品犯罪被告人是毒品犯罪群体中的特殊组成部分，兼具犯罪分子与吸毒人员的双重身份，但两个身份孰轻孰重、谁主谁次却差异巨大。"吸毒的犯罪分子"与"犯罪的吸毒分子"并非只是一种文字游戏，而是涉及对被告人的基本看法，"吸毒的犯罪分子"意味着刑事犯罪是被告人的主要标签，"犯罪的吸毒分子"表示行政违法是被告人的主要特征。将部分以贩养吸的微量毒品犯罪被告人定性为"犯罪的吸毒分子"并依法适用管制，有利于将他们与其他毒品犯罪分子相区隔，激发出正面的分化效果，防止他们彻底滑向毒品犯罪分子的一侧，再通过毒瘾戒治、人格重塑、技能培训等措施，引导其自愿回归主流社会，形成国家、社会、民众、吸毒人员的禁毒统一战线，推动毒品犯罪治理科学化、彻底化，这也是我国20世纪50年代初禁毒"人民战争"取得胜利的重要经验。是故，管制刑在某些微量毒品犯罪案件中具有十分独特的积极作用，无论是基于罪刑均衡的内在要求，还是源于毒品犯罪的生成规律，抑或是出于犯罪治理的策略考量，均有必要为管制刑保留合理的适用空间。

---

① 艾佳慧:《刑罚轻缓化的法经济学考察》，载《法律适用》2012年第6期。

（三）在微量毒品犯罪中强化管制刑的适用

刑罚种类在很大程度上决定了刑罚的严厉程度，即便是最轻的监禁刑（拘役一个月）也比最重的管制刑（管制二年）更严厉，对受刑人的惩罚力道更强烈，遑论生命刑（已无轻重之分）与最长自由刑的天壤之别。在微量毒品犯罪案件中，犯罪行为的社会危害性相对较小，行为人的人身危险性则与自身毒瘾、生活环境等具有重要关联，刑罚适用既要以社会危害性为基础，也要以人身危险性为依归，在刑种选择时充分考虑犯罪预防的必要性，当管制刑已足以实现特殊预防时，严禁以一般预防之名升格刑罚。报应刑决定了刑罚的上限，预防刑决定了刑罚的下限，科学合理的刑罚应当是居于二者之间且尽可能轻缓的刑罚，一切超过特殊预防所需的刑罚都是多余的，还可能激化国家与受刑人之间的对立，引发报复性犯罪。当前，审判机关在司法个案中，应当充分尊重毒品犯罪的市场规律，客观评价社会危害性与人身危险性，理性平和地选择刑罚种类，使管制刑在刑种分布中占据应有的比例。

其一，即时修正过于绝对化的量刑指导文件。刑事立法是一般化的，而刑事司法则是个别化的，简练的立法条文必须面对复杂的司法实践，每个刑事案件所蕴含的社会危害性与人身危险性都是不可复制的，正如世上没有两片完全相同的树叶，也不可能有两个完全相同的毒品犯罪案件，试图在刑事司法中设定绝对统一的量刑标准既是不切实际的，也是违背司法规律的。"现代刑法并不再是为了镇压和报应，其正当性和导向只能是预防犯罪和保护法益这个任务"，[1]站在预防犯罪和保护法益的角度，毒品犯罪与管制刑并非不可兼容，因此，各地法院不宜在量刑指导文件中一般性地排除管制刑，刑种选择权应当完整地交给审判者，由其在司法个案中具体判断。量刑指导文件是刑事司法的一种特殊表现形式，虽然具有某种规范功能，但仍需在刑事立法的基本框架内发挥作用，各地法院以量刑指导文件"架空"刑事立法条文的做法于法无据，有违背罪刑法定基本原则之嫌，量刑指导文件被异化为"二次立法"，变相地删除了刑法第 347 条第 4 款关于管制刑的规定。人权保障是现代刑事法治追求的首要价值，[2]在罪刑法定基本原则的整体框架内，司法文件可以沿着轻缓化的方向对刑罚适用加以限制——例如《武汉会议纪要》在运输毒品罪中对死刑适用作出的严格限制，但是不能循着严苛化的方向对刑

---

[1] ［德］汉斯·约格·阿尔布莱希特：《安全、犯罪预防与刑法》，赵书鸿译，载《人民检察》2014 年第 16 期。

[2] 陈兴良：《刑法法理的三重语境》，载《中国法律评论》2019 年第 3 期。

罚适用进行框定——正如部分法院在量刑指导文件中对走私、贩卖、运输、制造毒品罪管制刑的排斥。本书认为，为了保障被告人的合法权利，贯彻罪责刑相适应基本原则，维护管制刑在毒品犯罪中的法定地位，建议各级法院即时对本地区量刑指导文件进行系统性修正，改变目前"架空"管制刑的实践做法，在司法文件层面为管制刑的适用保留合理的空间。

其二，以犯罪行为的社会危害性为基础，推动管制刑适用正常化。对于综合考量刑法第 347 条第 1 款、第 4 款与第 13 条但书后，刚刚达到罪量因素最低要求的微量毒品犯罪案件，如果被告人不存在法定从重处罚情节以及明显的酌定从重处罚情节（例如与毒品相关的行政违法记录），那么审判机关应优先考虑适用管制刑。罪量反映的是不法行为的法益侵害程度[①]，而法益侵害程度又在大体上决定了刑罚处罚的强度，以最轻缓的刑罚回应最轻微的犯罪，是罪责刑相适应基本原则的应有之义。刑种选择合理化是刑罚适用合理化的重要前提，如果刑种被人为地不当升格，那么在更严厉的刑种范畴内，无论司法机关如何进行轻缓化量刑，刑罚适用必然是过剩的，也必将是不合理的。在司法实践中，审判人员应当立足于毒品犯罪的具体行为类型——走私、贩卖、运输或者制造，综合考量犯罪行为的完成形态，同时根据涉案毒品的种类、数量及纯度等因素，准确评价犯罪行为的社会危害性，对于法益损害程度刚刚达到罪量因素最低要求的毒品犯罪案件，如果被告人再犯罪的可能性也极小，那么一般应当适用管制刑，不再简单地将从严治毒刑事政策作为排斥管制刑的依据，让管制刑回归到正常的适用状态。

其三，以行为人的人身危险性为参照，合理调节管制刑的适用。一方面，对于微量毒品犯罪中数量相对较大的被告人，不能一概排除适用管制刑的可能性，如果被告人具有自首、立功、坦白、从犯、胁从犯、未成年人和初犯等法定、酌定从轻处罚情节，且犯罪情节较轻、人身危险性不大，那么也可以考虑适用管制刑。从严治毒刑事政策与管制刑并无根本性冲突，管制刑的合理适用也是毒品犯罪刑事治理的重要一环，刑罚的适用既应当回溯过往，还应当面向未来，当管制刑已足以实现报应与预防时，审判机关应当理性平和地依法适用。另一方面，如果被告人具有与毒品有关的行政违法记录、刑事犯罪前科，或者其他严重刑事犯罪前科——例如刑法第 17 条第 2 款规定的 8 种罪名以及危害国家安全、危害公共安全、绑架等犯罪——那么原则上都

[①] 陈兴良：《作为犯罪构成要件的罪量要素——立足于中国刑法的探讨》，载《环球法律评论》2003 年第 3 期。

不应适用管制刑。① 管制刑的优势在于教育与预防，但必须建立在被告人再犯可能性较低、人格可塑性较强的前提之上，否则适用管制刑会适得其反。具有上述前科劣迹的被告人再次实施毒品犯罪，说明其人身危险性并未得到有效控制，再犯罪的可能性较高，非监禁刑已不足以实现特殊预防，有必要采取更严厉的刑罚予以制裁。在这种情况下，即便不法行为的罪量因素仅是略微超过入罪的最低标准，但是基于行为人的人身危险性存在重大风险，一般情况下也不宜适用管制刑。

综上，从严治毒刑事政策主要强调刑罚的必定性，刑罚的严厉性只是一种必要保留与个别存在，而非提倡普遍性的刑罚升级，管制刑适用正常化是刑罚适用合理化的重要内容，审判机关应当以社会危害性与人身危险性为依据，客观理性地依法适用管制刑，对当前一般性排斥的做法及时予以修正。管制刑并未弱化刑罚的必定性，在一定时间段内司法资源总量恒定的情况下，管制刑的社会化行刑模式能够大幅降低司法成本，这些节省出的司法资源被投入新的禁毒执法活动后，刑罚的必定性会随之显著提升，"同惩罚的严厉性相比，惩罚的迅捷性和必然性在防止犯罪方面更为有力"，② 在较高的刑事破案率的持续压力下，毒品犯罪自然会相应减少，因此，管制刑不仅无碍于从严治毒，更是从严治毒的必备内容与重要保障。在毒品犯罪案件中，审判机关应当逐步更新从严惩处的司法理念，更加重视被告人的犯罪预防与社会复归，自觉避免从严治毒刑事政策对罪责刑相适应基本原则的不当冲击，理性合理地适用管制刑，保持罪刑均衡、避免刑罚过厉，节约司法资源、助推破案概率，分化犯罪群体、强化统一战线，最大化地激发出管制刑在毒品犯罪刑事治理中的特殊功效。

五、合理分隔有期徒刑

有期徒刑是毒品犯罪中适用比例最高的主刑，也是国家惩治毒品犯罪分子的最主要手段，其裁量情况在很大程度上决定了刑罚适用的整体强度。当前，"唯数量论"是毒品犯罪中刑罚适用存在的主要问题，复杂的刑罚裁量嬗变为简单的数学运算，数量之外的其他量刑情节并未得到司法机关的足够重视，刑罚适用呈现出较为明显的"以量计刑"特征，在有期徒刑的适用过程

---

① 刑法第 17 条第 2 款规定："已满十四周岁不满十六周岁的人，犯故意杀人、故意伤害致人重伤或死亡、强奸、抢劫、贩卖毒品、放火、爆炸、投放危险物质罪的，应当负刑事责任。"

② ［美］彼得·萨伯：《洞穴奇案》，陈福勇、张世泰译，三联书店 2012 年版，第 135 页。

中尤为突出。例如，在其他情节基本相同的情况下，甲行为人贩卖了9.99克海洛因，乙行为人贩卖了10.01克海洛因，两人的刑事判决通常会出现四年左右的刑期差距，0.02克即决定了长达四年的人身自由，这种迥异的判决结果在法理论述、事理逻辑上都很难证立，但司法人员却难以解决其中的不合理性，只会将巨大的刑期差距归因于立法条文的明确规定。刑法第347条以毒品数量作为主要依据，将有期徒刑分为四个幅度：三年以下有期徒刑、三年以上七年以下有期徒刑、七年以上有期徒刑、十五年有期徒刑，其中三年以下有期徒刑与三年以上七年以下有期徒刑共同针对"鸦片不满二百克、海洛因或者甲基苯丙胺不满十克或者其他少量毒品"的情形，二者之间存在毒品数量上的竞合、法定刑期的差异，也由此引发了司法实务中刑罚适用上的交织。在有期徒刑的四个幅度中，"七年以上有期徒刑"与"十五年有期徒刑"不存在适用范围上的争议，面临的都是具有共通性的纯度、犯罪形态等问题；在贩卖少量毒品的情况下，如何准确区分"三年以下有期徒刑、拘役或者管制"与"三年以上七年以下有期徒刑"，是当前毒品犯罪刑罚适用中必须解决的重要问题。

（一）"情节严重"的立法溯源

1979年《刑法》第171条将制造、贩卖、运输毒品罪的刑罚分为五年以下有期徒刑或者拘役与五年以上有期徒刑两个档次，二者以"一贯"和"大量"作为区分标准，不存在数量竞合的问题。1990年《关于禁毒的决定》第2条第3款采用概括式的立法方式，将走私、贩卖、运输、制造少量毒品的刑罚设置为七年以下有期徒刑、拘役或者管制，在法条内部没有进行情节上的区分，将量刑问题完全交由司法处理。1997年刑法第347条沿袭自《关于禁毒的决定》第2条，二者之间既有继承关系，也有显著区别，其中一个重要的变化就是刑法第347条第4款对七年以下有期徒刑进行了内部拆分，一般情节的处三年以下有期徒刑、拘役或者管制，情节严重的处三年以上七年以下有期徒刑。至此，"情节严重"正式入法，成为走私、贩卖、运输、制造毒品罪中重要的量刑情节，七年以下有期徒刑正式分为两个刑罚幅度。本书认为，将七年以下有期徒刑拆分为两个刑罚幅度，是国家在立法层面对罪责刑相适应基本原则的进一步贯彻，其根本目的在于使刑罚配置更为合理、刑罚适用更加均衡，避免因刑罚幅度过大、裁判标准不一而出现量刑结果迥异的现象。

（二）"情节严重"的司法现状

1997年以来，在《刑法》第347条第4款"情节严重"的理解与适用上，由于缺乏统一、明确和具体的司法标准，各地人民法院普遍存在审慎、保守的心态，造成"三年以上七年以下有期徒刑"的适用比例较低，中期自由刑在抗制毒品犯罪中的重要作用未能得到充分的发挥。最高人民法院于2016年4月6日印发《毒品犯罪若干解释》，为了解决司法实践中长期存在的"情节严重"适用难题，该解释第4条专门明确了"情节严重"的认定标准，详细列举了应当适用的六种情形。随着《毒品犯罪若干解释》的施行，"情节严重"条款在司法实践中被初步激活，但仍然存在标准设置不合理、法理逻辑不周延等问题。

1. 场所条件设置不全面

《毒品犯罪若干解释》第4条第2项将"在戒毒场所、监管场所贩卖毒品"认定为情节严重，适用三年以上七年以下有期徒刑，这一规定充分体现出人民法院净化戒毒场所、监管场所的司法理念，防止被羁押人员再次受到毒品伤害，为其生理戒毒、心理脱毒创造最有利的外部环境，强化戒毒、监禁在降低毒品需求上的效果。将场所因素作为认定"情节严重"的重要依据是合理的，同样的贩毒行为发生在不同的场所，其社会危害性必然是不同的，《毒品犯罪若干解释》对戒毒场所、监管场所予以特别保护实有必要。但是，司法实践中发生在戒毒场所、监管场所内的贩毒案件是极其少见的，除了内外勾结、监守自贩等个别情形外，毒品几乎不可能在严密监管之下完成交易，因此《毒品犯罪若干解释》第4条第2项的适用率极低，对"情节严重"的司法适用作用有限。本书认为，《毒品犯罪若干解释》在场所因素中仅考虑了戒毒场所与监管场所，未将学校、医院、儿童福利院及养老院等特殊场所纳入在内，存在场所设置上的缺漏，可能导致对这些特殊场所中弱势群体的保护弱化。行为人在学校、医院、儿童福利院及养老院等特殊场所内贩卖毒品，将会使学生、病员、儿童及老人等自我保护能力较弱的群体面临毒品的威胁，在同等条件下遭受更强更持久的身心伤害，因吸毒引发人身伤亡、精神失常等严重后果的可能性更高，所造成的社会危害性不亚于在戒毒场所、监管场所内贩卖毒品。因此，最高人民法院可以考虑对《毒品犯罪若干解释》第4条第2项中的"场所"进行适度扩容。

2. 对象条件设置不周延

刑法第347条第6款规定，向未成年人出售毒品的从重处罚；《毒品犯罪若干意见》第 4 条第 3 项规定，向在校学生贩卖毒品的认定为情节严重，二者之间在适用范围上存在竞合，也可能产生矛盾。第一种情形，行为人向未成年在校学生出售不满 10 克海洛因，首先依据《毒品犯罪若干解释》第 4 条第 3 项的规定应认定为情节严重，在三年以上七年以下有期徒刑幅度内量刑；其次依照刑法第 347 条第 6 款的规定，应在该刑罚幅度内从重量刑。第二种情形，行为人向未成年非在校学生出售不满 10 克海洛因，那么不符合《毒品犯罪若干解释》关于情节严重的规定，依照刑法第 347 条第 6 款应在三年以下有期徒刑、拘役或者管制的幅度内从重量刑。第三种情形，行为人向成年在校学生出售不满 10 克海洛因，那么不属于刑法第 347 条第 6 款规定的从重处罚范畴，依据《毒品犯罪若干解释》第 4 条第 3 项的规定，应当在三年以上七年以下有期徒刑幅度内量刑。

显而易见，第二种情形与第三种情形之间的刑期倒置是值得商榷的，在刑罚适用中将"在校学生"作为加重情节、"未成年人"作为从重情节，这种处理方式是欠妥当的，与刑法的未成年人优先保护原则直接抵牾。对于公民而言，"未成年人"是其自然属性，"在校学生"是其社会属性，自然属性是不可抗拒、不可改变的，而社会属性则是可以设定、可以更改的，人的自然属性（如未成年人）与社会属性（如国家工作人员）都可以作为量刑情节，但一般情况下自然属性对刑罚的影响力应当大于社会属性。人的自然属性是平等的，在我国每个人的法定未成年阶段都是 0—18 岁，而人的社会属性却是千差万别的，有的人只接受过九年义务教育，有的人则会在大学接受高等教育，将"在校学生"作为情节严重的认定标准，会导致刑罚适用上的不平等，有违适用刑法人人平等的基本原则。例如，行为人分别向 16 岁的务工人员、30 岁的在校学生各自贩卖海洛因 1 克，按照现行刑法及司法解释的规定，前者将在三年以下有期徒刑、拘役或者管制的幅度内从重处罚，后者将在三年以上七年以下有期徒刑的幅度内处罚。这种处罚结果显然与国民朴素的法情感、法认知相背离，16 岁的务工人员与 30 岁的在校学生因为受教育状况而被刑法区别对待，处于弱势地位的未成年务工人员反而失去了刑法的"强保护"，无论从哪个角度进行解释、论证都难以自洽。因此，有必要对《毒品犯罪若干解释》第 4 条第 3 项进行修正，制定与刑法第 347 条第 6 款相契合的认定标准，使"情节严重"的适用更加公平合理。

3. 兜底条款设置不合理

基于贩毒行为的多样性,《毒品犯罪若干解释》第 4 条第 6 项专门设置了"其他情节严重的情形"这一兜底条款,以弥补前款规定中可能存在的疏漏。但是,人民法院在司法实践中却极少适用这一兜底条款,正如有刑辩律师指出:基层法院的法官适用法律比较机械,让找法律规定给他看,法律怎么规定的,他就这么判。① 本书赞同法官在定罪量刑中不适用该兜底条款的做法,但不认同法官的理由——缺乏明确的具体规定。一方面,贩卖毒品罪的刑罚配置本身已非常严厉,按照我国将五年有期徒刑以上刑罚统称为重刑的司法传统,三年以上七年以下有期徒刑中有一半的刑罚属于重刑,通过兜底解释的方式来对行为人科以重刑,既不符合刑法的明确性要求,也不符合刑法人权保障的根本价值追求。另一方面,司法解释应当坚持明确性,不能以模糊性的语言去解释模糊性的法条。司法解释是最高人民法院、最高人民检察院根据授权,就司法领域中具体适用法律所作出的解释,② 形成对下级法院、检察院的约束,以实现同类案件同类处理的法治目标,③ 解释的目的在于使法条更具有可操作性。由于立法条文必须保持适度的抽象性,不同司法者对法条文义的理解又难免会出现差异,因此,司法解释对于统一、明确法条的具体含义具有重要价值。司法解释所要解决的首要问题便是法条文义的明确性问题,通过对具体法条的专门解释,形成内涵清晰、外延明确的语词含义,避免司法适用中的矛盾和分歧。《毒品犯罪若干解释》以"其他情节严重的情形"来解释"情节严重",这种做法违背了司法解释最根本的价值、目标与功能,是一种以抽象解释抽象的循环论证,无论是在刑法理论上还是在司法实务中都是不值得提倡的。

(三)"情节严重"的司法调整

刑法第 347 条第 4 款"情节严重"的认定标准,既关系到中期自由刑的合理适用,也关乎刑罚适用的整体结构,其意义不容小觑。在现有刑事立法的总体框架下,最高人民法院可以考虑对《毒品犯罪若干解释》第 4 条进行适度调整,使"情节严重"的认定标准更加科学,让三年以上七年以下有期徒刑的适用状况更为合理,进一步激活相对"闲置"的中期自由刑,促进刑

---

① 孙中伟:《毒品犯罪死刑案件辩护之五大特点与十大路径》,载何荣功等著:《毒品类死刑案件的有效辩护》,中国政法大学出版社 2017 年版。
② 陈春龙:《中国司法解释的地位与功能》,载《中国法学》2003 年第 1 期。
③ 梁根林:《罪刑法定视域中的刑法适用解释》,载《中国法学》2004 年第 3 期。

法条文的内部和谐。

1. 增加特殊场所的类型

建议将《毒品犯罪若干解释》第 4 条第 2 项修改为："在戒毒、监管、教育、医疗、福利、养老等场所贩卖毒品的"，适度扩大"情节严重"的适用范围，强化对其他特殊场所的重点保护。对吸毒行为的预防与矫治是毒品治理的治本之策，①将戒毒、监管、教育、医疗、福利、养老等场所纳入"情节严重"的范畴，可以更有效地矫治已经成瘾的吸毒者、预防出现新的毒品消费者，对这些容易受到毒品袭扰的高危人群、弱势人群予以重点保护，逐步改变现阶段"三年以上七年以下有期徒刑"适用率过低的司法现状，让中期自由刑在刑罚体系中占据合理比例，充分发挥刑罚在阻截毒品供应上的作用，并以此控制特定场域中的毒品消费，推动标本兼治。

2. 限缩在校学生的范围

建议将《毒品犯罪若干解释》第 4 条第 3 项调整为："向未成年在校学生贩卖毒品的"，限缩在校学生的认定范围，使该条文与刑法第 347 条第 6 款"向未成年人出售毒品的，从重处罚"形成衔接，消除加重情节与从重情节之间的"倒挂"现象，彻底解决当前量刑结果失衡的问题，促进刑罚适用的内部和谐。其一，将未成年人作为从重情节与加重情节的共同前提，可以彻底消除二者之间的分歧，实践中不会再出现对成年人的保护优于对未成年人的保护的畸形模态。其二，将未成年在校学生作为"情节严重"的情形之一，可以强化对这一特定群体的刑法保护。相较于已经踏入社会的未成年人，尚处于在校学习阶段的未成年人社会阅历更少、辨识能力更低、防卫能力更弱，更值得刑法予以特别关注，积极向上、阳光健康的学生群体对于社会的可持续发展至关重要。其三，通过调整可以促进刑法与司法解释的融洽，在从重情节与加重情节之间形成清晰明确的区分标准，推动刑罚适用的梯度化。向成年人出售少量毒品的从平处罚，向未成年人出售少量毒品的从重处罚，向未成年在校学生出售少量毒品的加重处罚，这种渐次升级的刑罚适用模态更切合犯罪行为的社会危害性，更符合毒品犯罪治理的基本规律。

3. 取消兜底条款的设置

建议删除《毒品犯罪若干解释》第 4 条第 6 项的兜底条款，将"情节严重"的认定标准限定为五种明文规定的情形，使"三年以下有期徒刑、拘役

---

① 揭萍：《我国毒品消费与供给关系实证研究》，法律出版社 2019 年版，第 308 页。

或者管制"与"三年以上七年以下有期徒刑"这两个刑罚幅度在适用上保持明确的界限，维护公民的违法性认识可能性，避免各地法院在适用中的各行其是，有效防止模糊性解释对公民基本权利的侵害。在立法语言的技术把握上，法律条文应当保持适度抽象，而司法解释则必须明确具体，这样才能保证从抽象到具体的法律适用过程，真正实现司法解释的实践价值。

六、从严控制死刑适用

死刑的配置与适用一直是毒品犯罪中最为敏感、最具争议的问题，其正当性、合理性与必要性不断受到刑法学界的质疑，也引起司法实务界的特别关注。在毒品犯罪案件中严格控制和慎重适用死刑，是我国刑法学界的主流观点，但关于如何严格控制死刑的讨论却更多聚焦于宏观的刑事政策导向、着墨于抽象的刑罚轻缓化潮流、寄望于遥远的立法修正，缺乏立足于刑法教义学的具体控制路径研究，尚未形成统一、明确的死刑适用标准，难以有效控制司法实践中毒品犯罪案件的死刑适用。在司法实践中，由于缺乏毒品犯罪死刑适用的统一标准，各地人民法院对"罪行极其严重"的理解存在一定差异，对毒品种类、数量、纯度及行为类型等关键性量刑因素的把握各不相同，同时还会受到当地毒品犯罪态势的一定影响，导致各地人民法院内部掌握的死刑标准出现差别，可能引发同案不同判的问题。毒品犯罪是现阶段适用死刑最多的非暴力性犯罪，特别是《刑法修正案（九）》公布施行后，"两高"通过司法解释大幅提高了贪污罪、受贿罪的死刑数额标准，[①]毒品犯罪死刑控制已成为非暴力性犯罪死刑控制的关键。如果说基于经济发展水平的差异，各地人民法院在侵犯财产犯罪中采用不同的量刑标准尚有理可据，那么对于人人平等的生命权而言，死刑的标准应当是一致的，否则对于因地区差异而付出生命代价的被告人而言，就是最严重的不公平，所造成的权利侵害也是不可逆转的。

（一）客观局限：政策型控制模式难以有效限制死刑

当前，在毒品犯罪案件中，人民法院主要通过"保留死刑，严格控制和

[①] 最高人民法院、最高人民检察院《关于办理贪污贿赂刑事案件适用法律若干问题的解释》第3条第1款规定："贪污或者受贿数额在300万元以上的，应当认定为刑法第三百八十三条第一款规定的'数额特别巨大'，依法判处10年以上有期徒刑、无期徒刑或者死刑，并处罚金或者没收财产。"

慎重适用死刑"的刑事政策来控制死刑的数量,[①]在司法实践中并未形成统一、明确的裁判标准。通过刑事政策来控制毒品犯罪死刑适用,是一种刑法家长主义观念,这种控制欠缺法定性、稳定性和平等性。我们必须认识到,保护社会的目的只能以公正的方式实现,科处刑罚只能基于法律已有之规定,[②]刑罚裁量过度依赖刑事政策实非法治之幸、人权之福。其一,现代刑法走向成熟的重要标志就是刑法从立法论、政策论转型为司法论、解释论。刑事立法应当保持适度的抽象,为解释留下合理的空间,以适应不断变化的社会生活事实。刑事政策要恪守李斯特鸿沟,切不可翻越罪刑法定的藩篱。如果试图主要依靠刑事政策来控制毒品犯罪死刑适用,有违背罪刑法定基本原则之虞。其二,刑事政策具有复杂性、多元性,横向分为定罪政策、刑罚政策与处遇政策,纵向分为基本刑事政策、具体刑事政策,从法律过程上又可以分为立法刑事政策、司法刑事政策。[③]这些政策之间客观上存在某种程度的内部紧张关系,例如,宽严相济的基本刑事政策与从严治毒的具体刑事政策之间存在一定冲突,用于指导毒品犯罪的死刑适用可能出现迥异的判决结果,会导致死刑适用标准缺乏稳定性与可预测性,不利于国民基本权利的保障。其三,刑事政策具有相对的弹性,在不同的时间维度与空间场域内存在一定的差异,以其来控制毒品犯罪的死刑适用可能造成刑罚裁量不公。过往经验已经表明,在"严打"时期、国际禁毒日期间对毒品犯罪的量刑可能会相对从重从快,在不同地区法院内部掌握的死刑数量标准也不一致。刑事政策不是一种"精确计量"的存在,而是一种"等约计量"的样态,围绕中心直线以波浪式、弹性化的图景指导复杂多变的司法实践,无法承受合理有效控制死刑的千钧重担。

(二)路径选择:毒品犯罪死刑司法控制的必要性

毒品、艾滋病与恐怖主义并称世界三大公害,"毒品不仅直接危害公民的身心健康,造成成千上万的牺牲者,而且诱发大量的其他犯罪案件,严重破

---

① 最高人民法院《关于贯彻宽严相济刑事政策的若干意见》第 29 条规定:"要准确理解和严格执行'保留死刑,严格控制和慎重适用死刑'的政策。"

② 马登民、张长红:《德国刑事政策的任务、原则及司法实践》,载《政法论坛》2001 年第 6 期。

③ 储槐植:《刑事政策:犯罪学的重点研究对象和司法实践的基本指导思想》,载《福建公安高等专科学校学报》1999 年第 5 期。

坏社会秩序",①基于毒品的严重危害性与当前严峻复杂的毒品犯罪态势,现行刑事立法的死刑配置具有时空背景下的相对合理性,且具有立法意义上的威慑力。同时,我们必须理性地承认"毒品犯罪死刑适用的效果是有限的,寄希望于通过对毒品犯罪人判处严刑峻法甚至死刑来实现对毒品犯罪的有效控制,注定是忽视毒品犯罪客观规律的天真设想",②1982年以来延续40多年的死刑适用并未完全解决毒品问题,正好从反面印证了死刑在毒品问题治理中的有限作用。在短期内无法废除毒品犯罪死刑的客观现实下,"通过司法渐进地控制、减少乃至于最终废除死刑,实为控制、减少乃至于最终废除死刑最重要的路径"。③通过司法路径严格控制毒品犯罪中的死刑适用,其必然性主要基于以下因素。

1. 社会观念中"惩罚的冲动"

基于我国"以刑止刑、以杀止杀"的传统刑罚观念,④加之国家屈辱、民族伤痛等因素的影响,毒品是"万恶之源"的朴素观念深植于国民心灵深处,社会大众普遍认为毒品犯罪属于最严重的罪行,对其规定并适用死刑是天经地义的事情。⑤毒品犯罪行为人及其家属背负了巨大的道德压力,不可能有类似"山东辱母案""昆山龙哥案"中国民感情对行为人的同情与怜惜,面对社会观念中"惩罚的冲动",往往受到法律与道德的双重责难,社会保护与人权保障的天平存在失衡的风险,在一些刑事判决中严惩毒品犯罪承担了满足国民情感的额外责任,承载了根治毒品问题的过高期望。

2. 刑事判决中"冲动的惩罚"

审判机关在刑罚裁量过程中,难免受到从严治毒刑事政策的影响,司法审判从毒品犯罪的"个案审判"走入毒品问题的"宏大治理",刑罚成为毒品问题治理的主要手段。如果毒品犯罪刑事判决附加了伦理道德、长治久安和民族未来等考量,那么重刑将成为优先选项,并会导致刑罚适用因违背比例原则而偏离社会相当性。在一些时候,审判机关在严峻复杂的毒情背景下,面对从严治毒的民意洪流,感性取向在一定程度上影响了理性判断,在司法

---

① 张明楷:《简论非法持有毒品罪》,载《法学》1991年第6期。
② 梅传强、胡江:《毒品犯罪死刑废除论》,载《河南财经政法大学学报》2016年第5期。
③ 梁根林:《死刑案件被刑事和解的十大证伪》,载《法学》2010年第4期。
④ 语出唐代《永徽律疏》。
⑤ 何荣功:《"毒品犯罪"不应属于刑法中最严重的罪行》,载《辽宁大学学报(哲学社会科学版)》2014年第1期。

个案中简单适用刑法第 347 条第 2 款关于毒品种类及数量的规定，淡化了刑法第 48 条第 1 款"罪行极其严重"对死刑适用的严格限制，刑事判决成为"冲动的惩罚"。"在没有其他措施能够有效避免毒品犯罪时，死刑就被视为打击毒品犯罪的最好工具。"①

3. 死刑存续的客观现实

随着现代刑罚观念的逐渐确立，在司法上严格控制、慎重适用死刑，在立法上逐步减少并最终废除死刑已经成为我国刑法学界的共识，作为非暴力犯罪的毒品犯罪废除死刑是我国刑事立法发展的必然方向。毒品犯罪具有严重的社会危害性，但不可否认这种危害并不是直接的，对法益的实际侵害需要有"中介行为"才能实现，②这一现代理念的确立是罪责刑相适应原则的必然要求，也是毒品犯罪废除死刑的重要依据。但我们必须认识到，法律规则与其他社会规则同源于社会事实，一切规则的有效性，都取决于联合体成员接受和认可，③基于当前的社会事实与国民情感，短期内在刑事立法上废除毒品犯罪死刑尚难期待，通过立法修正彻底解决毒品犯罪死刑问题的主张显得过于超前。

综上，在未来毒品犯罪死刑配置存续的较长时间内，为了有效克制"惩罚的冲动"与"冲动的惩罚"，为了调和宽严相济与从严治毒之间的紧张关系，立足于刑法教义学的司法控制才是具有可预测性、可操作性的妥当选择。死刑控制司法化的实质就是死刑控制教义学化，通过刑法教义学的体系解释方法，强化"罪行极其严重"对死刑适用的限制，对社会危害性与人身危险性进行最严格的检视，在罪刑法定原则的轨道内确立明确、稳定的死刑适用标准，"建立起既能够将死刑限制在极少数罪行极其严重的犯罪人，又能够最大限度地获得社会认同的司法控制机制"。④

（三）实践展开：基于刑法教义学的死刑控制

刑罚服务于两个目的，而且只服务于这两个最终目的：使作恶者受到应有的惩罚和预防犯罪，⑤国民的仇恨心理、厌毒情绪并不是刑罚服务的对象。

---

① 张洪成：《毒品犯罪刑事政策之反思与修正》，中国政法大学出版社 2017 年版，第 204 页。
② 赵国玲、刘灿华：《毒品犯罪刑事政策实证分析》，载《法学杂志》2011 年第 5 期。
③ 参见陈皓：《埃利希：法律强制与活法之治》，载《人民法院报》2018 年 10 月 19 日。
④ 周振杰：《日本死刑司法控制的经验及其借鉴》，载《法学》2017 年第 6 期。
⑤ [美] 哈伯特·L. 帕克：《刑事制裁的界限》，梁根林等译，法律出版社 2008 年版，第 35 页。

死刑是不可逆转的终极刑罚，理应受到最严格的控制，只有在犯罪行为的社会危害性与行为人的人身危险性都达到极其严重的程度，并且其他任何刑罚都无法满足报应与预防的需要时，司法机关才能考虑适用死刑。死刑控制应当从社会危害性与人身危险性两个维度同时展开，通过对"罪行极其严重"的严格解释，形成统一、明确的认定标准，将死刑判决控制在最小范围内，确保死刑只适用于极个别罪行极其严重的毒品犯罪分子。

1. 基于社会危害性的死刑控制

（1）毒品种类对死刑的限制

毒品犯罪中"罪行极其严重"的数量判断较为简便、直观，判断的重点应当聚焦于毒品的种类。死刑只适用于针对毒害性、瘾癖性极其严重的毒品的犯罪，对针对毒害性、瘾癖性较轻的毒品犯罪，由于很难造成对国民生命健康法益"极其严重"的侵害，因此，在司法上应排除死刑的适用。根据前文对毒品司法分级的设想，结合目前我国毒品市场的具体情况，死刑控制可以从以下四个方面展开。其一，应当将死刑适用限缩在涉及海洛因、甲基苯丙胺这两种烈性毒品的犯罪中，对涉及其他毒品的犯罪原则上不适用死刑。海洛因被称为传统"毒品之王"，经历了"罂粟→鸦片→吗啡→海洛因"四种样态、三次提炼，纯度高、毒性强，导致吸食者萎靡不振，易产生厌世情绪。"冰毒"被称为"合成毒品之王"，"冰毒"的主要成分是甲基苯丙胺，属于兴奋剂的范畴，吸食甲基苯丙胺不但会造成严重的社会问题，而且导致的死亡和精神疾病也造成严重的医学问题。[①] 海洛因与甲基苯丙胺均具有强烈的毒害性与高度的瘾癖性，会对吸食者的神经系统造成急性的严重损害。目前，海洛因和甲基苯丙胺占据了我国绝大部分的毒品市场份额，理应成为依法严惩的重点。基于上述原因，我国《刑法》第 347 条、第 348 条将海洛因与甲基苯丙胺在法条中单列，明确规定各刑罚幅度对应的数量，体现出立法上从严惩处的态度。本书认为，应将海洛因、甲基苯丙胺作为目前司法上最应严惩的毒品种类，在毒品种类上对"罪行极其严重"进行严格解释，仅对涉及该两种毒品的犯罪适用死刑。其二，对于海洛因、甲基苯丙胺

---

① 薛剑祥：《毒品犯罪法律适用若干问题探讨》，载《法律适用》2004 年第 2 期。

之外的其他硬性毒品,[①]如鸦片、吗啡、可卡因等,由于其毒害性相对于海洛因和甲基苯丙胺较弱,短期内造成吸食者死亡或严重残疾的概率较低,对国民生命健康法益的侵害不具有高度紧迫性,应排除在《刑法》第48条"罪行极其严重"之外,将最高刑罚限定为无期徒刑比较合理。其三,有研究表明大麻在成瘾性方面是所有毒品中最微弱的,至今为止没有证据表明大麻能引起持久的精神障碍,即使是长期使用者,只要停用2—4周即可消除其影响,[②]对大麻类软性毒品犯罪适用死刑有违罪责刑相适应原则,基于比例原则建议将最高刑罚限制在有期徒刑范围内。其四,对于新精神活性物质,虽然其内部化学结构被人为改变,但其毒害性、瘾癖性是可以客观量化的,司法上应首先通过相关鉴定准确认定其种类,再根据不同种类分别确定刑罚的上限。

(2)行为类型对死刑的限制

自全国人大常委会于1990年制定《关于禁毒的决定》之始,我国刑事立法一直坚持将走私、贩卖、运输、制造毒品四种行为类型并列,统一配置死刑这一终极刑罚,行为的排序也延续了三十余年。本书认为,虽然刑事立法将四种行为纳入同一法条予以规定,但从行为所造成的不同社会危害分析,四种行为对法益的侵害程度是存在较大差异的,在刑事司法中应确立差异化的死刑适用标准。同时,毒品犯罪问题之所以沉疴难消、积弊难除,最根本的原因在于存在一个非法、稳定且不断扩大的毒品需求地下市场,对毒品市场非法运转"贡献率"越大的行为理应受到更严厉的刑事处罚。

第一,走私、制造毒品的行为直接增加了国内的毒品总量,相当于在毒品市场中增加了商品供应量,由于吸食者在生理以及心理上被毒品控制,缺乏消费选择的自由意志,增加的毒品供应量被市场消化只是时间问题。走私、制造行为是毒品市场持续运行的源头环节与前提条件,对法益的侵害最为严重,相较于贩卖、运输行为更具有死刑适用的必要性与合理性。死刑应主要用于严惩"罪行极其严重"的走私与制造行为,而对贩卖行为一般不适用死刑,对运输行为不再适用死刑。有观点认为,毒品生产者是毒品领域的最大

---

① 根据毒品对人体的危害程度,可以将毒品分为软性毒品与硬性毒品。硬性毒品的药物成瘾性强,对人体的危害程度大,如海洛因、甲基苯丙胺、吗啡、可卡因等。软性毒品的药物成瘾性相对较低,对人体的危害程度相对较强,如大麻。(参见夏国美、杨秀石等:《社会学视野下的新型毒品》,上海社会科学院出版社2017年版,第71页。)

② 苏智良:《中国毒品史》,上海社会科学院出版社2017年版,第10—11页。

"贡献者",因为他们实现了毒品从无到有的转变。[①] 本书认为,在《刑法》第347条的内部结构中走私、制造毒品无疑处于更突出的位置,但是输入型走私行为更应受到严惩。主要考虑近代以来我国长期处于毒品"输入国""受害国"的地位,毒品输入也再次引起了1980年代以来我国的毒潮回流,加之西南、西北、东北等方向境外毒源地短期内难以根治,我国庞大的人口基数又是域外毒品犯罪集团垂涎的"潜在市场",在死刑适用中将走私毒品作为严惩的首要对象,有利于控制、削弱境外毒品犯罪集团对我国的大宗毒品输入。对于制造毒品的行为,从维系地下毒品市场非法运行的"贡献率"考量,目前同样具有适用死刑的必要性与合理性,但略微弱于走私行为,对"罪行极其严重"的制造毒品行为可以适用死刑。

第二,贩卖毒品的行为将毒品流通至终端消费者,直接促成了吸食毒品的发生,将对国民生命健康法益的侵害从抽象危险转化为客观实害,其法益侵害性高于运输行为。但我们应当理性地认识到,"贩卖毒品罪是受害者自愿参与的犯罪,贩毒者实现了牟利之目的,购毒者满足了'消费'的需求,在某种程度上结合成病态的'利益共同体'",[②] 将犯罪后果单独归咎于贩卖者并适用死刑,会受到责任主义的质疑。贩卖毒品罪的责任分配理应与走私、制造毒品罪有所不同,因为走私、制造毒品是没有被害人参与的犯罪,对其适用死刑无须考虑被害人因素。本书认为,对于发生在贩毒者与吸毒者之间的贩卖行为,无论毒品数量多么巨大,由于被害人自愿参与这一责任减轻事由的存在,均不应对贩卖者适用死刑,只有发生在制毒者与贩毒者之间、贩毒者与贩毒者之间的贩卖行为,才可以考虑适用死刑。

第三,司法实务中不再对运输毒品罪适用死刑,立法上暂时保留死刑配置,以维系刑罚威慑力,促进一般预防效果。运输毒品罪一般体现为毒品地理位置的转移,从市场运行的视角审视,其既没有造成我国境内毒品总量的增加,也没有直接将毒品从生产制造环节流入消费环节,其社会危害性主要体现在毒品向消费环节的"迫近",在毒品犯罪链条中处于走私、制造与贩卖之间的过渡环节,在毒品市场中发挥"承上启下"的中介作用。运输环节中毒品处于运动状态,相较于静态的制造、交易环节,被查获的概率更大,为公安机关破获相关犯罪提供了契机。因此,幕后的制毒者、贩毒者往往雇佣社会底层人员实施运输行为,运输毒品案件中查获幕后元凶的可能性微乎其

[①] 莫洪宪:《毒品犯罪的挑战与刑法的回应》,载《政治与法律》2012年第10期。
[②] 伍晋:《毒品犯罪"诱惑侦查"须有度》,载《检察日报》2017年12月19日。

微。由于反侦查能力的巨大差异、毒品信息的严重不对称,运输者对相关毒品的来源、用途及归属等核心情况所知有限,造成侦查活动困囿于运输环节的浅表层,司法打击难以触及制造、走私等深层次源头环节。"可替代性"极高的运输者落入法网对毒品市场几无影响,幕后操控者在付出较低的雇佣成本后,新的运输者会迅速"补位",毒品市场损失的只是与上一个运输者一同被查获的毒品。在触目惊心的毒品数量面前,当证据不足以认定制造、贩卖毒品罪时,运输毒品罪异化为支撑死刑适用的替补罪名,运输者也在某种程度上成为幕后操控者的防火墙、替罪羊。在"受雇型"运输毒品罪中,被雇佣者参与毒品犯罪具有被动性,其所获取的运输费仅占毒品非法利益的极少部分,"从共犯关系上分析,毒品所有者应承担大于被雇佣者的刑事责任",[1]对运输者适用死刑不符合罪责刑相适应原则。本书认为,由于共犯关系中的被支配地位,受雇为他人运输毒品无论数量多少,均不应评价为"罪行极其严重",刑罚适用中应排除死刑这一可能选项。对于"自发型"运输毒品罪,毒品系运输者自己所有,运输行为往往被走私、制造或贩卖行为所吸收,即使达到了"罪行极其严重"的程度,也无须以运输毒品罪之名适用死刑。因此,在司法实务中,不应将《刑法》第347条"运输毒品罪"纳入《刑法》第48条"罪行极其严重"的范畴,分则条文中的死刑配置更多是基于犯罪预防的考虑,一般不具备司法适用的必要性,"存其形而废其实"是目前基于国民情感、预防需要和责任主义等因素的理性选择。

(3)责任分配对死刑的限制

由于毒品价格高昂、制贩环节较多、产销线路较长以及上层人物分散刑事风险等因素,在涉及死刑适用的大宗毒品案件中,共同犯罪占据了很大比例。在毒品共同犯罪中合理量定各行为人责任,将死刑控制在最小范围内,是司法层面限缩死刑必须且必经的路径。从法益侵害上分析,毒品犯罪集团中的核心人物、上层人物对于危害结果的实现无疑具有更强的支配力,是危害结果的主要"加功者",具体负责毒品犯罪走私、制造和贩卖环节的行为人大多处于从属地位,根据上级安排完成部分工序,对危害结果的支配力较弱,"加功"作用局限于犯罪流程的某个单一环节。换言之,行为人在毒品共同犯罪中的实际作用,决定了其行为对法益侵害的支配程度,也决定了刑罚裁量中的责任分配程度。申言之,在共同犯罪中将中低层人物认定为"罪行极其

---

[1] 陈兴良:《受雇为他人运输毒品犯罪的死刑裁量研究——死囚来信引发的思考》,载《北大法律评论》2005年第2期。

严重",会造成死刑适用走向宽泛,模糊了毒品犯罪打击的重点,造成刑罚裁量中无法区别对待各层级犯罪参与人。

共同犯罪是修正的犯罪构成,是与个人犯罪相对应的刑法基本概念,刑法学界目前的主流观点认为,我国的共犯制度"大体上属于一元共犯论。"[1] 在责任判断过程中,我们必须坚持刑法教义学的中国主体性,准确区分"无国界的教义学方法和有国界的教义学知识",[2] 立足于我国刑法中与共同犯罪有关的条文,准确认定首要分子、主犯、从犯、教唆犯与胁从犯,将死刑适用对象限缩在首要分子、主犯的范围内,切不可南辕北辙盲目地将德日刑法中的正犯作为我国刑法严厉惩治的对象。在中德、中日不同的刑法框架下,正犯与主犯、共犯与从犯、帮助犯与教唆犯之间并非对应关系,我国的主犯、从犯划分是在责任层面更实质的判断结果,德日刑法中的正犯、共犯(帮助犯、教唆犯)主要解决犯罪参与类型的问题,根据正犯、共犯在共同犯罪中的不同作用,在我国刑法中既可能认定为主犯,也可能认定为从犯。犯罪参与形式和行为支配力的有无、强弱,二者之间并非必然的对应关系,以犯罪参与形式来确定刑罚的轻重,可能会导致严重的量刑偏差。

毒品共同犯罪中,被公安机关最先抓获的中低层人物大多是正犯,这些正犯由于经济状况窘困、文化水平较低、被人蒙蔽挟制等原因而参与犯罪,其行为的社会危害性远弱于背后的上层人物,一般情况下均应评价为从犯。本书认为,无论涉案毒品数量如何巨大,均不应对从犯适用极刑,尤其是未查获上层人物的案件中,审判机关不能生硬地将被告人关于"上峰"的供述一概视为推脱自己罪责的狡辩,将"未查获上层人物"简单等同于"不存在上层人物",进而对抓获的正犯适用死刑。审判机关应当克制住"惩罚的冲动",对共同犯罪参与人进行中国刑法教义学维度的划分,现阶段仅对毒品犯罪集团中的首要分子和主犯、毒品共同犯罪中的主犯适用死刑,对于已经查明的从犯和无法认定主从犯的被告人一般不再适用死刑,将死刑控制在最小范围内,进一步将死刑的靶心从中低层抬升至最高层,从而有效缩减毒品犯罪的死刑数量,契合刑法谦抑性与刑罚轻缓化的现代潮流。

(4)侦查方式对死刑的限制

在采用诱惑侦查手段的毒品案件中,"线人"诱使被告人所实施的走私、制造和贩卖等行为均在侦查机关的严密控制之下,涉案毒品不会流入社会并

---

[1] 阮齐林:《刑法学》,中国政法大学出版社2011年版,第168页。
[2] 丁胜明:《刑法教义学研究的中国主体性》,载《法学研究》2015年第2期。

对国民生命健康造成危害,二元法益中仅有社会管理秩序受到侵害,国民生命健康法益并无实质性受损,罪行基本上不可能达到"极其严重"的程度,死刑适用不具有必要性与合理性。最高人民法院于 2008 年印发的《大连会议纪要》明确指出"因特情引诱毒品数量才达到实际掌握的死刑数量标准的,可以不判处被告人死刑立即执行",其对数量引诱案件进行死刑控制值得高度肯定,既是我国毒品犯罪死刑观念的巨大进步,也是控制死刑的有效路径,亦是刑法教义学进入司法运作层面的成功范例。

近年来,随着国民权利意识的强化、刑事侦查技术的进步、社会治理水平的提升,诱惑侦查手段一方面受到更多的法律限制,另一方面显得不再必要。目前,不应将毒品犯罪死刑控制仅限于数量引诱案件,而应对涉及诱惑侦查的全部毒品案件均排除死刑的适用。无论我们是否愿意承认,诱惑侦查手段都暗含着正常侦查能力的不足,因侦查乏力而影响刑罚处罚,这样的结果只能由司法机关承受。诱惑侦查的合法性是建立在公民权利让步之基础上的,公民为维护社会公共利益而对个人权利作出一定程度的牺牲,但绝不可能让渡自己的生命。

"政府不允许别人杀人,而自己却以死刑的名义杀人",[①]"随着社会进步和文明程度提高,死刑的有用性和正当性评价将逐渐降低"。[②]如果允许在诱惑侦查案件中适用死刑,将会造成社会保护与人权保障之间的冲突,并影响国家治理体系和治理能力现代化的实现。在现代法治背景下,一方面,基于打击严重刑事犯罪的需要,我国诱惑侦查制度放宽了对司法权力的制约和限制;另一方面,基于保障公民合法权利的需要,必须对死刑加以最严格的限制,防止任何人因为诱惑侦查而付出最沉重的代价。因此,基于"罪行极其严重"的阙如以及法理上的无法证成,刑事司法中对涉及诱惑侦查的毒品犯罪案件均不应将死刑作为刑罚选项,即便实际数量(排除诱惑侦查所诱发的数量)已达到死刑标准,都不应判处被告人死刑,"把刑罚限制在能够发生抑制作用的必要的最小限度以内"。[③]

[①] 黎宏:《刑法学总论(第二版)》,法律出版社 2016 年版,第 343 页。
[②] 储槐植:《死刑司法控制:完整解读刑法第四十八条》,载《中外法学》2012 年第 5 期。
[③] 周光权:《刑罚进化论——从刑事政策角度的批判》,载《法制与社会发展》2004 年第 3 期。

（5）毒品鉴定对死刑的限制

在司法实践中，实际查获的每一种毒品都不会是纯度 100% 的，[①]未进行毒品纯度鉴定而适用死刑，等于是将杂质按照纯质计量，即便是缓期二年执行，也同样面临正当性与合理性的质疑。一方面，会引发社会危害性程度判断的混乱，可能出现刑罚处罚与净含量相背反的情况；另一方面，有忽视被告人基本人权之嫌。本书统计的 150 名死刑被告人中，有 109 人的涉案毒品进行了纯度鉴定，海洛因纯度分布为 27.6%—88.7%，甲基苯丙胺纯度分布为 0.03%—83.9%，虽然在理论上存在纯毒品，但司法实践中却近乎绝迹。

在未进行毒品纯度鉴定的情况下，在证据学上毒品的纯量是待证的，在刑法学上犯罪行为的社会危害性是待估的，根据刑事诉讼存疑有利于被告人的基本原则，无论如何都不应将被告人的犯罪行为评价为"罪行极其严重"，缓期二年执行并非调和毒品纯度鉴定缺失与死刑适用的良药妙方，证据上的阙如、法理上的悖论是无法通过折中方式解决的。详言之，在毒品纯度鉴定这一关键证据缺失的情况下，基于社会保护，司法机关可以援引《刑法》第 357 条第 2 款"不以纯度折算"之规定对行为人定罪量刑；基于人权保障，司法机关在刑罚裁量上应当保持克制，生命权这一最基本人权应当得到最高尊重。分则"不以纯度折算"不能逾越总则"罪行极其严重"的限制，对未进行纯度鉴定的毒品犯罪案件不应适用死刑（包括缓期二年执行）。现阶段宜将无期徒刑作为该类案件的刑罚上限，以维护社会保护与人权保障的平衡，并倒逼毒品纯度鉴定在死刑案件中的全覆盖。

2. 基于人身危险性的死刑限制

刑事责任包括归责可能性与责任程度，死刑主要涉及责任程度的问题。就特别预防效果而言，"对于穷凶极恶之徒而毫无矫治可能者，死刑可将其与社会永久隔离，以达到一劳永逸确实除害且合乎经济原则"。[②]但我们必须认识到，"死刑是一个非常惨烈的东西，它跟战争在本质上是相同的"，[③]除非有充足的证据显示被告人已不具备任何复归社会的可能性，否则，不能采取肉体消灭的方式将其剔除出社会。人身危险性在实质上是行为人实施犯罪行为

[①] 周岸崒：《毒品犯罪死刑案件辩护的几个问题研究》，载何荣功等著：《毒品类死刑案件的有效辩护》，中国政法大学出版社 2017 年版，第 61 页。

[②] 徐福生：《台湾地区死刑制度之现状与展望》，载《师大法学》2017 年第 1 期。

[③] 谢望原：《死刑有限存在论》，载梁根林主编：《刑事政策与刑法变迁》，北京大学出版社 2016 年版，第 89 页。

的可能性，主要是指再犯可能性，也包括初犯可能性。[①] 相同类型的犯罪行为、相同程度的危害后果，如果犯罪人的情况不同，在量刑上就应当区别对待。"罪行极其严重"的认定与适用，既包括社会危害性判断，也包括人身危险性判断，当人身危险性并未严重到必须适用极刑方能实现特殊预防效果时，刑罚应当体现出对人性的终极关怀，死刑应受到最严格的控制。人身危险性本质上是对犯罪人未然之罪可能性的评价，其判断不能脱离已然之罪，否则，可能会成为恣意出入人罪的工具。本书将人身危险性的评价因素分为罪前表现、罪中情况、罪后态度，将从上述三个维度对毒品犯罪人人身危险性"极其严重"进行解释。

（1）罪前表现对死刑的限制

罪前表现主要考察犯罪人的个人情况、社会表现和前科劣迹等，其中前科劣迹情况是罪前表现的重要判断依据。在毒品犯罪案件中，累犯、毒品再犯等法定从重情节是判断行为人人身危险性的重要要素，也是死刑适用的重要依据。共同犯罪中的"罪行极其严重"问题，前文已从社会危害性的角度进行了解释，此处主要讨论个人犯罪的死刑适用问题。一般而言，毒品个人犯罪较之于毒品共同犯罪，其法益侵害性更弱、社会影响面更窄，司法审判中理应设置更严格的死刑适用条件，为毒品个人犯罪中的初犯开启一扇复归社会的窗户，将严惩的重点对准犯罪集团的首要分子和主犯、一般共同犯罪的主犯以及个人犯罪中的累犯、毒品再犯。首先，如果有证据显示毒品个人犯罪中的初犯尚未完全丧失矫治可能性，那么无论数量多么巨大、动机多么卑劣、危害多么严重，一般均不应适用死刑。其次，对于毒品个人犯罪中的累犯，只有当其前罪属于《刑法》第 17 条第 2 款规定的 8 种严重刑事犯罪以及走私、制造毒品罪时，方可考虑死刑的适用。最后，对于个人犯罪中不构成累犯的毒品再犯，可以参考美国的"三振出局"制度对死刑进行限制，[②] 仅对三次及三次以上实施毒品犯罪的行为人适用死刑。设置毒品犯罪再犯死刑适用之"三振出局"限制，是基于人身危险性"量"的判断，超过三次实施毒品犯罪证明行为人再次实施毒品犯罪的可能性极大；设置毒品犯罪累犯死

[①] 陈兴良：《论人身危险性及其意义》，载《法学研究》1993 年第 2 期。

[②] 美国仿照棒球比赛制度中"三振出局"做法，创立累犯"三振出局"制度以应对日益严重的累犯问题。1994 年美国通过《暴力犯罪控制暨执行法》，而俗称"三振出局法"或"三振法案"，规定对于已触犯二次重罪的重罪犯，或烟毒犯，再犯一次重罪者，则处终身监禁而不得假释。（沈玉忠：《累犯"三振出局"制度之探讨》，载《贵州大学学报（社会科学版）》2007 年第 3 期）。

刑适用之特定罪名限制,是基于人身危险性"质"的判断,前后罪均属于社会危害性极大且最高刑罚为死刑的罪名,证明行为人再次犯罪可能给社会带来的损害程度极大。

(2)罪中情况对死刑的限制

行为人犯罪中的表现是判断其再犯可能性的最重要依据,一般包括犯罪的性质、动机、目的、手段、形态、罪过形式等。[1]毒品犯罪具有很强的利益性、迷惑性与风险性,行为人容易受到金钱的驱使、同伙的隐瞒和司法的严惩,在社会危害性达到极其严重的程度后,人身危险性判断就成了死刑适用的终极考量。人身危险性判断要抛开敌对观念、个人好恶将行为人视为社会成员,怀着同理心综合考量其在毒品犯罪中的各个方面,对基于家庭生活贫困而初次实施毒品犯罪、犯罪处于中止等未完成形态、主观上属于间接故意等情形,不应轻易认定为人身危险性极其严重,除了极端个别、极其严重、极度恶劣的罕见情形,死刑不应成为刑罚裁量的选项。

(3)罪后态度对死刑的限制

行为人犯罪后对自己行为的认识与态度,反映出其人身危险性的大小,[2]自首与立功是罪后态度的重要体现。减少供应、减低需求、减轻伤害是现代社会治理毒品问题必须并举的三项措施,刑法难以介入减低需求和减轻伤害,仅能在减少供应中发挥有限作用。在行为人具有自首、立功等法定从轻、减轻量刑情节时,对其人身危险性的判断应重点关注自首、立功对毒品市场供应的削弱,并引入减少供应"贡献"价值的考量,如此方符合现代治毒规律。

在毒品共同犯罪中自首、立功的首要分子、主犯,如果由于其自首或立功而破获了整个犯罪集团或团伙,阻止了数量特别巨大的毒品流入消费环节,抓获了其他罪行极其严重的同案犯,那么一般情况下可以证明其人身危险性并不属于极其严重。众所周知,大宗毒品交易与暴力犯罪、黑恶势力、恐怖主义关系密切,毒品犯罪集团和团伙中的首要分子、主犯选择自首或立功,其背后承担了很大的压力与风险,本人及其近亲属的人身安全时常会受到严重威胁,在这种情况下选择自首、立功,足以证明行为人彻底告别过去、面向未来的决心。从另一个角度来讲,当毒品犯罪集团或团伙的首要分子、主犯选择自首、立功,进而导致整个犯罪集团或团伙覆灭、蕴含巨大经济利益的毒品被查获,其也必然失去整个毒品犯罪圈的信任,再实施大宗毒品犯罪

---

[1] 王奎:《论人身危险性的评价因素》,载《政治与法律》2007年第3期。
[2] 李世清:《人身危险性在量刑中的思考》,载《河北法学》2006年第9期。

的可能性几近于零，近乎于永久性自我出局。此种情形下，司法机关应当对行为人的人身危险性作出积极评价，不再认定为"罪行极其严重"，否则，就会与罪责刑相适应原则相抵牾。司法实务中，当剥夺被告人生命权不再是实现特殊预防必要且唯一的方法时，刑事判决就应当依法排除死刑的适用。

在毒品个人犯罪中，自首、立功同样是人身危险性评价的积极因素，是否影响"罪行极其严重"的认定，应主要考量在减少毒品供应方面的贡献。在自首中，如果一并上缴全部或大部分涉案毒品，或者提供全部或大部分涉案毒品线索并查实缴获，那么相应毒品就会被从毒品供应市场中剔除，在重构的毒品犯罪二元法益论中，对国民生命健康法益的侵害已无实现可能。同时，行为人积极防止、有效管控本次犯罪的危害后果，在一定程度上也证明其再犯可能性降低，司法机关对人身危险性程度的认定不应走向极其严重。同理，在立功中，如果立功行为所减少的毒品供应接近于、等于或大于行为人增加的毒品供应量，那么基于管控、减少现实犯罪危害的理由，其再次犯罪的可能性也相应降低。上述情况下，行为人的人身危险性已经出现自发性的有益改善，行为的社会危害性也已受到自动性的有效管控，"罪行极其严重"之适用随即亦不再具有正当性。

综上，基于刑法教义学的立场对《刑法》第48条第1款"罪行极其严重"进行严格解释，并在司法上构建一套完整、清晰而又科学的死刑适用标准，是控制死刑的正确路径。"罪行极其严重"的判断，应当从社会危害性与人身危险性两个维度展开。司法上应当对毒品进行分级，将死刑适用局限于涉及海洛因、甲基苯丙胺的极个别犯罪，涉及其他硬性毒品的犯罪最高判处无期徒刑，涉及软性毒品的犯罪以有期徒刑最大值为刑罚上限。死刑适用主要针对走私（输入型）、制造毒品罪，对贩卖毒品罪以不适用死刑为一般，只对发生在制毒者与贩毒者、贩毒者与贩毒者之间的贩卖行为适用死刑，对运输毒品罪不再适用死刑。对采用诱惑侦查手段、未进行毒品纯度鉴定的案件不再适用死刑，仅对毒品共同犯罪中的首要分子、主犯以及毒品个人犯罪中的特定累犯、再犯适用死刑。通过司法上对死刑适用的严格控制来释缓立法上较为严厉的刑罚配置，实现刑法社会保护机能与人权保障机能的动态平衡，推动刑罚适用进一步走向轻缓化，为立法上废除毒品犯罪死刑创造条件。

第三节　缓刑适用合理化

缓刑适用合理化的关键在于行刑有效，衡量刑罚效果的核心标尺就在于犯罪预防，如果无法取得理想的预防效果，那么再紧缩的刑罚执行方式都将是徒劳的，前期投入的司法成本也将嬗变为某种意义上的资源浪费。刑罚的作用在于有罪必罚，而非有罪重罚，在能够实现犯罪预防的情况下，国家应当选择其中成本最低、痛苦最小的执行方式。"行刑制度是实现刑罚目的的一项司法活动"，[①] 主要包括缓刑、减刑和假释等，相较于判决后的减刑、假释问题，判决时的缓刑适用是当前刑罚执行层面面临的主要问题，囿于文章的篇幅，本书将重点讨论毒品犯罪中的缓刑适用问题。"因为有犯罪并为了没有犯罪而科处刑罚是刑罚的正当化根据"，[②] 报应决定了刑罚目的之正当性，预防体现了刑罚目的之功利性，在报应限度内的预防才既是功利的也是正义的。[③] 在刑罚执行方式的选择上，应当在报应的基础上追求预防，不能够以预防之名突破报应之需要，过严过紧的刑罚执行方式并非提高刑事治理效果的最佳途径。

一、缓刑适用的政策把握

较长时期以来，由于受到传统的毒品问题治理观念的影响，人民法院较少在毒品犯罪中适用缓刑，自《武汉会议纪要》明确提出从严掌握缓刑适用条件后，缓刑适用率过低的问题在实践中更加凸显，高监禁率成为毒品犯罪刑罚执行的重要特征。当前，人民法院在自由刑执行方式的判决上，明显侧重于收监执行，与行刑社会化的现代潮流存在一定背离，带有较为浓厚的刑事政策色彩，负担了额外的一般预防职责，导致缓刑适用率常年在低位徘徊。例如，浙江省法院系统 2018 年审结毒品犯罪案件 4823 件 / 6207 人，适用缓刑、管制等非监禁刑 417 人，非监禁刑适用率仅为 6.8%，远

[①] 黎宏:《刑法学总论（第二版）》，中国法制出版社 2016 年版，第 397 页。
[②] 张明楷:《刑法格言的展开》，北京大学出版社 2013 年版，第 475 页。
[③] 陈兴良:《刑罚目的新论》，载《华东政法大学学报》2001 年第 3 期。

低于 34.6% 的平均水平。① 从立法层面分析，刑法关于缓刑的条文设置并不涉及犯罪的类型问题，罪名不是缓刑适用的决定要件，只是影响缓刑适用的参考因素。当前，以刑事政策来限制缓刑适用的做法，在理论上违反了刑法教义学的基本方法，在实践上违反了罪刑法定的基本原则，实有以社会保护之名牺牲人权保障之嫌。毒品犯罪是以牟取经济利益为目的的非暴力性犯罪，并不直接危害人的生命健康，② 其社会危害性必须通过吸食者的"自损行为"方能实现，联合国的相关公约也已确认毒品犯罪不属于最严重的犯罪，一味对被告人执行监禁刑，并不会收到期望中的良好效果。在被告人不具有累犯、首要分子等法定情节时，司法人员不能根据罪名类型去当然地排除缓刑适用的可能性，而应当通过对社会危害性、人身危险性的全面审查、综合判断，个别化地作出处理。按照罪刑法定基本原则，走私、贩卖、运输、制造毒品罪的基本犯属于可适用缓刑的范畴，《武汉会议纪要》虽然强调应当从严掌握缓刑适用条件，但没有一般性地排除缓刑适用的可能性，所以，并不存在立法文本及司法文件上的绝对限制，各地法院应当依照《刑法》第 72 条的相关规定，对被告人的人身危险性进行系统评估，对于认罪悔罪、改过自新、社区接纳的初犯、从犯和未成年犯等被告人可以适用缓刑，以社会化行刑方式进一步提升犯罪预防的实际效果。

二、缓刑适用的现实需求

当前，走私、贩卖、运输、制造毒品罪与盗窃罪、危险驾驶罪是司法实践中数量最多的三大常见犯罪，在一些地区合计已超过总体犯罪数量的 50%，这三类犯罪的刑罚适用情况在很大程度上决定了刑罚适用的整体水平。基于毒品的严重危害性，走私、贩卖、运输、制造毒品罪的定罪率远高于盗窃罪与危险驾驶罪，适用刑法总则予以出罪或者作情节轻微不起诉的案例很少，加之各地法院普遍以拘役或者有期徒刑作为量刑起点，在这种情况下刑罚的执行方式就显得至关重要，直接决定了被告人的人身自由。在走私、贩卖、运输、制造毒品罪中，法定刑在三年以下有期徒刑的"零包"案件居于绝对的主体地位，在客观上存在较大的缓刑适用基数，合理适用缓刑对于降低司法成本、强化教育矫治以及防止短期自由刑的弊端等具有重要意义。从

---

① 余建华:《浙江：毒品犯罪非监禁刑适用率仅为 6.8%》，载《人民法院报》2019 年 6 月 26 日。

② 梅传强、胡江:《毒品犯罪死刑废除论》，载《河南财经政法大学学报》2016 年第 5 期。

严掌握缓刑适用条件，对于严惩已然犯罪、预防未然犯罪具有一定的积极意义，符合我国当前毒品犯罪治理的基本情势，但是"从严掌握"应当是相对的，而不是绝对的，即在可适用可不适用的情况下，一般不适用缓刑，而在应当适用缓刑的情况下，人民法院则应立足于罪责刑相适应基本原则，理性公正地积极适用缓刑。现阶段，各地法院对"从严掌握"的理解与适用出现了一定偏差，部分司法人员将"从严掌握"视作"禁止适用"的代名词，造成自由刑实际执行率畸高，一方面导致司法资源分配的持续失衡，大量的司法资源被反复投入事后的刑事追诉，事前的犯罪预防明显不足；另一方面引发监管场所的关押"拥挤"，人员复杂的服刑场所人为放大了短期自由刑的弊端，短期监禁不仅难以取得理想的犯罪预防效果，反而可能加剧被告人的堕落，制造出未来的职业犯、常习犯。

在毒品犯罪问题刑事治理中，缓刑可以将有罪判决的象征力与不予执行的宽恕力有机结合起来，并持续将被告人置于可能执行自由刑的心理压力之下，以外力的作用促使其遵纪守法、彻底改造，积极地消除犯罪因素，[①]实现真正意义上的社会复归。这种"由外而内"再"由内而外"的刑罚执行过程，比起绝对化的关押监禁更加有效，特别是在当前刑法介入范围扩张的现实情况下，合理适用缓刑可以有效调控刑罚处罚的强度，将刑罚适用的重心从报应转向预防，对于提高刑罚效果具有重要意义。

三、缓刑适用的实践展开

任何国家的刑事政策、刑事立法与刑事司法都是在特定时空背景下，犯罪情势、国民情感与社会需求等因素综合作用的产物，各级法院在毒品犯罪案件中较少适用缓刑，绝非一朝一夕骤然形成，而是在长期的历史进程中逐渐发展而来的。要在短时间内迅速提高缓刑适用率是不切实际的，而且可能松动现有的毒品犯罪治理体系，将刑事治理效果引向难以预测的未来。现阶段，各级法院在从严掌握缓刑适用条件的同时，可以在微量毒品犯罪案件中针对未成年人、诱惑侦查、自首立功等特定情形，适度扩大缓刑适用的范围。

（一）提高未成年人毒品犯罪案件的缓刑适用率

在微量毒品犯罪案件中，对于被判处拘役、有期徒刑的未成年被告人，

---

① ［德］汉斯·海因里希·耶塞克、托马斯·魏根特：《德国刑法教科书》，徐久生译，中国法制出版社2017年版，第1123页。

以适用缓刑为一般，执行监禁刑为例外。实施微量毒品犯罪的未成年人，绝大多数处于毒品犯罪链条的最末端，对法益侵害的"加功作用"有限，受蒙蔽、挟持而参与毒品犯罪的情况普遍存在，一律执行监禁刑会将其彻底推向社会主流价值体系的对立面，人为制造将来的再犯罪人。"外向冒险、行为冲动、情绪易变、易受坏人引诱是各种少年犯的基本的共同的人格特征"，[①] 少年刑法的主要目的是教育与矫治，"对于成长中的少年来说，短时间的关押起不到教育的作用，反倒会起到负面作用"，[②] 刑法是最后法，监禁性刑罚是对未成年人的最后处罚措施，"这种惩罚给他们的生活所造成的伤害比毒品本身所产生的任何后果都要大，而且惩罚往往会产生相反的结果"，[③] 用之需慎之又慎。申言之，未成年人实施微量毒品犯罪，如果符合《刑法》第72条缓刑条款的相关规定，并且具备较好的教育矫治条件，再犯罪可能性极低，那么人民法院在判处拘役、有期徒刑的同时，一般应当适用缓刑，最大限度地避免短期自由刑的弊端。在微量毒品犯罪中，除了未成年被告人系毒品犯罪集团、团伙的首要分子或者主犯，以及具有《刑法》第6章第7节规定的12种毒品犯罪、《刑法》第17条第2款规定的8种严重犯罪的刑事前科等情形外，人民法院通常情况下不宜考虑执行监禁。

（二）提高诱惑侦查型毒品犯罪案件的缓刑适用率

对于采用诱惑侦查手段破获的微量毒品犯罪案件，应适度扩大缓刑的适用范围。隐蔽性与互利性是毒品犯罪的重要特征，制毒者、贩毒者与购毒者之间形成了病态的相互依存关系，前者满足经济利益的需求，后者满足毒品消费的需要，传统侦查手段难以及时、全面侦破此类犯罪。毒品犯罪是没有具体被害人的犯罪，一旦实施完成将很难查证。为了有效打击毒品犯罪、防止毒品蔓延，允许对毒品犯罪采用诱惑侦查手段是世界各国的主流做法。采用诱惑侦查手段破获的毒品犯罪案件，犯罪流程在侦查人员预先设计的"轨道"内逐步推进，毒品几乎不可能"脱轨"流入社会，更难以产生实际的危害，犯罪行为对国民生命健康法益的侵害受到了严格限制，无差别地执行监

---

① 邓芸菁等：《少年犯人格的基本特征及其相关因素的研究》，载《中国临床心理学杂志》2000年第3期。

② ［德］玛丽安·齐白：《德国少年刑法的新发展》，江溯译，载梁根林主编：《刑事政策与刑法变迁》，北京大学出版社2016年版，第261页。

③ Sharp E B, The Dilemma of Drug Policy in United States, New York: Harper Collins College Publishers, 1994, p.43.

禁刑不符合比例原则。源自行政法的比例原则，已成为刑法的重要原则，一般包括适当性、必要性与相称性三个子原则。适当性要求手段必须能够实现目的，必要性要求选择侵害最小的手段，相称性要求所损害的利益不得大于所保护的利益[①]。微量毒品犯罪案件的刑罚裁量应遵循比例原则，从适当性、必要性与相称性三个维度对行为的社会危害性、行为人的人身危险性进行综合评估，当缓刑已足以实现报应与预防时，司法裁判应选择这种侵害更小的行刑方式。"剥夺人身自由的判决，剥夺了一个人最基本、最珍惜的权利，因此，需要特别强有力的依据"[②]，这个依据只能是罪责原则，而不是刑事政策与国民情感。

微量毒品犯罪本身社会危害性有限，"控制下交付"的社会危害性更弱，相称性对应下的报应不宜过度，最高人民法院2008年印发的《大连会议纪要》第6条第4款特别确立了"对因'数量引诱'实施毒品犯罪的被告人，应当依法从轻处罚"的裁判原则，从轻既包括刑罚的种类与刑期，也包括刑罚的执行方式。审判机关应当对微量毒品犯罪被告人的罪前表现（个人情况、社会表现、前科劣迹等）、罪中情况（犯罪的性质、动机、目的、手段、形态、罪过形式等）、罪后态度（悔罪态度、坦白、自首、立功等）进行全面考查，准确评估行为人的再犯罪可能性，如果缓期执行更有利于犯罪预防，更能促进被告人的社会复归，那么缓刑适用就具备了正当性与合理性，司法裁判理应当作出积极回应。

（三）提高自首立功型毒品犯罪案件的缓刑适用率

在缓刑的适用条件中，犯罪情节较轻是基础、具有悔罪表现是前提、没有再犯危险是关键，当适用缓刑更有利于控制、减弱甚至是消除被告人的再犯危险，被告人没有被实际执行刑罚也不至于再实施犯罪时，审判机关可以考虑给予其缓期执行的机会。被告人的再犯罪可能性除了取决于一系列的主观因素外，主要通过相应的客观行为予以表现，例如自首、立功等法定量刑情节。在具有自首情节的微量毒品犯罪案件中，被告人犯罪以后自动投案，并如实供述自己的罪行，自愿接受刑罚处罚，其人身危险性相较于被动到案的犯罪人而言显然更小，再犯罪的可能性相对更低，回归主流社会的意愿更

[①] 张明楷：《法益保护与比例原则》，载《中国社会科学》2017年第7期。
[②] ［英］安德鲁·阿什沃斯：《刑法的积极义务》，姜敏译，中国法制出版社2018年版，第175页。

强，执行监禁刑有可能是不必要的。在具有立功情节的微量毒品犯罪案件中，被告人检举揭发、协助抓捕的一般是与自己有"业务关系"的其他毒品犯罪行为人，被告人会背负"叛徒"的心理负担、遭受"同行"的集体排斥，再次进入毒品犯罪领域的可能性较小，执行监禁刑也可能是不必要的。在上述两类案件中，审判机关应当充分重视被告人的罪后表现，积极肯定被告人对人身危险性的自发改善，慎重评估其再犯罪的可能性，如果辅以社区矫正、医疗戒治、技能培训等综合治理措施可以有效防止被告人再犯罪，那么缓刑应当成为优先考量。进言之，审判机关对部分自首、立功的毒品犯罪被告人适用缓刑，可以起到较好的示范效应，引导、鼓励其他毒品犯罪行为人自动投案、积极检举，为侦查机关破获这类隐蔽型犯罪提供更多机会，一方面能降低司法成本、提高打击精度，另一方面能有针对性地严密刑事法网，以提升刑罚必定性的方式强化毒品犯罪治理效果。

综上，在从严掌握毒品犯罪缓刑适用条件的政策背景下，审判机关应当适度控制缓刑适用的范围，对介乎于可否之间的案件一般不轻易适用，但是在应当适用的场合，缓刑适用不应受到从严治毒刑事政策的过多限制。现阶段，在微量入刑常态化、自由刑成为惩治毒品犯罪主要手段的背景下，适当适用缓刑对于调和罪刑关系具有不可或缺的重要作用，同时也是防止短期自由刑弊端的有效途径。在微量毒品犯罪案件中，对于未成年人犯罪、诱惑侦查型犯罪以及自首立功型犯罪等情形，审判机关应当高度重视缓刑的积极意义，全面评估被告人的再犯罪可能性，准确衡量犯罪预防的最低需要，理性平和地对部分被告人适用缓刑，适当降低自由刑的执行率，运用各项综合治理措施标本兼治、系统施治，促进被告人逐步摆脱毒品控制，回归主流社会。

第四节　罚金适用合理化

罚金刑适用合理化，关键在于罚金判罚适当化、罚金调整科学化与罚金执行严格化，正如亚里士多德关于法治的定义——良好的法律得到普遍的遵从，①罚金刑适用的基本要义也在于——恰当的罚金得到严格的执行。罚金数额过低，将达不到理想的报应和预防效果；罚金数额过高，将造成罪责刑不相适应，被告人难以承受甚至是无力承担，最终导致罚金刑无法执行。过去，毒品犯罪罚金刑主要目标在于强化罚金刑在刑事判决中的适用，扭转片面倚重自由刑、生命刑的司法传统，通过经济处罚来剥夺被告人的不法获利，并有效限制其再犯罪的能力，实现刑事治理的深层化。自1997年以来，历经20多年的持续强化，罚金刑已成为毒品犯罪刑事判决的重要组成部分，与主刑形成了齐头并进、互助互促的"双箭头"态势。当前，毒品犯罪罚金刑主要关注罚金判罚适当化、罚金调整科学化与罚金执行严格化，这是现阶段罚金刑适用合理化的三大核心要素。

一、罚金判罚适当化

罪责刑相适应是我国刑法的重要基本原则，各级法院在主刑与附加刑的适用过程中都必须严格遵从，附加刑的畸轻畸重同样是对罪责刑相适应基本原则的违反。在"定罪上标准放宽、责任上从重判处、经济上彻底搞垮"的传统司法理念影响下，部分法官在刑事司法中以"搞垮"为目标，将功利主义、重刑主义观念引入罚金判决，造成了罚金刑数额的不必要升高，特别是在"零包"毒品犯罪案件中比较突出。现阶段，最高人民法院于2000年12月公布施行的《关于适用财产刑若干问题的规定》（法释〔2000〕45号）是毒品犯罪罚金刑数额计算的主要依据，该解释第2条规定应当根据违法所得数额、造成损失大小，综合考虑被告人缴纳罚金的能力，依法判处罚金，其中成年人罚金数额不少于一千元，未成年人罚金数额不少于五百元。

毒品犯罪是贪利性犯罪，无论行为类型是走私、贩卖、运输还是制造，行为人的最终目的都是牟取不法经济利益，其违法所得（包括可预期的违法所得）在绝大多数情况下是可以量化的。在毒品犯罪中，罚金刑数额并非源自法官的纯主观判断，而是具有相对客观的参照依据，围绕违法所得数额这条基线，视案件具体情形上下浮动，最终形成波浪似的线型模态。在"零包"毒品犯罪案件中，被告人贩运的毒品一般情况下价值很低，交易价格从几十元到几百元不等，其中可期待的不法利益更为有限，并没有给被告人带来传

---

① ［古希腊］亚里士多德：《政治学》，吴寿彭译，商务印书馆1965年版，第199页。

统观念中的暴利,[1] 适用高昂的罚金刑既缺少罪责根据也缺乏现实必要, 还可能导致被告人陷入更严重的经济困境, 诱发盗窃、诈骗和抢劫等侵财型伴生犯罪, 罚金刑绝非想象中的越重越好。各级法院在毒品犯罪罚金刑适用过程中, 应当准确评估被告人的违法所得数额, 综合考量被告人的缴纳能力、再犯罪能力, 合理掌握经济处罚的客观需要, 在符合罚金刑最低数额要求的基础上, 将数额控制在足以剥夺违法所得、压制再次犯罪的最低限度, 既充分发挥罚金刑的特殊作用, 又为被告人复归社会保留必要的经济基础。

从长远来看, 最高人民法院可以考量在罚金刑中设置最低限额的科学性与必要性, 适时取消一千元、五百元的起点数额, 将罚金刑自由裁量权完整交还各级法院, 由法官视情形具体掌握。在"无论数量多少"与"不以纯度折算"的立法背景下, 基于从严治毒刑事政策的整体性推动, "零包"案件已成为毒品犯罪的重要组成部分, 很多案件的交易金额低于一千元, 实际获利数额更是与之相去甚远, 行为人为此承担上千元的罚金, 难免会面临罪责刑相适应基本原则的质疑与诘问。在犯罪治理的宏观层面, 现代社会面临越来越多的各种人为风险, 工业社会已突变为风险社会,[2] 为了控制各种不确定的危险因素, 各国刑法的处罚范围均呈现出扩张的趋势, 我国也不例外。自2011年5月1日《刑法修正案(八)》生效实施以来, 历经多次刑法修正, 扒窃、醉驾、考试作弊等原本属于行政处罚范围的违法行为被纳入刑法规制, 造成了我国刑罚处罚的结构性变化, 盗窃罪(扒窃)、危险驾驶罪常年位居案件数量前三位, 我国在事实上已经出现了轻罪立法。在这种情况下, 制定于2000年的罚金刑司法标准显然已难以适应刑事立法的发展, 由法官在具体案件中个别化地确定罚金刑数额, 是更加科学、理性的做法, 也是我国刑法发展的必然趋势。"判处多少罚金合理, 不是由法律规定, 而是由法官考虑所有情节予以裁量的",[3] 特别是在罚金刑由附加刑升格为主刑的世界潮流中, 财产罚将替代人身自由罚成为刑法的主要处罚方式, 为了确保罚当其罪、罪刑相适, 适时"解封"司法解释对罚金刑数额的限制, 既是刑罚适用合理化的客观需要, 也是刑罚适用进一步走向文明、迈向成熟的必然要求。

---

[1] 揭萍:《我国毒品消费与供给关系实证研究》, 中国法制出版社2019年版, 第314页。
[2] [德]乌尔里希·贝克:《世界风险社会》, 吴英姿等译, 南京大学出版社2004年版, 第102页。
[3] 孙笑侠:《西方法谚精选》, 法律出版社2005年版, 第194页。

二、罚金调整科学化

《刑法》第 53 条规定，当被告人由于不可抗拒的灾祸等原因而陷入困境时，人民法院可以裁定延期缴纳、减少或者免除罚金。2010 年，最高人民法院印发《关于财产刑执行问题的若干规定》（法释〔2010〕4 号），其中第 11 条专门规定了减免罚金的具体程序——经被执行人提出申请后，由执行法院作出是否准予的裁定。依照刑事立法及司法解释的相关规定，罚金收缴并非是一成不变的，当出现法定的特殊情形时，人民法院可以通过法定程序对罚金数额、缴纳时间予以变更。在司法实践中，司法机关对"灾祸"的理解不宜过于限缩，否则可能导致罚金刑延缓、减免等制度流于形式。本书认为，除了不可抗拒的外力因素之外，还应当把难以自控的内在因素（生理疾病、心理障碍）纳入"灾祸"的范畴，即只要非自愿性的内外因素足以导致被执行人陷入困境，并达到无法即时缴纳罚金的程度，就应当允许其以"不能抗拒的灾祸"为由向法院提出延缓或减免的申请。

在毒品犯罪案件中，"以贩养吸"现象较为普遍，相当一部分犯罪分子由于吸毒而感染各类疾病，精神耗弱、身体虚弱甚至是丧失劳力、罹患绝症，强硬执行罚金刑并不符合刑法的人道主义精神，也难以取得理想的惩治、预防效果，视案件情形对罚金数额、缴纳方式进行动态修正，是更为妥适、更值得提倡的做法。第一，对于积极戒治、认罪悔罪、真诚改造的毒品犯罪分子，若确因灾祸而暂时无力缴纳罚金的，法院可以考虑准予延期缴纳，维持对服刑犯的良性经济压力，以促使其远离毒品违法犯罪圈，待灾祸因素消失后通过合法劳动来缴纳罚金，优化罚金刑的犯罪预防效果。第二，对于暂无罚金缴纳能力的未成年犯罪人，法院一般应当准予延期缴纳，并将缴纳时间设定在成年之后，确保罚金刑真正作用于未成年犯罪人。绝大部分未成年犯罪人尚不具备工作能力，缺乏合法稳定的收入来源，如果硬性对其执行罚金刑，极可能导致处罚对象的错位，与案件无关的法定监护人将成为实质意义上的被执行人。这种罪责分离的处罚样态，不符合罪责自负的现代刑法原则，也难以取得理想的刑罚效果，将缴纳时间延迟至未成年犯罪人成年之后，更符合罚金刑的立法目的与社会客观规律。第三，对于因严重的心理、生理疾病而无力缴纳罚金的毒品犯罪分子，法院一般应当裁定减少或免除罚金，并积极运用医疗、教育等综合措施，促进其康复后回归正常生活。在毒品犯罪案件中，罚金刑的主要作用在于剥夺犯罪人的不法获利，并削弱其再次犯罪的能力。当犯罪人因罹患重病而陷入经济困境时，其不法获利的绝大部分已被用于吸毒或疾病治疗，在缺乏必要资金的情况下，再次实施毒品犯罪的可能性也已经大幅降低，相较于经济惩罚与犯罪预防，医疗救治和教育矫正是更为紧迫、更为有效的治理手段，国家应当展现出慈爱、宽容的刑罚态度，适当减免罚金刑带给犯罪人的经济负担，这才是更符合毒品犯罪治理规律的理性做法。

三、罚金执行严格化

在过去若干时期，毒品犯罪罚金刑之所以实际执行率较低，主要原因在于被告人缺乏缴纳能力与缴纳意愿，导致罚金刑的特殊作用长期停留于抽象的理论著述，并未在司法实践中得到充分体现。相当一部分"以贩养吸"的"零包"毒品犯罪被告人，由于吸毒而产生了严重的生理蜕化、心理异化，劳动能力急剧下降甚至于彻底丧失，加之受到传统社会观念的歧视和排斥，不容易找到正规工作并获取合法稳定的经济收入，因毒致贫、因毒致病、贫病交加等现象存在普遍，难以在短时间内足额缴纳罚金。与此同时，在国家从严治毒的持续高压下，毒品犯罪已成为风险系数极高的犯罪类型，特别是诱惑侦查手段的广泛运用，更是大幅提高了刑事破案率，让毒品犯罪分子有如惊弓之鸟，为了避免"人财两空"的结局，提前有计划地实施财产转移，导致一些罚金刑陷入空判的窘境。在毒品犯罪罚金刑的执行问题上，公安机关、检察机关、审判机关与司法行政机关应当构建"大执行"的协作格局，积极强化执行活动的质效，推动罚金刑严格执行。其一，公安机关在侦查阶段应当重视对被告人财产状况的调查，在查明、扣押违法所得财物的同时，全面掌握被告人的经济状况，制作相应的财产调查报告，为罚金刑判决提供客观依据。其二，检察机关在审查起诉阶段，应当对财产调查报告的内容进行审查，准确评估被告人的实际履行能力，以违法所得数额为主要依据，充分考虑预防犯罪的需要，提出合理的罚金刑量刑建议，并将查证属实的财产调查报告移送审判机关。其三，审判机关执行部门在判决生效后，应当根据前期查明的被告人财产状况，靶向展开执行工作，缩短执行时间、提高执行效率，防止毒品犯罪被告人转移、隐匿财产，迅速完成执行流程。其四，对于超过法定缴纳期限未足额缴纳罚金的服刑犯，审判机关应当强制其缴纳，公安机关与司法行政机关在行刑过程中，一经发现服刑犯有可供执行的财产，也应即时通知审判机关迅速执行。其五，审判机关应将罚金缴纳情况纳入后期减刑、假释的评鉴范围，作为评价服刑犯悔罪态度、改造效果的重要依据，对于故意隐匿财产、恶意逃避执行的严格限制减刑、假释，以此倒逼犯罪分子积极缴纳罚金。其六，审判机关应当强化与住房、税务、市场监管、金融、证券等部门单位的合作，全面查找可供执行的财产，必要时可先予查封、扣押、冻结，尤其注重深挖被刻意转移的财产，在刑满释放后持续开展追缴工作，彻底打消犯罪分子"落袋为安"的侥幸心理，进一步强化罚金刑的实际执行。其七，审判机关可以将服刑犯在监狱内劳动改造的报酬作为罚金刑执行对象，强化罚金刑对毒品犯罪分子的持续作用，司法行政机关在为服刑犯保留必要的刑释储备金的情况下，可以限制服刑犯在监管场所的自选消费，为罚金刑实际执行提供经济基础。通过构建贯穿刑事诉讼全流程的"大执行"体系，可以在很大程度上保证罚金刑的实际执行，充分激发出罚金刑在惩治、预防毒品犯罪中的积极作用，将抽象的理论设想转化为具象的治理效果。

综上，罚金刑是刑法现代化、刑罚文明化的重要表征，对于抗制毒品犯罪等贪利型犯罪具有不可替代的特殊作用，伴随着"基本解决执行难问题"的全国性专项行动，2016年以来毒品犯罪罚金刑实际执行率已取得重大进展，刑法学界多年来关于强化罚金刑的理论主张，终于在这个历史机遇中得到落实。同一时期，全国的毒品犯罪案件数呈现出逐年递减的良性态势，这与罚金刑实际执行率的改观必然存在重要的关联，罚金刑的特殊作用已经从理论投射到实践，从惩罚升级为治理。当前，各级法院在对被告人依法适用罚金刑的同时，应当重点关注以下三个方面。第一，合理控制罚金数额。与主刑一样，罚金刑既不是越重越好，也不是越轻越好，各级法院应当将罚金刑保持在足以剥夺不法获利、预防再次犯罪的最低程度，修正"经济上彻底搞垮"的惯性思维，避免刑事政策对罚金数额的过度影响，让罚金数额回归刑罚需要。第二，动态调整罚金内容。刑罚执行（死刑立即执行除外）是一个动态持续的过程，基于主客观情势的变化，刑罚执行的方式和内容都可能发现变化，罚金刑也不例外。当毒品犯罪分子因不可抗拒的灾祸而无力缴纳罚金时，法院应当视情形准予延期缴纳或者适当减免，在依法处罚的同时展现出人性化，并辅以综合治理措施促进其康复回归，激发出罚金刑的最佳作用。第三，严格执行罚金判决。制度的生命力在于执行，罚金刑的作用力也源于执行，缺乏执行的罚金判决必将是空洞无力的，对毒品犯罪的治理效用也将成为空谈。当前，在"基本解决执行难问题"专项行动的推动下，毒品犯罪罚金刑实际执行率已基本达到理想水平，长期保持现阶段的高执行率是司法工作的重点，国家应当构建公安、检察、法院和司法行政机关四位一体的"大执行"

格局，确保罚金刑在毒品犯罪中"有判必执"，推动毒品犯罪治理持续向好。

第五节　保安处分合理化

　　保安处分合理化的关键在于"量"与"质"，"量"即在应当适用的情形，依法充分适用；"质"即是保安处分与刑罚处罚在"物理叠加"的基础上，发生"化学融合"，汇聚出二者的最大合力，实现犯罪预防的最佳效果。大陆法系刑法理论认为，保安处分可以分为"对人的处分"与"对物的处分"，对人的处分主要是对人的自由施加限制，预防其再次实施危害社会的行为，包括监护治疗、保护观察等；对物的处分主要是对物采取预防性措施，防止法益遭到侵害，包括没收犯罪工具、收缴违法犯罪所得等。[1]虽然我国尚未在立法层面构建形式意义上的保安处分制度，但刑法中存在实质意义上的保安处分，例如《刑法》第17条第5款的责令管教、专门矫治教育，第18条的强制医疗，第37条的训诫、责令具结悔过、赔偿损失，第37条之一的职业禁止，第64条的没收违法所得、收缴违禁品及作案工具，第38条、第72条的禁止令与社区矫正，等等。保安处分是刑法中的非刑罚处罚措施，不承担对犯罪的报应功能，其唯一的目的在于预防被处分人再次危害社会，本书将保安处分置于刑罚适用中进行讨论，并非要改变其制度属性，而是因为在毒品犯罪的刑事治理中，刑罚必须与保安处分配套适用，离开保安处分的支持与补充，刑罚适用也不可能单独走向合理化。在毒品犯罪案件中，无论对行为人科以何种强度的刑罚，都难以独立实现犯罪预防，更何况基于犯罪情节显著轻微、缺乏刑事责任能力等原因，部分行为人还无须承担刑事责任，此时保安处分的犯罪预防功能就显得至关重要，没收运毒车辆、收缴制毒设备、没收相关毒品、收缴违法所得及购毒资金、矫治教育未成年人、强制医疗精神病人等

---

[1]　[日]大塚仁：《刑法概说（总论）》，冯军译，中国人民大学出版社2003年版，第508—509页；[韩]李在祥：《韩国刑法总论》，[韩]韩相敦译，中国人民大学出版社2005年版，第549页。

都是保安处分措施的现实表现。①在毒品犯罪中，根据保安处分措施的对象与目的，可以将其大致分为禁止性处分措施（职业禁止、禁止令）、矫治性处分措施（专门矫治教育、强制医疗）与财产性处分措施（没收犯罪工具、收缴违法所得），本书将依次对这三类保安处分措施的合理化路径进行论述。

一、强化禁止性处分措施

职业禁止和禁止令本质上属于保安处分，唯一目的在于犯罪预防，二者作为非刑罚处遇措施在预防犯罪、防卫社会上具有重要的制度价值，还能在某种程度上强化非监禁刑的严厉性。在毒品犯罪案件中，对于利用职业便利、违背职业特定义务实施犯罪的被告人，审判机关在科处刑罚的同时，应当视情形适用职业禁止，防止其在假释或刑罚执行完毕后，再次利用职业便利、违背职业特定义务实施毒品犯罪；对于适用管制、缓刑的被告人，还应当视情形适用禁止令，禁止其在管制执行期间、缓刑考验期间从事特定的活动、进入特定的区域和场所、接触特定的人，避免被告人因受到特定情境的不良影响而再次犯罪。

目前，职业禁止与禁止令在毒品犯罪案件中的适用比例实属过低，完全没有发挥出刑事立法所预想的犯罪预防作用，亟待在司法层面进行系统性强化。一方面，对于利用职业便利、违背职业特定义务实施毒品犯罪的被告人，人民法院应当客观评价其犯罪与职业的关联性，准确评估再犯罪的可能性，在判决中积极发挥职业禁止的犯罪预防作用。特别需要指出的是，职业禁止与主刑的种类、幅度没有必然联系，决定职业禁止的是被告人再次利用职业便利、违背职业特定义务实施毒品犯罪的可能性，而非本次犯罪的严重性，即便是管制刑也可以同时适用职业禁止。因此，各级法院应当尽快调整职业禁止只适用于严重毒品犯罪的惯常做法，在各类符合条件的毒品犯罪案件中充分适用，彻底激活这一沉睡已久的保安处分措施。例如，酒吧经营者在营业场所内贩卖毒品、运输业者利用职业便利运输毒品，均应判决禁止其在一定期限内从事相关职业。另一方面，各级法院在适度扩大管制刑、缓刑适用范围的同时，应当重视与禁止令的配套适用，视情形对被告人加以必要的限制。比如，在管制刑执行期间、缓刑考验期间，禁止被告人接触吸毒人

---

① 曾粤兴、蒋涤非：《毒品犯罪若干刑罚问题新议——以大陆刑法理论为研究视角》，载《北方法学》2007 年第 3 期。

员、从事 KTV 消费、进入娱乐场所，通过严密的社会防护降低其再犯罪的可能性。合理适用管制刑和缓刑，是罪责刑相适应基本原则的必然要求；科学适用职业禁止与禁止令，是预防犯罪的客观需要，两种刑法制裁措施的配套适用并非简单的"物理叠加"，而是深刻的"化学融合"，通过刑罚与保安处分的二元治理，能够取得更为全面、更加积极的刑事治理效果。

二、优化矫治性处分措施

在毒品犯罪案件中，对于不满刑事责任年龄的未成年犯罪人，司法机关在不予刑事处罚的同时，应视具体情形将其交由相关政府部门进行专门矫治教育。政府部门在实施过程中，要坚持专门矫治教育的保护性、福利性与非惩罚性[1]，以社会复归为终极目标，施以各类必要的综治措施，努力实现未成年人生理层面的戒毒、心理层面的祛毒、社会层面的脱毒，将目前的脱序者塑造成今后的守法者。对于判处管制和缓刑的被告人，法院在视情形判处禁止令的同时，还应当加强与公安机关、司法行政机关的合作，一方面强化禁止令的执行力度，将被告人隔离在涉毒危险区域、涉毒危险人群之外，防止其复吸、再犯；另一方面优化社区矫正的执行效果，同步对其进行毒瘾戒治、心理干预、法治教育、技能培训等，实现刑罚处罚、保安处分、社区矫正和综合治理措施的多管齐下，将犯罪预防作为最根本的目的，最大化地削弱、消除被告人的人身危险性。优化矫治性处分措施是扩大管制、缓刑适用的必要基础，只有当被告人能够得到充分的管控约束、救助帮扶时，管制与缓刑才有实际意义，否则一味扩大管制、缓刑的适用范围，反而可能造成犯罪分子的失管失控、毒品犯罪的滋生蔓延。刑罚轻缓化是社会发展的必然趋势，这种轻缓化应当建立在刑罚的报应、预防功能不受影响的基础之上，尤其不能牺牲刑罚的预防功能来迎合轻缓化的潮流，否则轻缓将异变为放纵。在毒品犯罪刑罚适用过程中，管制、缓刑的适用范围应当与保安处分、社区矫正和综合措施的治理效果成正比，在一张一弛、一放一收中实现刑罚轻缓化，才是最安全、最理性的选择。

---

[1] 廖斌、何显兵:《论收容教养制度的改革与完善》，载《西南民族大学学报（人文社会科学版）》2015 年第 6 期。

三、深化财产性处分措施

按照刑法规定，对于犯罪分子违法所得的财物应当予以追缴，对于违禁品和供犯罪所用的本人财物应当予以没收，需要注意的是，这里的追缴、没收不同于《刑法》第 59 条的没收财产，不涉及被告人所有的且未被用于犯罪的合法财产，主要涉及案件相关财物的处理。① 在毒品犯罪的刑事治理过程中，追缴违法所得、没收违禁品和犯罪工具对于抑制犯罪分子的再犯能力具有十分重要的作用，然而，由于涉毒资金的隐蔽性、混同性等特征，"定罪易、析产难"是目前司法实践中存在的普遍问题。② 公安机关在侦查过程中，应当注重对违法所得、违禁物品、犯罪财物的查证，并依法采取查封、扣押、冻结等强制措施，防止被犯罪分子伺机转移，尤其在大宗毒品犯罪中，要特别重视对关联人员、关联账户的查证，查清利益链条、厘清利益关系，为后期的收缴、没收做好证据准备。检察机关在审查起诉时，应当关注涉案财物的查扣问题，就涉案财物的追缴、没收等问题向法院提出建议，并引导公安机关继续查证尚未被足额查封、扣押、冻结的涉案物品。特别是在不起诉案件中，检察机关更要重视涉案财物的后续处理，依法监督公安机关对涉案毒品、制毒设备、运毒工具进行销毁、处置。法院在作出判决时，应当载明对在案财物的处置以及对未在案财物的追缴，由相关部门继续执行，避免在涉案财物处置上出现缺漏，防止毒品犯罪分子转移、隐匿违法所得和犯罪工具，充分运用经济手段打击犯罪分子，限制其再次实施毒品犯罪的能力。对于行为人故意将违法所得、犯罪工具与合法收入、生活物品混同的，各司法机关应当重点关注对二者的区分，尽力查明涉案资金的来源走向和涉案物品的主要用途，依法收缴、没收其中的毒资、毒赃、毒物，对于事实不清、证据不足的部分，应当作出有利于行为人的推定。同时，在后期的减刑、假释过程中，可以将违法所得、犯罪工具的收缴、没收情况作为重要的参考依据，对于恶意转移资金、隐匿资产、"漂白"物品用途的被告人，一般不宜认定为认罪悔罪、积极改造，由于其还继续持有相应的涉毒资产，再次实施毒品犯罪的可能性较高，在减刑、假释时应当严格限制、慎重把握。

毒品犯罪与贪贿犯罪类似，都是隐蔽性的贪利型犯罪，没有明确的被害

---

① 戴长林：《刑事案件涉案财物及其处理程序：以违法所得没收程序为重点的分析》，中国法制出版社 2014 年版，第 31 页。

② 王小林、赵晋：《违法所得没收制度的适用与完善——以四川省检察机关办理毒品犯罪案件为视角》，载《人民检察》2018 年第 22 期。

人，均设置了阻截性的兜底罪名——非法持有毒品罪、巨额资产来源不明罪，即行为人无法说明毒品、财产的合法来源时，应承担不利的法律后果。在贪利型犯罪中，收缴犯罪工具、没收违法所得对于惩治、预防犯罪具有十分重要的意义，"没有人可以通过犯罪来改善生活"[①]，不法分子以刑罚换取金钱的企图绝对不被允许，而且，毒品及制毒工具等属于"本体恶"的物质，即便是行为人不构成犯罪，上述物品也应当被纳入收缴、没收的范畴。现阶段，司法机关在未定罪的毒品犯罪案件中，同样应当重视对毒品及制毒工具等的收缴、没收，进一步扭转"重破案、轻追赃"的惯性思维，既关注抓获毒品犯罪分子的人数，也重视收缴、没收毒品、毒赃以及涉毒物品的数量，只有实现"人赃并处"才能推动毒品犯罪刑事治理取得更大成效。从长远来看，立法机关可以考虑建立涉毒物品"举证责任倒置"制度与"优势证据"规则，即只要控方的证据达到优势程度，且行为人无法说明涉毒物品的合法来源、合理用途时，司法机关即可对相关物品进行收缴、没收，而无须将"对物之诉"依附于"对人之诉"，推动毒品犯罪刑事治理的彻底化、深层次化。由于立法修正并非本书研究的方向，加之涉及各方重大利益和诉讼制度调整，是一项系统性的法治工程，在此不再详细展开。

综上，在毒品犯罪的刑罚适用过程中，刑罚启动合理化是基础，涉及刑罚正当性的问题；刑罚裁量合理化是核心，涉及刑罚适当性的问题；执行方式合理化是重点，涉及刑罚严厉性的问题；罚金适用合理化是难点，涉及刑罚有效性的问题；保安处分合理化是保障，涉及刑罚预防性的问题。毒品犯罪是一个成因复杂的社会现象，刑事治理是整个社会治理体系中的一个重要环节，刑罚适用是刑事治理的最终体现，只有从上述五个方面对刑罚适用进行合理化再造，才能实现刑罚适用的有度、有节、有效，从根本上摆脱"投入产出比"不高的窘况，将刑事治理完全融入社会治理体系之中，逐步根治自20世纪80年代以来死灰复燃且依然严峻复杂的毒品犯罪问题。

---

① 孙笑侠：《西方法谚精选》，法律出版社2005年版，第182页。

结　语

　　毒品滥用是世界性的社会顽疾，是在人类历史长河中逐渐形成的深层次问题，与国际局势、地缘政治、经济发展、贫富差距、社会环境、文化传统、刑事政策、执法能力等因素密切相关，要取得绝非一朝一夕之功，遑论实现根本治理，为此，全人类必须做好长期斗争、系统治理的准备，对于中国这样一个国情复杂、幅员辽阔、人口众多的国家而言更是如此。毒品犯罪是毒品滥用的必然产物，消费决定供应、供应驱动生产、生产满足消费，这是毒品市场永恒不变的客观规律。在减少供应、减低需求、减轻伤害的综合治理模式中，刑罚可以在短期内控制一定区域的毒品供应，但无法从根本上抑制毒品需求，更无力改善毒品滥用者的个人处境，唯利是图的毒品犯罪分子会迅速修复受损的市场链条，刑罚的治理作用将被稀释甚至是抵消。我们不应再对刑法抱有过高的期望，刑法是治理毒品犯罪的重要手段、必要手段，但不是根本手段，更不是主要手段，只有当刑法在毒品犯罪治理体系中回归本来位置后，刑罚适用才能随之回归理性平和，走向科学合理。在毒品犯罪治理体系中，刑罚的治理功能是有限的，从重从严的"严打模式"已被历史反复证明缺乏科学性、系统性与持久性，运动式执法不宜成为法治国打击毒品犯罪的常态。当前，毒品犯罪刑罚适用应当进一步从"厉而不严"转向"严而不厉"，以"有罪必罚"的模态参与毒品问题治理，扭转一段时期以来"有罪重罚"的司法惯性，切忌再以刑罚严厉性之过度来弥补刑罚必定性之不足，只有在保障人权、罪刑均衡的前提下，刑罚才能发挥出最佳功效。如果偏执于单一的刑罚压制，忽视人权保障与综合治理，再严厉的刑罚都不可能遏制毒品犯罪的滋生蔓延，并会最终陷入"冲击钻式"的循环怪圈，每一次加大力度集中惩治，反而"造就"出更加严峻复杂的毒情态势。

毒品犯罪分子与国家、社会以及守法公民之间不是简单僵硬的"物理对抗"关系，而是复杂多变的"化学融合"关系，对立、仇视无助于毒品犯罪问题的根本解决，只有将一时的脱序者拉回生活正轨并重新融入主流社会，才能真正实现犯罪预防。从严治毒刑事政策的主要目的在于强调刑罚的必定性，仅在例外情况下保留刑罚的严厉性，刑事司法应当着眼于严密刑事法网，最大限度地削减犯罪黑数，并在刑罚适用中重视受刑人的社会复归，积极促成受刑人与国家、社会以及守法公民之间达成和解，再从"彼此和解"迈向"相互理解"，实现完全意义上的社会复归，将再犯罪可能性降到最低，从而取得刑罚适用的最佳效果。尊重和保障人权是我国宪法的基本要求，保障刑事被告人的合法权利是人权保障的重要内容，以弱化人权保障为代价换取的社会保护是不值得期待的，也注定是难以持久的，还可能将刑事被告人彻底推向社会对立面，人为制造未来的犯罪因素，不仅违背犯罪治理的客观规律，更不符合刑法的人本主义价值。禁绝毒品是国家毒品问题治理蓝图中宏伟的终极目标，绝非刑事法治所能独力实现，更非短期内所能达成，刑法只能立足自身功能，以控制、削减毒品犯罪作为现实目标，在治理体系中积极发挥出自己有限的作用。在毒品犯罪治理体系中，社会发展与综合治理具有决定性的作用，刑事治理目标过高所带来的负作用远超我们的想象，在造成刑罚泛滥化、严厉化的同时，必然会挤占有限的社会资源，影响社会发展与综合治理，不利于毒品犯罪问题的根本解决。

毒品犯罪刑罚适用合理化，主要是指严密化、谦抑化和优效化。谦抑化，是指限制刑罚适用的范围与强度；严密化，是指提高刑罚的必定性；优效化，是指加强刑罚与非刑罚处罚措施的结合，聚合出最佳的治理效能。毒品犯罪并非最严重的刑事犯罪，无须适用最严厉的刑罚处罚，加之毒瘾的顽固性、毒品的暴利性，在报应与预防的双重目的中，相较于面向过去的报应，刑罚更应当关注面向未来的预防，将毒品犯罪被告人的特殊预防作为首要目标，避免出现毒品再犯、累犯和常习犯。毒品犯罪再犯率是检验刑罚适用效果的关键指标，毒品再犯条款的频繁适用，本身就是对刑罚适用效果的自我否定，司法机关在关注重刑率的同时，更应当重视再犯率，再犯率的每一点下降都代表着刑罚适用的每一分成功。在毒品犯罪的刑事治理中，合理控制刑罚适用范围是比一律入刑更为理性的做法，提高刑罚必定性是比提升刑罚严厉性更为科学的方法，刑罚适用应遵循毒品犯罪的生成规律，尊重和保障被告人的合法权利，回归刑法教义学的基本方法，恪守罪刑法定、坚守罪刑均衡，从严厉走向严密、从有效走向优效，最终实现刑罚适用合理化、刑事治理现代化。

参考文献

一、中文类参考文献

（一）著作类

1. 崔敏：《毒品犯罪发展趋势与遏制对策》，警官教育出版社1999年版。
2. 陈兴良：《刑法的启蒙》，法律出版社2007年版。
3. 陈兴良：《刑法的致知》，北京大学出版社2019年版。
4. 陈兴良：《走向教义的刑法学》，北京大学出版社2018年版。
5. 陈璇：《刑法中社会相当性理论研究》，法律出版社2010年版。
6. 褚宸舸：《中国禁毒法治论》，中国民主法制出版社2016年版。
7. 戴长林：《刑事案件涉案财物及其处理程序：以违法所得没收程序为重点的分析》，中国法制出版社2014年版。
8. 高铭暄、马克昌主编：《中国刑法解释》，中国社会科学出版社2005年版。
9. 高铭暄、马克昌主编：《刑法学（第九版）》，北京大学出版社2019年版。
10. 高铭暄主编：《刑法学原理》，中国人民大学出版社2005年版。
11. 高铭暄：《我与刑法七十年》，北京大学出版社2018年版。
12. 高铭暄：《当代刑法前沿问题研究》，人民法院出版社2019年版。
13. 高格：《定罪与量刑》，中国方正出版社1999年版。
14. 高巍：《贩卖毒品罪研究》，中国人民公安大学出版社2007年版。

15. 韩延龙、常兆儒:《中国新民主主义革命时期根据地法制文献选编(第三卷)》,中国社会科学出版社1981年版。

16. 何勤华:《20世纪日本刑法学》,商务印书馆2003年版。

17. 何荣功:《毒品犯罪的刑事政策与死刑适用研究》,中国人民公安大学出版社2012年版。

18. 何荣功等著:《毒品类死刑案件的有效辩护》,中国政法大学出版社2017年版。

19. 胡鞍钢等著:《中国新发展理念》,浙江人民出版社2017年版。

20. 胡金野、齐磊:《中国禁毒史》,上海社会科学院出版社2017年版。

21. 姜敏:《美国刑法纲要》,中国法制出版社2016年版。

22. 姜伟:《犯罪形态通论》,法律出版社1994年版。

23. 揭萍:《我国毒品消费与供给关系实证研究》,法律出版社2019年版。

24. 金伟峰、崔浩:《禁毒法律制度研究》,浙江大学出版社2009年版。

25. 金伟峰等:《中国禁毒法律制度研究》,上海社会科学院出版社2016年版。

26. 黎宏:《刑法学总论(第二版)》,法律出版社2016年版。

27. 李文君:《构建禁毒防控体系》,中国人民公安大学出版社2014年版。

28. 梁根林:《刑法总论问题论要》,北京大学出版社2018年版。

29. 梁根林主编:《犯罪论体系》,北京大学出版社2007年版。

30. 梁根林主编:《刑法体系与犯罪构造》,北京大学出版社2016年版。

31. 梁根林主编:《刑法教义与价值判断》,北京大学出版社2016年版。

32. 梁根林主编:《刑事政策与刑法变迁》,北京大学出版社2016年版。

33. 林东茂:《一个知识论上的刑法学思考》,中国人民大学出版社2009年版。

34. 刘建宏主编:《全球化视野下的毒品问题(新禁毒全书)》,人民出版社2014年版。

35. 刘建宏主编:《外国禁毒法律概览(新禁毒全书)》,人民出版社2015年版。

36. 刘仁文:《刑事政策初步》,中国人民公安大学出版社2004年版。

37. 刘士心:《美国刑法各论》,人民出版社2015年版。

38. 刘星:《西窗法雨》,中国法制出版社2013年版。

39. 马克昌:《比较刑法原理——外国刑法学总论》,武汉大学出版社2002

年版。

40. 马克昌主编:《刑罚通论》,武汉大学出版社 1995 年版。
41. 马克昌主编:《犯罪通论》,武汉大学出版社 1999 年版。
42. 马克昌主编:《百罪通论(上下卷)》,北京大学出版社 2014 年版。
43. 马克昌、卢建平主编:《外国刑法学总论(大陆法系)》,中国人民大学出版社 2016 年版。
44. 梅传强主编:《犯罪心理学(第三版)》,中国法制出版社 2016 年版。
45. 梅传强、李邦友主编:《刑法实务教程》,中国人民大学出版社 2013 年版。
46. 莫关耀等著:《毒品滥用与治理实证研究——以云南省为视角》,中国人民公安大学出版社 2018 年版。
47. 莫关耀等著:《倾诉与呼唤——毒品滥用元叙事》,中国人民公安大学出版社 2019 年版。
48. 牛何兰:《中外禁毒史》,云南人民出版社 2012 年版。
49. 齐霖:《中国共产党禁毒史》,上海社会科学院出版社 2017 年版。
50. 覃珠坚、张晓春:《中国禁毒法规介评与适用》,中国人民公安大学出版社 2012 年版。
51. 曲新久:《刑法的精神与立场》,中国政法大学出版社 2000 年版。
52. 阮惠风:《新型合成毒品滥用实证研究与治理对策》,上海社会科学院出版社 2016 年版。
53. 阮齐林:《刑法学》,中国政法大学出版社 2011 年版。
54. 邵晓顺:《犯罪与犯罪统计研究》,群众出版社 2014 年版。
55. 邵雍:《中国近代贩毒史》,上海社会科学院出版社 2017 年版。
56. 任娇娇:《我国禁毒刑事政策调整研究》,中国社会科学出版社 2019 年版。
57. 苏智良:《中国毒品史》,上海社会科学院出版社 2017 年版。
58. 苏智良、刘效红:《全球禁毒的开端:1909 年上海万国禁烟会》,三联出版社 2009 年版。
59. 孙笑侠:《西方法谚精选》,中国法制出版社 2005 年版。
60. 王志亮:《刑罚学研究——欧美刑罚观、监狱观的演变》,苏州大学出版社 2016 年版。
61. 夏国美、杨秀石:《社会学视野下的新型毒品》,上海社会科学院出版社 2017 年版。

62. 熊海燕:《毒品犯罪研究综述与评价》,知识产权出版社 2019 年版。

63. 徐宏、李春雷:《毒品犯罪研究》,知识产权出版社 2016 年版。

64. 翟帆:《二十世纪美国毒品政策的演变》,上海科学院出版社 2017 年版。

65. 张洪成:《毒品犯罪刑事政策之反思与修正》,中国政法大学出版社 2017 年版。

66. 张洪成、黄瑛琦:《毒品犯罪法律适用问题研究》,中国政法大学出版社 2013 年版。

67. 张军等:《新控辩审三人谈》,北京大学出版社 2014 年版。

68. 张明楷:《刑法学(第五版)》,中国法制出版社 2016 年版。

69. 张明楷:《责任刑与预防刑》,北京大学出版社 2015 年版。

70. 张明楷:《罪刑法定与刑法解释》,北京大学出版社 2009 年版。

71. 张明楷:《外国刑法纲要》,清华大学出版社 2007 年版。

72. 张明楷:《刑法格言的展开》,北京大学出版社 2013 年版。

73. 张明楷:《罪刑法定与刑法解释》,北京大学出版社 2009 年版。

74. 张明楷:《刑法分则的解释原理》,中国人民大学出版社 2004 年版。

75. 张明楷:《犯罪构成体系与构成要件要素》,北京大学出版社 2010 年版。

76. 张勇安主编:《国际禁毒研究报告(2019)》,社会科学文献出版社 2019 年版。

77. 赵秉志:《疑难刑事问题司法对策(第二辑)》,吉林人民出版社 1999 年版。

78. 郑伟:《毒品罪三疏两议》,法律出版社 2011 年版。

79. 郑蜀饶:《毒品犯罪的法律适用》,人民法院出版社 2001 年版。

80. 中国禁毒报编辑部编:《中国禁毒大案要案经典案例》,上海社会科学院出版社 2017 年版。

81. 周光权:《刑法各论(第三版)》,中国人民大学出版社 2016 年版。

82. 周光权:《刑法公开课》,北京大学出版社 2019 年版。

83. [东汉]许慎著:《说文解字》,马松源主编,线装书局 2016 年版。

84. [民国]徐鹏飞:《比较刑法纲要》,商务印书馆 2014 年版。

85. [古希腊]亚里士多德:《政治学》,吴寿彭译,商务印书馆 1965 年版。

86. ［奥］凯尔森:《法与国家的一般理论》,沈宗灵译,中国大百科全书出版社 1996 年版。

87. ［德］埃里克·希尔根多夫:《德国刑法学:从传统到现代》,江溯译,北京大学出版社 2015 年版。

88. ［德］冯·李斯特:《德国刑法教科书》,徐久生译,法律出版社 2006 年版。

89. ［德］冯·李斯特:《论犯罪、刑罚与刑事政策》,徐久生译,北京大学出版社 2016 年版。

90. ［德］汉斯·海因里希·耶塞克、托马斯·魏根特:《德国刑法教科书》,徐久生译,中国法制出版社 2017 年版。

91. ［德］黑格尔:《法哲学原理》,商务印书馆 2007 年版。

92. ［德］卡尔·拉伦茨:《法学方法论》,陈爱娥译,商务印书馆 2003 年版。

93. ［德］卡尔·拉伦茨:《德国民法通论》,王晓晔等译,法律出版社 2003 年版。

94. ［德］克劳斯·罗克辛:《刑事政策与刑法体系》,蔡桂生译,中国人民大学出版社 2011 年版。

95. ［德］莱奥·罗森贝克:《证明责任论——以德国民法典和民事诉讼法典为基础撰写》,庄敬华译,中国法制出版社 2002 年版。

96. ［德］格吕恩特·雅克布斯:《行为 责任 刑法——机能性描述》,冯军译,中国政法大学出版社 1997 年版。

97. ［德］乌尔里希·贝克:《世界风险社会》,吴英姿等译,南京大学出版社 2004 年版。

98. ［法］迪尔凯姆:《社会学方法的准则》,狄玉明译,商务印书馆 1995 年版。

99. ［法］亨利·莱维·布律尔:《法律社会学》,许钧译,上海人民出版社 1984 年版。

100. ［法］米歇尔·福柯:《规训与惩罚》,刘北成、杨远婴译,三联书店 2007 年版。

101. ［韩］李在祥:《韩国刑法总论》,［韩］韩相敦译,中国人民大学出版社 2005 年版。

102. ［美］彼得·萨伯:《洞穴奇案》,陈福勇、张世泰译,三联书店

2012年版。

103. [美]博登海默:《法理学:法律哲学与法律方法》,邓正来译,中国政法大学出版社1999年版。

104. [美]富勒:《法律的道德性》,郑戈译,商务印书馆2005年版。

105. [美]格雷戈里·D.李:《全球缉毒》,郭颖译,中国人民公安大学出版社2015年版。

106. [美]哈伯特·L.帕克:《刑事制裁的界限》,梁根林等译,法律出版社2008年版。

107. [美]理查德·A.波斯纳:《法律的经济分析》,蒋兆康译,中国大百科全书出版社1997年版。

108. [美]罗斯科·庞德:《普通法的精神》,唐前宏、高雪原、廖湘文译,夏登峻审校,法律出版社2010年版。

109. [美]莫里斯:《法律发达史》,王学文译,中国政法大学出版社2003年版。

110. [美]约翰·亨利·梅利曼:《大陆法系(第二版)》,顾培东、逯正平译,中国法制出版社2004年版。

111. [日]大木雅夫:《比较法(修订译本)》,范愉译,法律出版社2006年版。

112. [日]大塚仁:《犯罪论的基本问题》,冯军译,中国政法大学出版社1993年版。

113. [日]大塚仁:《刑罚概说(总论)》,冯军译,中国人民大学出版社2003年版。

114. [日]西原春夫:《刑法的根基与哲学》,顾肖荣等译,中国法制出版社2017年版。

115. [日]西原春夫主编:《日本刑事法的重要问题》,金光旭等译,法律出版社2000年版。

116. [意]贝卡利亚:《论犯罪与刑罚》,黄风译,中国法制出版社2005年版。

117. [英]安德鲁·阿什沃斯:《刑法的积极义务》,姜敏译,中国法制出版社2018年版。

118. [英]杰里米·边沁:《道德与立法原理导论》,时殷弘译,商务印书馆2000年版。

119. ［英］杰里米·边沁:《立法理论》,李贵芳等译,中国人民公安大学出版社 1993 年版。

120. ［英］丹宁勋爵:《法律的训诫》,杨百揆等译,法律出版社 1999 年版。

121. ［英］哈特:《法律的概念》,张文显等译,中国大百科全书出版社 2003 年版。

122. ［英］理查德·达文波特－海因斯:《搜寻忘却的记忆:全球毒品 500 年》,蒋平、马广惠译,译林出版社 2008 年版。

123. ［英］瑞格比:《暴力之后的正义与和解》,刘成译,译林出版社 2003 年版。

124. ［英］温斯利·克拉克森:《哈希的故事:世界上最具暴利的毒品业内幕》,珍栎译,三联书店 2015 年版。

（二）论文类

1. 艾佳慧:《刑罚轻缓化的法经济学考察》,载《法律适用》2012 年第 6 期。

2. 艾明:《香港与内地毒品犯罪量刑比较研究》,载《政法学刊》2006 年第 3 期。

3. 白延智、张宪武:《海洛因依赖的危害及美沙酮维持治疗概述》,载《内蒙古医科大学学报》2014 年第 S1 期。

4. 包涵:《新精神活性物质管制的国际经验和中国路径》,载《公安学研究》2018 年第 3 期。

5. 包涵:《英国毒品政策:"伤害最小化"之下的困惑》,载《中国禁毒报》2017 年 6 月 9 日。

6. 蔡永彤:《功利与正义之间:立功制度的价值取向及其改造》,载《政治与法律》2008 年第 8 期。

7. 茶莹、杨帆:《云南持续高压打击毒品犯罪》,载《人民法院报》2018 年 6 月 25 日。

8. 常青、李雪晴:《西安近三年财产刑判决与执行情况调研报告》,载《中国审判》2007 年第 12 期。

9. 车浩:《理解当代中国刑法教义学》,载《中外法学》2017 年第 6 期。

10. 陈春龙:《中国司法解释的地位与功能》,载《中国法学》2003 年第 1 期。

11. 陈皓:《埃利希：法律强制与活法之治》,载《人民法院报》2018 年 10 月 19 日。

12. 陈晖:《走私犯罪未遂形态研究》,载《上海海关学院学报》2013 年第 6 期。

13. 陈金钊:《文义解释：法律方法的优位选择》,载《文史哲》2005 年第 6 期。

14. 陈金钊:《作为方法的目的解释》,载《学习探索》2003 年第 6 期。

15. 陈明蔚:《邮寄型走私毒品犯罪的既遂标准》,载《人民司法（案例）》2016 年第 2 期。

16. 陈少青:《罪量与可罚性》,载《中国刑事法杂志》2017 年第 1 期。

17. 陈伟:《对我国毒品犯罪刑罚适用问题的反思》,载《理论探索》2017 年第 2 期。

18. 陈伟:《累犯制度的立法变革及带来的启示》,载《法治研究》2015 年第 5 期。

19. 陈伟:《"人身危险性"与"社会危险性"的纠缠与厘定》,载《法治研究》2016 年第 3 期。

20. 陈伟:《毒品犯罪案件适用认罪认罚从宽制度状况研究》,载《法商研究》2019 年第 4 期。

21. 陈兴良:《"刑罚世轻世重"是符合司法规律的用刑之道》,载《检察日报》2008 年 5 月 15 日。

22. 陈兴良:《论人身危险性及其意义》,载《法学研究》1993 年第 2 期。

23. 陈兴良:《受雇佣为他人运输毒品犯罪的死刑裁量研究——死囚来信引发的思考》,载《北大法律评论》2005 年第 2 辑。

24. 陈兴良:《刑罚目的新论》,载《华东政法大学学报》2001 年第 3 期。

25. 陈兴良:《刑法法理的三重语境》,载《中国法律评论》2019 年第 3 期。

26. 陈兴良:《刑法知识的教义学化》,载《法学研究》2011 年第 6 期。

27. 陈兴良:《刑事政策视野中的刑罚结构调整》,载《法学研究》1998 年第 6 期。

28. 陈兴良:《作为犯罪构成要件的罪量要素——立足于中国刑法的探讨》,载《环球法律评论》2003 年第 3 期。

29. 陈兴良:《当代中国的刑法理念》,载《国家检察官学院学报》2008 年第 3 期。

30. 陈兴良：《当代中国刑法应当具有的三个理念》，载《检察日报》2008年3月17日。

31. 陈兴良：《刑法教义学方法论》，载《法学研究》2005年第2期。

32. 陈兴良：《刑法教义学与刑事政策的关系：从李斯特鸿沟到罗克辛贯通》，载《中外法学》2013年第5期。

33. 陈学权：《程序法视野中的诱惑侦查》，载《国家检察官学院学报》2004年第2期。

34. 陈正云：《刑罚效益成本资源有效配置论》，载《现代法学》1998年第4期。

35. 程雷：《秘密侦查在西方国家的兴起》，载《国家检察官学院学报》2009年第1期。

36. 程雷：《诱惑侦查的程序控制》，载《法学研究》2015年第1期。

37. 重庆市第一中级人民法院课题组：《财产刑执行情况的调查报告》，载《西南政法大学学报》2004年第5期。

38. 储槐植、汪永乐：《再论我国刑法中犯罪概念的定量因素》，载《法学研究》2000年第2期。

39. 储槐植、张永红：《善待社会危害性观念——从我国刑法第13条但书说起》，载《法学研究》2002年第3期。

40. 储槐植：《刑事政策：犯罪学的重点研究对象和司法实践的基本指导思想》，载《福建公安高等专科学校学报》1999年第5期。

41. 储槐植：《死刑司法控制：完整解读刑法第四十八条》，载《中外法学》2012年第5期。

42. 段春山、邓秋迪：《黑龙江涉毒案重刑率达32.14%》，载《人民法院报》2017年6月25日。

43. 邓芸菁等：《少年犯人格的基本特征及其相关因素的研究》，载《中国临床心理学杂志》2000年第3期。

44. 丁胜明：《刑法教义学研究的中国主体性》，载《法学研究》2015年第2期。

45. 冯军：《刑法教义学的立场和方法》，载《中外法学》2014年第1期。

46. 付光兴：《"漂流理论"与青少年犯罪的心理分析及其预防对策》，载《预防青少年犯罪研究》2013年第1期。

47. 高铭暄、彭凤莲：《论立功的成立条件》，载《北京师范大学学报（社会科学版)》2006 年第 5 期。

48. 高巍:《禁毒政策的西方经验与中国实践》,载《思想战线》2007 年第 4 期。

49. 高艳东:《从仇恨到接纳罪犯:个人与社会立场间的刑法抉择》,载《环球法学评论》2006 年第 3 期。

50. 高艳东:《规范学视野中毒品刑法泛犯罪化与重刑化的反思》,载《云南警官学院学报》2007 年第 3 期。

51. 高艳东:《制造毒品罪疑难问题之解析》,载《江西公安专科学校学报》2004 年第 2 期。

52. 高英东:《大麻合法化对美国及国际社会的影响》,载《河北法学》2015 年第 12 期。

53. 何荣功、莫洪宪:《毒品犯罪死刑的国际考察及其对我国的借鉴》,载《华中科技大学学报(社会科学版)》2012 年第 2 期。

54. 何荣功:《"毒品犯罪"不应属于刑法中最严重的罪行》,载《辽宁大学学报(哲学社会科学版)》2014 年第 1 期。

55. 何荣功:《我国"从严治毒"刑事政策之法社会学思考》,载《法商研究》2015 年第 5 期。

56. 胡海:《对贩卖毒品罪既遂标准之从严刑事政策的审视与重构》,载《学术界》2016 年第 2 期。

57. 胡红军、王彪:《未成年人毒品犯罪记录不能作为毒品再犯的依据》,载《人民司法(案例)》2014 年第 12 期。

58. 胡剑:《北京市青少年毒品犯罪对策分析》,载《北京青年研究》2018 年第 1 期。

59. 胡金野等:《中国共产党领导下的抗日民主根据地禁毒成效探析》,载《云南警官学院学报》2008 年第 4 期。

60. 胡茜筠等:《财产刑执行情况调研分析》,载《人民检察》2013 年第 4 期。

61. 胡云腾、方文军:《论毒品犯罪的惩治对策与措施》,载《中国青年社会科学》2018 年第 5 期。

62. 胡云腾:《论社会发展与罪名变迁——兼论选择性罪名的文书引用》,载《东方法学》2008 年第 2 期。

63. 胡早秀等:《甲基苯丙胺的毒性及危害》,载《中国药物滥用防治杂志》2005 年第 4 期。

64. 黄祥青:《浅析贩卖、运输毒品罪的既遂和未遂》,载《政治与法律》1999 年第 3 期。

65. 冀天福、张琦:《河南发布毒品犯罪典型案例》,载《人民法院报》2017 年 6 月 25 日。

66. 贾宇:《刑罚贵在及时性和不可避免性》,载《山东法学》1995 年第 3 期。

67. 蒋天:《杜特尔特铁腕禁毒遭非议》,载《中国青年报》2016 年 8 月 6 日。

68. 姜宇等:《论我国新精神活性物质管制模式的完善》,载《中国药物滥用防治杂志》2019 年第 2 期。

69. 姜郑勇、吴茜:《四川拓展毒品审判司法影响力》,载《人民法院报》2018 年 6 月 25 日。

70. 焦俊峰:《犯罪控制中的治理理论》,载《国家检察官学院学报》2010 年第 2 期。

71. 井坡:《浅议我国假释制度改革》,载《犯罪与改造研究》2019 年第 4 期。

72. 黎宏:《终身监禁的法律性质及适用》,载《法商研究》2016 年第 3 期。

73. 李邦友:《惩处毒品犯罪的"宽"与"严"》,载《华东科技大学学报(社会科学版)》2006 年第 6 期。

74. 李本森:《破窗理论与美国的犯罪控制》,载《中国社会科学》2010 年第 5 期。

75. 李存国等:《财产刑执行实证研究》,载《人民检察》2014 年第 7 期。

76. 李洁:《未成年人毒品犯罪"零容忍"》,载《人民法院报》2017 年 2 月 20 日。

77. 李岚林:《我国毒品再犯制度之反思与重构》,载《河南财经政法大学学报》2014 年第 2 期。

78. 李启新、冯磊:《走私、贩卖、运输、制造毒品罪既未遂问题讨论》,载《中国检察官》2006 年第 7 期。

79. 李世清:《人身危险性在量刑中的思考》,载《河北法学》2006 年第 9 期。

80. 李翔:《论我国刑法中的当然解释及其限度》,载《法学》2014 年第

5 期。

81. 李永升:《运输毒品罪立法与司法研究》,载《刑法论丛》2012 年第 4 卷。

82. 李永升:《走私毒品罪若干问题研究》,载《昆明理工大学学报（社会科学版）》2013 年第 3 期。

83. 李云鹏:《氯胺酮滥用及危害问题调查》,载《中国药物依赖性杂志》2016 年第 1 期。

84. 梁根林:《预备犯普遍处罚原则的困境与突围——〈刑法〉第 22 条的解读与重构》,载《中国法学》2011 年第 2 期。

85. 梁根林:《死刑案件被刑事和解的十大证伪》,载《法学》2010 年第 4 期。

86. 梁根林:《罪刑法定视域中的刑法适用解释》,载《中国法学》2004 年第 3 期。

87. 梁慧星:《论法律解释方法》,载《比较法研究》1993 年第 1 期。

88. 廖斌、何显兵:《论收容教养制度的改革与完善》,载《西南民族大学学报（人文社会科学版）》2015 年第 6 期。

89. 林海:《云南高院发布禁毒工作白皮书　毒品犯罪重刑率已近七成》,载《中国禁毒报》2018 年 11 月 2 日。

90. 林亚刚:《运输毒品罪的若干问题研究》,载《法学评论》2011 年第 3 期。

91. 刘风景:《司法解释权限的界定与行使》,载《中国法学》2016 年第 3 期。

92. 刘湘廉:《祖国大陆与我国台湾地区的毒品犯罪立法比较》,载《西南政法大学学报》2009 年第 3 期。

93. 刘凌梅:《运输毒品罪司法适用争议问题探讨》,载《法律适用》2015 年第 7 期。

94. 刘仁文:《宽严相济的刑事政策研究》,载《当代法学》2008 年第 1 期。

95. 刘士心:《论可罚的违法性》,载《中国刑事法杂志》2009 年第 3 期。

96. 刘守芬、丁鹏:《现代缓刑类型与中国的选择》,载《现代法学》2005 年第 6 期。

97. 刘宪权、吴允峰:《和谐社会语境下宽严相济刑事政策的司法贯彻》,载《上海市社会科学界第五届学术年会文集（2007 年）》,政治·法律·社会科学卷。

98. 刘艳红:《调节性刑罚恕免事由:期待可能性理论的功能定位》,载《中国法学》2009 年第 4 期。

99. 龙宗智:《欺骗与刑事司法行为的道德界限》,载《法学研究》2002 年第 4 期。

100. 卢建平:《作为"治道"的刑事政策》,载《华东政法大学学报》2005 年第 4 期。

101. 罗钢:《毒品犯罪刑事治理去敌人刑法化》,载《政法论从》2018 年第 1 期。

102. 罗书臻、孙航:《最高人民法院发布毒品犯罪司法大数据》,载《人民法院报》2018 年 6 月 26 日。

103. 马登民、张长红:《德国刑事政策的任务、原则及司法实践》,载《政法论坛》2001 年第 6 期。

104. 马克昌:《论宽严相济刑事政策的定位》,载《中国法学》2007 年第 4 期。

105. 马克昌:《危险社会与刑法谦抑原则》,载《人民检察》2010 年第 3 期。

106. 马克昌:《刑法的机能新论》,载《人民检察》2009 年第 8 期。

107. 马岩、李静然:《毒品犯罪审判中的几个法律适用问题》,载《法律适用》2015 年第 9 期。

108. 梅传强:《犯罪心理生成机制》,载《河北法学》2008 年第 2 期。

109. 梅传强:《回顾与展望:我国禁毒立法之评析》,载《西南民族大学学报(人文社科版)》2008 年第 1 期。

110. 梅传强、胡江:《毒品犯罪死刑废除论》,载《河南财经政法大学学报》2016 年第 5 期。

111. 梅传强、徐艳:《毒品犯罪的刑罚适用问题思考——兼论毒品犯罪限制适用死刑》,载《甘肃政法学院学报》2006 年第 3 期。

112. 梅传强、伍晋:《毒品犯罪死刑控制的教义学展开——基于 122 份二审死刑判决书的实证研究》,载《现代法学》2019 年第 5 期。

113. 莫洪宪:《毒品犯罪的挑战与刑法的回应》,载《政治与法律》2012 年第 10 期。

114. 莫洪宪、陈金林:《论毒品犯罪死刑限制适用》,载《法学杂志》

2010 年第 1 期。

115. 莫洪宪、薛文超:《"厉行禁毒"刑事政策下运输毒品罪的死刑废止》,载《广西大学学报(哲学社会科学版)》2016 年第 2 期。

116. 莫洪宪、邝璐:《毒品犯罪控制政策的经济分析》,载《云南大学学报(法学版)》2009 年第 1 期。

117. 聂长建:《不能犯与未遂犯区分标准研究》,载《法商研究》2018 年第 6 期。

118. 聂昭伟:《刑法分则对总则排除适用现象探析——刑法总则与分则关系的重新梳理》,载《法律适用》2011 年第 4 期。

119. 齐霁、李珏曦:《建国前后中国共产党领导的禁毒斗争及其历史经验》,载《云南行政学院学报》2002 年第 5 期。

120. 齐文远、魏汉涛:《毒品犯罪治理的困境与出路》,载《河南大学学报(社会科学版)》2018 年第 1 期。

121. 乔梅、高蕴嶙:《未成年人毒品犯罪前科应作为认定毒品再犯的依据》,载《人民检察》2016 年第 7 期。

122. 邱兴隆:《撩开刑罚的面纱》,载《法学研究》1998 年第 6 期。

123. 冉巨火:《战时缓刑制度若干争议问题研究》,载《河南省政法管理干部学院学报》2011 年第 3 期。

124. 任惠华:《毒品犯罪死刑适用问题的调查与思考》,载《甘肃政法学院学报》2015 年第 5 期。

125. 任娇娇:《我国禁毒刑事政策调整依据与路径探讨》,载《政法论丛》2018 年第 3 期。

126. 任克勤:《毒品犯罪现象中的供需关系研究》,载《中国人民公安大学学报(社会科学版)》2010 年第 5 期。

127. 单勇、侯银萍:《中国犯罪治理模式的文化研究——运动式治罪的式微与日常性治理的兴起》,载《吉林大学社会科学学报》2009 年第 2 期。

128. 沈玉忠:《累犯"三振出局"制度之探讨》,载《贵州大学学报(社会科学版)》2007 年第 3 期。

129. 石经海:《皖北农村毒品犯罪的文化原因分析——以临泉毒品犯罪为样本》,载《阜阳师范学院学报(社会科学版)》2006 年第 1 期。

130. 时延安:《隐形双轨制:刑法中保安处分的教义学阐释》,载《法学研究》2013 年第 3 期。

131. 苏彩霞:《刑法解释方法的位阶与运用》,载《中国法学》2008年第5期。

132. 孙航:《今年前五个月上万毒品犯罪分子被判重刑》,载《人民法院报》2019年6月26日。

133. 孙航:《最高人民法院:前5个月上万毒品犯罪分子被判重刑》,载《中国禁毒报》2019年6月28日。

134. 孙中伟:《毒品犯罪死刑案件辩护之五大特点与十大路径》,载何荣功等著:《毒品类死刑案件的有效辩护》,中国政法大学出版社2017年版。

135. 唐凤伟等:《各地法院通报严惩毒品犯罪情况》,载《人民法院报》2016年6月25日。

136. 佟季、闫平超:《2007年至2011年全国法院审理毒品犯罪案件情况分析》,载《人民法院报》2012年6月27日。

137. 王光坤:《毒品类死刑复核案件中的律师业务》,载何荣功等著:《毒品类死刑案件的有效辩护》,中国政法大学出版社2017年版。

138. 王洁瑜等:《全国法院严厉打击毒品犯罪》,载《人民法院报》2018年6月26日。

139. 王奎:《论人身危险性的评价因素》,载《政治与法律》2007年第3期。

140. 王利荣:《减少直至搁置毒品犯罪死刑的适用——毒品犯罪若干问题的建议》,载《人民法治》2018年第12期。

141. 王利荣、揭萍:《对"运动式"治理毒品的反思——由N市"百城禁毒会战"的开展切入》,载《山东警察学院学报》2016年第1期。

142. 王利荣、马党库:《"毒品未流入社会"的从轻依据——兼谈贩卖毒品既遂标准》,载《法律适用》2016年第12期。

143. 王牧、赵宝成:《"刑事政策"应当是什么——刑事政策概念解析》,载《中国刑事法杂志》2006年第2期。

144. 王世洲:《现代刑罚目的理论与中国的选择》,载《法学研究》2003年第3期。

145. 王太宁:《论制造毒品罪的既遂标准》,载《法学杂志》2011年第4期。

146. 王小林、赵晋:《违法所得没收制度的适用与完善——以四川省检察机关办理毒品犯罪案件为视角》,载《人民检察》2018年第22期。

147. 王衍松、吴优:《罚金刑适用研究——高适用率与低实执率之二律背反》,载《中国刑事法杂志》2013 年第 6 期。

148. 王志祥、敦宁:《刑罚配置结构调整论纲》,载《法商研究》2011 年第 1 期。

149. 王卓一:《杜特尔特铁腕扫毒获压倒性支持》,载《文汇报》2019 年 10 月 1 日。

150. 魏东:《毒品犯罪的解释性疑难问题》,载《政法论丛》2017 年第 2 期。

151. 魏汉涛:《毒品犯罪死缓的司法偏差与匡正——基于 100 份死缓判决书的分析》,载《现代法学》2018 年第 5 期。

152. 魏建:《理性选择理论与法经济学的发展》,载《中国社会科学》2002 年第 1 期。

153. 吴宏耀:《论我国诱饵侦查制度的立法建构》,载《人民检察》2001 年第 2 期。

154. 吴雨豪:《死刑威慑力实证研究——基于死刑复核权收回前后犯罪率的分析》,载《法商研究》2018 年第 4 期。

155. 吴振兴等:《犯罪形态研究论纲》,载《法制与社会发展》2002 年第 4 期。

156. 伍晋:《毒品犯罪"诱惑侦查"须有度》,载《检察日报》2017 年 12 月 19 日。

157. 夏雨:《荷兰当前的软性毒品规制》,载《中国社会科学报》2017 年 1 月 11 日。

158. 肖中华:《刑法目的解释和体系解释的具体适用》,载《法学评论》2006 年第 5 期。

159. 谢望原:《谨防刑法过分工具主义化》,载《法学家》2019 年第 1 期。

160. 谢望原:《实然的刑罚目的与应然的选择》,载《浙江社会科学》2000 年第 5 期。

161. 谢望原:《死刑有限存在论》,载梁根林主编:《刑事政策与刑法变迁》,北京大学出版社 2016 年版。

162. 徐福生:《台湾地区死刑制度之现状与展望》,载《师大法学》2017 年第 1 期。

163. 徐科雷:《刑法立功制度若干问题刍议》,载《中国刑事法杂志》

2012 年第 3 期。

164. 薛剑祥:《毒品犯罪法律适用若干问题探讨》,载《法律适用》2004 年第 2 期。

165. 闫继勇、段格林:《山东:毒品犯罪案件数呈现下降趋势》,载《人民法院报》2019 年 6 月 26 日。

166. 杨帆:《云南高院通报打击毒品犯罪情况》,载《人民法院报》2017 年 6 月 22 日。

167. 杨静林:《菲律宾的毒品安全问题与杜特尔特政府禁毒运动研究》,载《中国-东盟研究》2018 年第 1 期。

168. 应建廷:《缓刑实践的调查与思考》,载《中国刑事法杂志》2000 年第 5 期。

169. 游伟、陆建红:《人身危险性在我国刑法中的功能定位》,载《法学研究》2004 年第 4 期。

170. 余建华、宋朵云:《浙江:毒品犯罪非监禁刑适用率仅为 6.8%》,载《人民法院报》2019 年 6 月 26 日。

171. 袁林:《我国未成年人毒品犯罪从严刑事政策的检验和修正——以某省法院系统近十年的判决为研究样本》,载《法学》2015 年第 6 期。

172. 袁林:《刑法解释观应从规则主义适度转向人本主义》,载《法商研究》2008 年第 6 期。

173. 袁林、王力理:《毒品犯罪死刑配置的理性思考》,载《东岳论丛》2010 年第 2 期。

174. 袁廿一:《菲律宾人民的健康与杜特尔特的雄心》,载《世界知识》2018 年第 24 期。

175. 翟中东:《论缓刑的四大价值》,载《青少年犯罪问题》2001 年第 1 期。

176. 张洪成:《制造毒品罪疑难问题探析》,载《国家检察官学院学报》2007 年第 5 期。

177. 张洪成:《走私毒品罪相关问题研究》,载《云南大学学报(法学版)》2012 年第 1 期。

178. 张建、俞小海:《贩卖毒品罪未遂标准的正本清源》,载《法学》2011 年第 3 期。

179. 张建军:《最后手段性:现代刑法的基本理念》,载《光明日报》

2014年9月17日。

180. 张明楷:《法益保护与比例原则》,载《中国社会科学》2017年第7期。

181. 张明楷:《刑法学中的当然解释》,载《现代法学》2012年第4期。

182. 张明楷:《注重体系解释 实现刑法正义》,载《法律适用》2005年第2期。

183. 张明楷:《行政刑法辨析》,载《中国社会科学》1995年第3期。

184. 张明楷:《简论非法持有毒品罪》,载《法学》1991年第6期。

185. 张明楷:《死刑的废止不需要终身刑替代》,载《法学研究》2008年第2期。

186. 张明楷:《代购毒品行为的刑法学分析》,载《华东政法大学学报》2020年第1期。

187. 张素芳:《价值规律是支配市场经济分配的客观规律》,载《经济学家》2001年第6期。

188. 张勇安:《荷兰禁毒政策的源起与流变》,载《欧洲研究》2006年第2期。

189. 赵秉志、金翼翔:《论刑罚轻缓化的世界背景与中国实践》,载《法律适用》2012年第6期。

190. 赵秉志、肖中华:《论运输毒品罪和非法持有毒品罪之立法旨趣与隐患》,载《法学》2000年第2期。

191. 赵秉志、阴建峰:《论中国毒品犯罪死刑的逐步废止》,载《法学杂志》2013年第5期。

192. 赵秉志、袁彬:《我国未成年人犯罪刑事立法的发展与完善》,载《中国刑事法杂志》2010年第3期。

193. 赵翠生:《清末和民国时期禁毒政策考略》,载《北京理工大学学报(社会科学版)》2002年第2期。

194. 赵国玲、刘灿华:《毒品犯罪刑事政策实证分析》,载《法学杂志》2011年第5期。

195. 赵桂玉:《毒品犯罪争议问题研究》,载《政法学刊》2015年第6期。

196. 赵志华:《立功制度的法律适用》,载《国家检察官学院学报》2003年第4期。

197. 郑蜀饶:《毒品犯罪规律的新认识及禁毒策略的思考》,载《法律适用》2007 年第 12 期。

198. 至秦:《墨西哥"毒品战争"正式结束》,载《检察风云》2019 年第 7 期。

199. 周岸崇:《毒品犯罪死刑案件辩护的几个问题研究》,载何荣功等著:《毒品类死刑案件的有效辩护》,中国政法大学出版社 2017 年版。

200. 周光权:《法条竞合的特别关系研究——兼与张明楷教授商榷》,载《中国法学》2010 年第 3 期。

201. 周光权:《刑法解释方法位阶性的质疑》,载《法学研究》2014 年第 5 期。

202. 周光权:《刑罚进化论——从刑事政策角度的批判》,载《法制与社会发展》2004 年第 3 期。

203. 周振杰:《日本死刑司法控制的经验及其借鉴》,载《法学》2017 年第 6 期。

204. 朱建华:《毒品犯罪再犯与累犯竞合时的法律适用》,载《人民检察》2006 年第 17 期。

205. 朱苏力:《解释的难题:对几种法律文本解释方法的追问》,载《中国社会科学》1997 年第 4 期。

206. 曾粤兴、贾凌:《走私、贩卖、运输、制造毒品罪形态研究》,载《公安大学学报》2002 年第 2 期。

207. 曾粤兴、蒋涤非:《毒品犯罪若干刑罚问题新议——以大陆刑法理论为研究视角》,载《北方法学》2007 年第 3 期。

208. 曾粤兴、孙本雄:《当代中国毒品犯罪刑事政策的检讨与修正》,载《法治研究》2019 年第 2 期。

209. [德]汉斯·约格·阿尔布莱希特:《安全、犯罪预防与刑法》,赵书鸿译,载《人民检察》2014 年第 16 期。

210. [德]玛丽安·齐白:《德国少年刑法的新发展》,江溯译,载梁根林主编:《刑事政策与刑法变迁》,北京大学出版社 2016 年版。

211. [德]克劳斯·罗克辛:《刑法的任务不是法益保护吗?》,樊文译,《刑事法评论》2006 年第 2 期。

212. [美]道格拉斯·G.贝尔德:《法经济学的展望与未来》,吴晓露译,载《经济社会体制比较》2003 年第 4 期。

213. [日]加藤克佳:《毒品犯罪的侦查》,金光旭等译,载[日]西原春夫主编:《日本刑事法的重要问题》,法律出版社 2000 年版。

214. [日] 井田良:《毒品犯罪的对策》,金光旭等译,载 [日] 西原春夫主编:《日本刑事法的重要问题》,法律出版社 2000 年版。

215. [日] 田口守一:《少年审判》,金光旭等译,载 [日] 西原春夫主编:《日本刑事法的重要问题》,法律出版社 2000 年版。

(三) 其他类

1. 国家禁毒委员会:《2005 年中国禁毒报告》。
2. 国家禁毒委员会:《2006 年中国禁毒报告》。
3. 国家禁毒委员会:《2007 年中国禁毒报告》。
4. 国家禁毒委员会:《2008 年中国禁毒报告》。
5. 国家禁毒委员会:《2009 年中国禁毒报告》。
6. 国家禁毒委员会:《2010 年中国禁毒报告》。
7. 国家禁毒委员会:《2011 年中国禁毒报告》。
8. 国家禁毒委员会:《2012 年中国禁毒报告》。
9. 国家禁毒委员会:《2013 年中国禁毒报告》。
10. 国家禁毒委员会:《2014 年中国毒品形势报告》。
11. 国家禁毒委员会:《2015 年中国毒品形势报告》。
12. 国家禁毒委员会:《2016 年中国毒品形势报告》。
13. 国家禁毒委员会:《2017 年中国毒品形势报告》。
14. 国家禁毒委员会:《2018 年中国毒品形势报告》。
15. 最高人民法院:《2013 年最高人民法院工作报告》。
16. 最高人民法院:《2014 年最高人民法院工作报告》。
17. 最高人民法院:《2015 年最高人民法院工作报告》。
18. 最高人民法院:《2016 年最高人民法院工作报告》。
19. 最高人民法院:《2017 年最高人民法院工作报告》。
20. 最高人民法院:《2018 年最高人民法院工作报告》。
21. 最高人民法院:《人民法院禁毒工作白皮书 (2012—2017 年)》。
22. 最高人民法院:2018 年《司法大数据专题分析报告之毒品犯罪》。

二、外文类参考文献

1. U.S. Department of State, International Narcotics Control Strategy Report, Vol. 1, 2018, Washington D.C.

2. Australian Criminal Intelligence Commission, Illicit Drug Data Report 2016-2017, Canberra: Australian Criminal Intelligence Commission, 2018.

3. United Nations Office on Drug and Crime (UNODC), World Drug Report 2018, Booklet 2, Vienna: United Nations, 2018.

4. EMCDDA and Europol, Drugs and Darknet: Perspective for Enforcement, Research and Policy, Luxembourg: Publications Office of the European Union, 2017.

5. Europol and European Cybercrime Centre, Internet Organised Crime Threat Assessment (IOCTA) 2018, European Union Agency for Law Enforcement Coopearation 2018.

6. Mike Jay, High Society: Mind-Altering Drugs in History and Culture, London: Thames & Hudson, 2012.

7. Global Commission on Drug Policy, War on Drugs, Geneva: Global Commission on Drug Policy, 2011.

8. UNDOC, Effects of New Psychoactive Substances on the Synthetic Drug Market, Vienna: United Nations, 2018.

9. EMCDDA, Mortality among Drug Users in Europe: New and Old Challenges for Public ealt. Lisbon: EMCDA Papers, 2015.

10. Winter, Harold, The Economics of Crime; An Introduction to Rational Crime Analysis, Routledge, 2001.

11. Sharp E B, The Dilemma of Drug Policy in United States, New York: Harper Collins College Publishers, 1994.

12. Sandra R. Acosta, "Imposing the death penalty upon drug kingpins", Harvard Journal on Legislation, 1990.

13. Alison Ritter, Kari Lancaster and Rosalyn Diprose, "Improving Drug Policy: The Potential of Broader Democratic Participation", International Journal of Drug Policy, 55(2018).

14. Patil Armenian et al., "Fentanyl, Fentanyl Analogs and Novel Synthetic Opioids: A Comprehensiv Review", Neuropharmacology, Vol. 15, No. 134, 2018.

15. David J. Leslie A. King, William Saulsbury, Colin Blakemore, "Development of a Rational Scale to Assess the Harm of Drugs of Potential Misuse", The Lancet, Vol.369, No.9566 (2007).

16. Dan Werb et al., "Effect of Drug Law Enforcement on Drug Market Violence: A Systematic Review", International Journal of Drug Policy, Vol. 22, No. 2(2011).